GOLDMANN
ARKANA

Anna Elisabeth Röcker

Trimurti

Wie Sie die Dreiheit von Kopf, Herz
und Bauch in Einklang bringen

GOLDMANN
ARKANA

FSC
Mix
Produktgruppe aus vorbildlich
bewirtschafteten Wäldern und
anderen kontrollierten Herkünften
Zert.-Nr. GFA-COC-1262
www.fsc.org
© 1996 Forest Stewardship Council

Verlagsgruppe Random House FSC-DEU-0100
Das für dieses Buch verwendete FSC-zertifizierte Papier *EOS*
liefert Salzer, St. Pölten.

1. Auflage

Originalausgabe März 2008
© 2008 Wilhelm Goldmann Verlag, München
in der Verlagsgruppe Random House GmbH
Lektorat: Daniela Weise
Satz: Greiner & Reichel, Köln
Druck und Bindung: Friedrich Pustet KG, Regensburg
Printed in Germany
ISBN: 978-3-442-33796-5

www.arkana-verlag.de

Inhalt

Inhalt

Inhalt

Einleitung

Dem griechischen Helden Kadmos wurde von Zeus Harmonia, die Tochter von Ares und Aphrodite, zur Frau gegeben. Dem Mythos zufolge erstarrten Kadmos und Harmonia später zu Stein. C. G. Jung deutete diesen Vorgang so, dass aus lauter Harmonie nichts mehr geschah. Offensichtlich brauchen wir ein gewisses Maß an Disharmonie und Spannung, um Weiterentwicklung zu gewährleisten.

In diesem Sinne kann man auch die Spannung verstehen, die sich etwa zwischen unseren körperlichen Bedürfnissen einerseits und vernünftigen Überlegungen andererseits oder zwischen logischem Denken einerseits und verwirrenden Gefühlen andererseits immer wieder aufbaut.

»Die drei« – Körper, Gefühl und Intellekt – ringen nicht nur im einzelnen Menschen um die Vorherrschaft, sondern spielen im menschlichen Miteinander überhaupt eine große Rolle. Ein Leben lang sind sie aufeinander angewiesen, von ihrem Zusammenwirken hängt unser Glück ab. Dennoch sind wir täglich damit konfrontiert, aus der Balance zu fallen und diese wieder zu finden. Schon ein Heißhunger kann die Gedanken völlig in seinen Bann ziehen und sie nur noch auf Nahrungsbeschaffung konzentrieren, auch wenn eigentlich konzentriertes Nachdenken anstünde. Und wer kennt nicht das Gefühl, verliebt zu sein und scheinbar weder Schlaf noch Essen zu brauchen. Auch von logischem Denken ist dann keine Spur mehr zu finden. Auf einer Konferenz internationaler Medizinwissenschaftler schockte einer der vortragenden Professoren das Auditorium, als er eine genaue Beschreibung einer Liebesszene aus »Lady Chatterley« vortrug. Dieser Roman von D. H. Lawrence gehört zu den bekanntesten Geschichten der erotischen Weltliteratur und beschreibt die Affäre, die sich zwischen der Frau eines englischen gelähmten Gutsbesitzers und dem Aufseher des Landguts entwickelt. Spöttisch bemerkte der Wissenschaftler, nachdem er das Gehörte noch ein paar Sekunden hatte nachwirken lassen: »Na, meine Damen und Herren, sind Sie immer noch davon überzeugt, dass wir nur von unserem Denken, von unserem Kopf bestimmt werden?« Damit wollte er seine Zuhörerinnen und Zuhörer auf den nachfolgenden Vortrag vorbereiten, der sich mit der Beeinflussung des Immunsystems durch unterdrückte Emotionen oder nicht gelebte triebhafte Impulse beschäftigte.

Körperliche Bedürfnisse, Gefühle und Gedanken sind die wesentlichen Erfahrungsbereiche des Menschen. Alles muss erfahren und die damit verbundenen Erkenntnisse müssen integriert werden. Kein Bereich darf ausgegrenzt, abgewertet oder vernachlässigt werden. Dabei ist es wichtig, sich der Gefahr der einseitigen Identifikation bewusst zu sein. Wenn ich mich nur mit meinen körperlichen Bedürfnissen identifiziere und mich damit über den Körper definiere, führt dieser Weg genauso in die Irre wie der Glaube, dass der Beweis für mein Sein das Denken wäre.

Dieses Buch dient nicht nur der theoretischen Auseinandersetzung mit dem Thema, sondern es soll vor allem möglichst praxisnah aufzeigen, wie wir zu größerer Präsenz finden, indem wir ganzheitlich leben. Die vielen Beispiele aus meiner Praxis sollen Ihnen helfen, sich bewusst zu werden, auf welcher Ebene Sie und der Mensch, mit dem Sie gerade zu tun haben, agieren: eher aus einem körperlichen Bedürfnis heraus, aufgrund eines Gefühls oder aber aufgrund einer logischen Überlegung, die ohnehin immer auch ein Stück weit von Gefühlen beeinflusst wird.

In vielen Kulturen gilt folgende Dreiteilung:
- Der Bauch wird als Zentrum der körperlichen Ebene mit ihren lebendigen Impulsen und Trieben angesehen, als Zentrum des Instinkts und der damit verbundenen Kraft und Macht.
- Das Herz als Zentrum unserer Gefühle.
- Der Kopf als Zentrum des Intellekts.

In der hinduistischen Religion heißt es, dass die drei wichtigsten Gottheiten Brahma, Vishnu und Shiva, die *Trimurti*, in diesen drei Zentren wohnen: Brahma im Bauch, Vishnu in der Gegend des Herzens und Shiva im Kopf, im Gehirn. Darauf werde ich noch genauer eingehen.

Die Dreiteilung in Bauch, Herz und Kopf habe ich nicht nur übernommen, weil sie für die Erkenntnis hilfreich ist, sondern weil sie sich auch in der praktischen Arbeit sehr bewährt hat (zum Beispiel wenn es um Körper- oder Atemübungen geht, die je nachdem mehr im Brust- oder im Bauchraum wirken).

Während meiner langjährigen Praxis- und Seminartätigkeit konnte ich immer wieder feststellen, dass die meisten Menschen dazu neigen, dominant auf einer der drei Ebenen wahrzunehmen und zu handeln: die einen instinktiv aus dem Bauch heraus, die anderen auf der Herzebene empathisch, ihre und die Gefühle des anderen wahrnehmend. Die Dritten schalten sofort den Kopf ein, d. h. sie begegnen einer Situation kritisch analysierend und überlegt. Die jeweils bevorzugte Ebene der Wahrnehmung und Reaktion wird immer vertrauter und sicherer, je öfter wir auf ihr agieren. Dies führt schließlich zu einem eingespielten Muster, das wie von selbst abläuft. Die dabei vernachlässigten Bereiche – beim Kopfmenschen Herz und Bauch, beim Bauchmenschen Kopf und Herz und beim Herzmenschen das Denken und der Instinkt – rücken dadurch immer mehr in den Hintergrund. Der Preis dafür, dass wir das Vertraute wählen und uns vor Ungewohntem scheuen, ist Einseitigkeit, die uns an der Entwicklung unseres gesamten Potenzials hindert.

Zu einer ähnlichen Erkenntnis, nämlich dass Menschen unterschiedlich wahrnehmen und reagieren, ist auch C. G. Jung gekommen. Er fasste die Unterschiede in Form von vier Funktionstypen zusammen, auf die ich später noch näher eingehen werde. Entsprechende Überlegungen in der Gehirnforschung wurden in einem so genannten »Hirn-Dominanz-Modell« zusammengefasst, das unter anderem der Arzt und Medizinjournalist Johannes Holler in seinem Buch »Das neue Gehirn« beschreibt. Dabei wird von einer gewissen Dominanz eines Gehirnteils ausgegangen, die angeboren sowie durch Erziehung beeinflusst ist.

Auch der Biologe und Verhaltensforscher Paul MacLean deutete nach dreißigjähriger Forschungsarbeit die drei Gehirnkomplexe als hierarchisch aufeinander aufbauende Bereiche. Das Stammhirn wird als Sitz der Instinkte und biologischen Erfahrungen bezeichnet, das Limbische System im Zwischenhirn als Sitz der Gefühle und das Großhirn als Ort des planenden Handelns und abstrakten Denkens. Auch wenn mir bewusst ist, dass Verallgemeinerung und das Zusammenfassen komplexer Inhalte immer auch Vereinfachung bedeutet, finde ich eine solche Dreiteilung hilfreich. Wir verstehen so leichter, wo wir »stark« sind und was wir eher vernachlässigen in unserem Leben. Gerade der Teil, den wir vernachlässigen, begegnet uns oft in unseren Partnern oder in den Situationen, in die wir immer wieder geraten. Ich finde es äußerst hilfreich, wenn ich mich daran erinnere, dass das Stammhirn oder, wie MacLean sagt, das Reptiliengehirn sich in unseren Bauch-Impulsen widerspiegelt. Vor allem im Straßenverkehr erkenne ich diese Ebene sehr leicht, wenn sich zwei Autofahrer zuerst ein Rennen liefern und sich dann aus den Autofenstern heraus in einer Art beschimpfen, als wären sie bereit, sich gegenseitig auf der Stelle zu verschlingen.

Das vorliegende Buch enthält ausführliche Beschreibungen der Ebenen bzw. Bereiche von Kopf, Herz und Bauch. Mit Hilfe von Übungen können Sie die eher vernachlässigte(n) Seite(n) stärken.

Ziel des Buches ist es, den Individuationsweg im Sinne C. G. Jungs, den eigenen Entwicklungsweg zu unterstützen, bei dem es vor allem um die Integration bisher weniger gelebter und um der Erreichung bestimmter Lebensziele willen vernachlässigter Persönlichkeitsanteile geht. Gleichzeitig soll dieses Buch dabei helfen, etwas gegen übermächtig gewordene einseitige Persönlichkeitsanteile zu tun. Bei einem Menschen, der zum Beispiel bis zur Mitte seines Lebens die meiste Kraft in die Entwicklung seiner Intelligenz und einer entsprechenden Machtposition in der Welt investiert hat, geht es in diesem Prozess darum, sein Herz und seine Gefühle zu entdecken; und das möglichst bevor ihn eine Herzerkrankung an diese Notwendigkeit erinnert. Für jemand anderen kann es wichtig sein, nach Jahren der Überbetonung des Gefühls und des Sorgens für andere eigene Gedanken und Ideen zu entwickeln und sie auch zu verfolgen. Der Individuationsweg soll dazu führen, dass der Mensch nicht mehr versucht, einem Bild von sich zu entsprechen und nicht nur danach zu handeln, was ihm Anerkennung in der Welt bringt. Ziel ist es, aus dem innersten Kern heraus zu leben, der alles umfasst: Bauch, Herz und Kopf, Körper, Gefühl und Intellekt, und dabei sowohl die Licht- wie die Schattenseite anzuschauen und anzunehmen. Erst wenn wir mit Kopf, Herz und Bauch leben, entwickeln wir echte Präsenz, die nicht mehr auf äußeren Statussymbolen und auf dem Bedürfnis, von allen geliebt zu werden, gründet. Daraus erst kann bewusstes und freiheitliches Denken und Handeln entstehen. Die Einseitigkeit macht uns zu Sklaven einer »Funktion«, mit allen damit verbundenen Problemen, auf die ich später eingehen werde. Die Gefahr, eine Harmonie zu erreichen, die zur Versteinerung führt, wie der griechische Mythos sagt, scheint mir hier nicht gegeben zu sein. Ich denke, das Leben selbst sorgt immer noch genug für kreatives Chaos.

Wenn ich in diesem Buch der Herzebene einen größeren Raum gebe, so deswegen, weil ich glaube, dass diese Qualität in unserer Zeit am meisten vernachlässigt und weniger geschätzt wird als die Qualitäten der Kopf- und Bauchebene, die eher Macht und Geld versprechen als die Qualitäten des Herzens. Wäre das anders, würde es gerechter zugehen auf der Welt, denn das Herz und die dadurch symbolisierte Liebe streben nach Gerechtigkeit und Ausgleich unter den Menschen, ohne die Frieden niemals verwirklicht werden kann. Der Philosoph André Görz hat die Fähigkeit zur Empfindung und vor allem die Fähigkeit zur Liebe als das größte Geschenk des Menschen überhaupt bezeichnet. Die Liebe, so sagte er, habe ihn überhaupt erst zu einem Menschen gemacht, der in der Lage war, die Spannungen und Unvereinbarkeiten in sich auszuhalten. Das Herz als Symbol für unsere Fähigkeit zu lieben ist es, das die Spannung zwischen Bauch und Kopf, zwischen Angst, Gier, Getriebensein und Informationsflut, zwischen gedanklicher Manipulation und Machtstreben überwinden kann. Mit Hilfe der Herzenergie kann die Lebens- und Schöpfungskraft des Bauches und die Intelligenz und Weisheit des Kopfes zu einer fruchtbaren Dreiheit werden, die wahrhaft den Namen »Trimurti«, Dreiheit der Götter, verdient.

Theoretischer Teil

Der Kopf-Herz-Bauch-Mythos in den Kulturen

Aller guten Dinge sind drei.

Trimurti – die Dreiheit

Die Drei scheint eine sehr wichtige Zahl für die Menschheit zu sein. Stellen Sie sich zwei Menschen vor, die sich gegenüberstehen. Jeder vertritt seine Auffassung zu einem wichtigen Thema. Es muss eine Entscheidung getroffen werden. Beide beharren auf ihrem Standpunkt, keiner will sich von seinem Platz bewegen. Da kommt ein Dritter hinzu. Er oder sie ist nun aufgefordert, beide Standpunkte anzuhören und sich entweder dem einen oder dem anderen Pol zuzuneigen oder aber einen dritten Standpunkt einzunehmen. Es kommt Bewegung in die Geschichte, eine Mehrheit kann entstehen, einer wird überstimmt.

Die Drei steht demnach für ein dynamisches Prinzip, etwas Neues geschieht. Am deutlichsten ist das sichtbar in der Beziehung Mann und Frau, aus der etwas Neues, etwas Drittes, nämlich ein Kind, entsteht. Dem Kind gehört die Zukunft, es kann weitergehen mit der Menschheit. Kein Wunder also, dass die Drei einen so hohen Stellenwert besitzt.

Kopf, Herz und Bauch als Archetypen

Die Dreiheit von Körper, Seele und Geist finden wir in allen Kulturen. Sie hat sich aus der Erfahrung heraus entwickelt, dass wir einen physischen Körper haben, mit all seinen natürlichen Vorgängen und Bedürfnissen. Dann erleben wir uns als ein Bündel von wechselnden Gefühlen, Wünschen, Sehnsüchten. Und wieder ein anderes Mal sind wir auf einen Gedanken konzentriert, erleben die Ruhe der Meditation oder einer geistigen Erfahrung. Dabei ist alles miteinander verwoben: Gedanken lösen Gefühle aus, Gefühle verändern körperliche Prozesse und umgekehrt. Die drei Bereiche können nie getrennt voneinander erfahren werden.

Kopf, Herz und Bauch entsprechen dem, was C. G. Jung als Archetypen, als Strukturelemente des Unbewussten, bezeichnete. Obwohl er diesen Begriff nicht erfunden hat, ist dieser doch durch Jungs Arbeiten populär geworden. Die Archetypen können sich auf die biologische Ebene beziehen: auf unseren Körper, auf die innere und äußere Natur, auf unsere Instinkte und Lebenstriebe. Die archetypischen Bilder, in denen sich diese Grundelemente des Lebens zeigen, können allerdings in jeder Zeit und jeder Kultur sehr unterschiedlich sein. Auch bestimmte Formen des seelischen Erlebens, wie Trauer und Freude, sind archetypisch, also allen Menschen eigen.

In vielen Kulturen gilt der Bauch als Symbol der körperlichen und instinkthaften Ebene, der auch für das Dunkle und Unbewusste steht. Archetypische Bilder, wie das Verschlungenwerden durch ein Meerungeheuer, in dessen Bauch man dann, wie Jonas, drei Tage verbringen muss, sprechen von dieser Angst. Das Unbewusste macht sich über Gefühlssymptome (Schmerz, Freude, Trauer, Ärger) deutlich und kann so analysiert, verstanden und integriert werden. Die Gefühle haben ihren Sitz im Herzen. Das Zentrum des Intellekts und des Bewusstseins wird natürlicherweise in den Kopf verlegt.

Eine weitere Dreiteilung findet sich bei Freud und seiner Beschreibung des Ich als Realitätsprinzip, des Es als Lustprinzip und des Über-Ich. Das Ich übernimmt die vermittelnde Position zwischen Es und Über-Ich. Auch bei diesem Modell lokalisiert man das Über-Ich im Kopf und das Es mit seiner Lustenergie oder Libido, die von sexuellen und aggressiven Wünschen und Trieben beherrscht wird, im Bauch. Der Platz des vermittelnden Realitäts-Ichs ist der Bereich dazwischen, also der Herzbereich.

Die Drei in den Religionen

Die Drei gilt von alters her als göttliche Zahl. Beginnen wir bei der christlichen Religion, so finden wir eine Dreiheit von Vater, Sohn und Heiligem Geist. Der Vater entspricht dem schöpferischen Willensprinzip, der Sohn der Liebe und der Heilige Geist dem Intellekt- oder Geistprinzip. Maria, die Mutter, symbolisiert das körperliche Prinzip, das vom Geist befruchtet wird; unter ihrem Herzen trägt sie das göttliche Kind.

Die Mystiker des Christentums beschreiben häufig ein Herz oder sogar ein blutendes Herz als Symbol für Christus, während der Geist in Form einer Taube oder einer Feuerzunge über dem Kopf oder auch im Bereich des Gehirns dargestellt wird. Weitere Dreiergruppen des Christentums finden wir in der Heiligen Familie – Josef, Maria und Jesuskind – oder in den Heiligen Drei Königen. Bei der im Mittelalter hoch verehrten Anna Selbdritt, der Heiligen Anna in Verbindung mit ihrer Tochter Maria und dem Jesuskind, finden wir die Drei schon im Namen: Anna symbolisiert in dieser Gruppe das mütterliche, strukturierende, körperliche Prinzip, Maria steht für Herz und Gefühl und das Jesuskind für den Geist. Christus wird – ähnlich wie Buddha – als eine Verkörperung des voll entwickelten göttlichen Menschen betrachtet, in dem alle Kräfte vereint sind.

Wie bereits in der Einleitung angedeutet, haben im Hinduismus die drei Hauptgötter ihren Sitz auch im menschlichen Körper: Brahma der Weltschöpfer im Bauch, Vishnu der Erhalter und Gott des Mitgefühls im Herzen, Shiva der Zerstörer im Kopf. Da der Bauch der Körperbereich ist, in dem Menschen gezeugt und während der Schwangerschaft getragen werden, ist es nur natürlich, dass der Weltenschöpfer hier seinen Platz hat. Vishnu, der menschenfreundliche Aspekt des Göttlichen, wohnt im Herzen. In der heiligen Schrift des Hinduismus, der Bhagavadgita, heißt es, dass Vishnu sich immer dann auf der Erde inkarniert, wenn die Menschen seine Hilfe am dringendsten benötigen. Krishna, die bekannteste Inkarnation des Gottes Vishnu, wird auch heute noch in Indien am meisten verehrt, weil er, der selbst unter armen Hirtenmädchen aufgewachsen ist, die Menschen kennt und liebt. Shiva wohnt im Gehirn. Hier hat der Zweifel seinen Platz, das zerteilende, bewertende, abgrenzende und zerstörende Prinzip. So ist es nicht verwunderlich, dass wohl die größten Intelligenzleistungen des Menschen, die ihren vorläufigen Höhepunkt in der Entwicklung der Atombombe haben, der Herstellung von Waffen dienten. Aber Shiva ist auch der Gott, der durch seine Zerstörung die Entwicklung in Gang hält, ganz nach dem Motto des Mephisto in Goethes Faust: »Ich bin ein Teil von jener Kraft, die stets das Böse will, und stets das Gute schafft.«

Eine klare Dreiteilung kennen wir auch aus der ägyptischen Mythologie: Isis, die Muttergottheit, Osiris, der Vater, und Horus, das göttliche Kind. In der altägyptischen Antlitzdiagnose findet sich diese Dreiteilung im Gesicht wieder: Die Kinnpartie entspricht dem Körperprinzip, die mittlere dem Gefühlsleben und die Stirnpartie dem Intellekt oder Geistprinzip.

In den Naturreligionen finden wir eine Dreiteilung, die zunächst auf die Lebenszyklen Wachsen, Reifen und Ernten, Vergehen bezogen war. Diese Dreiteilung spiegelt sich im zunehmenden Mond, im Vollmond und im abnehmenden Mond wider. Verkörpert wurde diese Dreifaltigkeit durch die Jungfraugöttin, die Fruchtbarkeitsgöttin und die Todesgöttin, die häufig als alte Frau dargestellt wurde.

Die Drei in der Alchemie

In der Alchemie, der mittelalterlichen Lehre von der Veredelung der Materie und des Menschen, die letztlich zur Unsterblichkeit führen soll, wird die Dreiteilung zur wichtigen Arbeitshypothese. Die Grundbestandteile der Prima materia, die in der Pflanzenalchemie als Sal, Sulfur und Merkur bezeichnet werden, müssen in drei Schritten zerlegt und wieder zusammengeführt werden. Dabei wird die Pflanze von der grobstofflichen materiellen Ebene bis zur feinstofflichen Ebene, aus der dann das Heilmittel entsteht, gewandelt. Die Alchemie hatte auch immer eine psychische Dimension, die zu einer Verwandlung des Alchemisten führt, der damit selbst zum Heilmittel wird.

Die drei Stufen des Prozesses sind

1. *Trennung – Schwärzung:* In dieser Phase des Prozesses muss man sich seinen Schattenseiten stellen. Kennzeichnend sind Angst und Depression, Hass und Eifersucht, Gefühle von Verlassenheit und Einsamkeit.

2. *Reinigung – Purifikation:* Dieser Schritt führt von den wechselnden Emotionen zum tiefen, echten Gefühl, das den Menschen weicher und empfänglicher, vor allem mitfühlender mit allen Kreaturen macht.

Im Mittelpunkt dieser Reinigung steht die so genannte Weißung, die Abwaschung der Seele, die mehrmals wiederholt wird. Der weiße Stein, der diese Phase symbolisiert, bedeutet Reinheit des Herzens und echte Liebe. Der Alchemist, so heißt es, besitzt jetzt genügend Stärke, um der Glut des Feuers zu widerstehen.

Auf psychologischer Ebene könnte man sagen, der Mensch ist jetzt stark genug, um sich nicht leichtfertig hinreißen zu lassen und weder den Boden unter den Füßen noch seine Mitte zu verlieren. Er kann die spirituelle Energie in sich aufnehmen, ohne sich verführen oder zur Arroganz verleiten zu lassen. Das Fixe ist flüchtig und das Flüchtige fix geworden.

3. *Wiederzusammenführung – Koagulation:* Auf der seelischen Ebene ist diese Stufe das Ziel des menschlichen Entwicklungsweges. Alle Anteile können integriert werden. Der Ausgleich ist geschaffen, der Mensch ist in sich geeint, in Harmonie mit seiner Mitwelt und verbunden mit dem Göttlichen.

Die Drei in der Anthroposophie

Rudolf Steiner (1861–1925) hat seine gesamte Lehre auf der Dreiteilung aufgebaut. Er schreibt über die Dreiheit des Menschen: »Das Erste sind die Gegenstände, von denen ihm durch die Tore seiner Sinne fortwährend Kunde zufließt, die er tastet, riecht, schmeckt, hört und sieht. Das Zweite sind die Eindrücke, die sie auf ihn machen und die sich als sein Gefallen und Missfallen, sein Begehren oder Verabscheuen dadurch kennzeichnen, dass er das eine sympathisch, das andere antipathisch, das eine nützlich, das andere schädlich findet. Und das Dritte sind die Erkenntnisse, die er sich als ›gleichsam göttliches Wesen‹ über die Gegenstände erwirbt; es sind die Geheimnisse des Wirkens und Daseins dieser Gegenstände, die sich ihm enthüllen.« Die Anthroposophie stellt einen Erkenntnisweg dar, der dazu führt, dass der Mensch die verschiedenen Dimensionen der Wirklichkeit, die körperliche, seelische und geistige, als eine Ganzheit empfindet. Steiner vertrat mit Nachdruck den so genannten Dreigliederungsgedanken. Dabei ging er von den Grundfunktionen des Denkens, Fühlens und Wollens aus. Die körperliche Entsprechung des Vorstellens und Denkens sah er im Nerven-Sinnes-System, das vor allem durch das Gehirn, die im Kopf liegenden Organe (Sinnesorgane) und die Haut repräsentiert wird. Diese Organe brauchen besonders viel Ruhe und eine gemäßigte Temperatur, den bekannten »kühlen Kopf«. Nach der Lehre Steiners herrschen hier die Kräfte der Verdichtung, der Verhärtung, der Sklerosierung vor. Erkennen und Wahrnehmen werden durch ein Opfer an Lebendigkeit und Vitalität erkauft. Hier zeigt sich deutlich die Nähe zur indischen Anschauung vom Sitz Shivas im Gehirn.

Die Sphäre des Wollens, der so genannte Lebenspol, befindet sich im Bauch, im Bereich der Verdauung, des Aufbaus, der Stoffumsetzung und Reproduktion. Im Gegensatz zur Kühle des Kopfes ist hier Wärme. Hier herrschen die Kräfte der Auflösung und Umwandlung. Es ist der Bereich des Unbewussten, der im Stoffwechsel- und Gliedmaßen-System seinen Ausdruck findet.

Zwischen den beiden Polen, die sich oben und unten, im Kopf und im Bauch, befinden, liegt der Zwischenbereich von Herz und Lunge. Die Vorgänge in Herz und Kreislauf, in der Lunge und im Atmungssystem sind durch rhythmisches, vermittelndes Geschehen zwischen oben und unten, Kopf und Bauch bestimmt. Es ist die Ebene des Fühlens, die sehr stark mit der Atmung verbunden ist. »Die Seele erlebt fühlend, indem sie sich dabei ähnlich auf den Atemrhythmus stützt wie im Vorstellen auf die Nervenvorgänge. Und bezüglich des Wollens findet man, dass dies sich in ähnlicher Art stützt auf Stoffwechselvorgänge.«

Die Anthroposophie zeigt auf allen Ebenen, vom Schulsystem oder Ackerbau, von der Ernährung bis zur Bewegungslehre der Eurythmie, Möglichkeiten auf, wie man diese drei Bereiche im persönlichen Leben und im Leben der Gemeinschaft entwickeln, gesund erhalten und harmonisieren kann.

Die Drei im Yoga

Der Yoga-Weg basiert auf der Erkenntnis der Dreiteilung und der damit verbundenen Notwendigkeit der Verbindung von Kopf, Herz und Bauch, die für Denken, Fühlen und Handeln stehen. Keine der drei Ebenen des Menschen darf vernachlässigt werden. Entwicklung im Sinne des Yoga ist immer ganzheitlich.

Wenden wir uns den Quellen des Yoga zu, müssen wir unseren Blick ins alte Indien zurückschweifen lassen. Bereits in vorchristlichen Jahrhunderten finden wir in den Veden, den Weisheitsschriften der Inder, Hinweise auf den Yoga-Weg.

Vor allem der Atharveda handelt von Medizin und Wissenschaft. Hier finden sich die ersten medizinischen Texte der Ayurveda-Medizin sowie Aussagen zur Yoga-Lehre.

Das indische Sanskrit-Wort Yoga bedeutet »Joch«. Das Ochsenjoch, ein Bild aus dem täglichen Leben, stand hierfür Pate, um den Sinn des Yoga-Weges anschaulich zu machen. Die Verbindung wird damit als wesentliches Element des Yoga gezeigt. So wie das Joch zwei Ochsen miteinander verbindet und diese mit dem Wagen, sollen wir uns verbunden fühlen: mit unserem Körper, unseren Gefühlen und unserem Denken. Erst die Einheit macht die Erfahrung eines inneren Selbst, einer echten Intuition und inneren Führung möglich. Aus dieser stabilen inneren Mitte heraus können wir den wechselhaften Geschehnissen des Lebens mit echtem Selbstbewusstsein begegnen.

Mit den 195 stichwortartigen Sutras (Leitfaden) beginnt die klassische Yoga-Tradition vor etwa 2000 Jahren. Der indische Gelehrte Patañjali (genaue Lebensdaten existieren nicht) beschreibt darin den »Achtstufigen Yoga-Pfad«. Obwohl dieser Text im Laufe der Jahrhunderte vielfach neu interpretiert wurde, sind doch die beschriebenen acht Stufen noch heute für den Yoga-Weg maßgeblich.

Neben den allgemeinen Anweisungen für ein verantwortliches Leben in der Gemeinschaft und einen guten Umgang mit sich selbst (Yama und Niyama) finden wir sehr genaue Beschreibungen bzw. Anweisungen, wie Körper, Seele und Geist miteinander in Einklang zu bringen sind und alle Energien gleichermaßen genutzt werden können.

Am Anfang stehen die Körperübungen (Asana), die im Wesentlichen auf Dehnung und Kräftigung des Körpers sowie auf die Stärkung der Wirbelsäule und des gesamten Nervensystems ausgerichtet sind. Wesentlich ist dabei, dass die Körperübungen mit größter Achtsamkeit sowie mit gezielter Atemlenkung durchgeführt werden. So soll erreicht werden, dass alle Organe und Teile unseres Körpers unter bewusster geistiger Kontrolle optimal funktionieren.

Dadurch können wir nicht nur körperliche Prozesse gezielt positiv beeinflussen (zum Beispiel gesundheitliche Probleme beheben), sondern auch den Alterungsprozess deutlich verlangsamen. Ziel ist es, ein stabiles Körpergefühl zu entwickeln und die körperlichen Bedürfnisse weder zu unterdrücken noch sich von ihnen tyrannisieren zu lassen.

Die nächste Stufe (Pranayama) bedeutet Atemanhaltung und Lenkung des Atems. Der Atem wird als verbindendes Element zwischen Körper und Geist, zwischen dem einzelnen Menschen und seiner Umwelt verstanden. Er hat seinen Hauptsitz im Brustbereich, steht in enger Verbindung mit den Gefühlen und hat ebenso wie diese eine vermittelnde und verbindende Funktion.

Die nächste Stufe beschäftigt sich mit dem Zurückziehen der Sinne (Pratyahara). Die fünf Sinne werden im Yoga als »Tor zur Welt« bezeichnet. Sie vermitteln uns ununterbrochen die Eindrücke der Außenwelt. Indem wir die Sinne einziehen (wie eine Schildkröte ihre Glieder einzieht), wenden wir uns von der Außenwelt ab. Dies leitet über zur Konzentration

(Dharana) und Meditation (Dhyana). Die Konzentration hat eine Bündelung und Zentrierung unserer Gedankenkräfte zum Ziel. Diese sollen durch Fokussierung intensiviert werden, wie Sonnenstrahlen, die durch ein Brennglas fallen. Die Meditation schließlich bringt das Erleben, in der eigenen Mitte, im eigenen Zentrum zu ruhen, um schließlich die Einheit mit allem zu erfahren. Diese Erfahrung wird als geistiges Erwachen beschrieben, durch das wir das hinter allem wirkende Prinzip des Lebens erkennen.

Am Ende steht Samadhi. Dieser Sanskritbegriff wird übersetzt mit »Einswerdung«, »Erwachen« oder »Erleuchtung«. Es gibt auf dieser Stufe keine Trennung mehr zwischen Innen und Außen, zwischen Mensch und Gott. Dies ist die Frucht der vorhergehenden Übungspraxis.

Es haben sich mehrere Yoga-Wege entwickelt, die im Wesentlichen der körperlichen, der seelischen und der geistigen Ebene zuzuordnen sind. Jeder soll sich den Yoga-Weg wählen, der ihm entspricht, so heißt es in der Bhagavadgita. Der Yoga-Weg über den Körper führt – intensiv gegangen – genauso zum Ziel der Einheit wie der über die Gefühle oder das Denken.

Bhakti-Yoga, Jnana-Yoga und Karma-Yoga sind die drei großen ursprünglichen Yoga-Wege. Aus ihnen heraus haben sich alle weiteren entwickelt.

Yoga-Wege

Bhakti-Yoga

Es ist der Weg des Herzens, der Weg der bedingungslosen Liebe, dem in der Bhagavadgita eine Art Vorrangstellung eingeräumt wird. Der Weg des Herzens erfordert große

Kraft und Stärke und wird als der schwierigste Yoga-Weg angesehen. Ramakrishna oder Franz von Assisi kann man als Vertreter dieses Weges bezeichnen.

Jnana-Yoga

Diesen geistigen Yoga-Weg der Erkenntnis hat der große Weise Swami Vivekananda in seinen Schriften ausführlich dargelegt. Da es »nicht leicht ist, ein Philosoph zu werden«, gibt er genaue Anweisungen, welche Vorbereitung dafür notwendig ist:

unstörbare Konzentration, Unbeeinflussbarkeit durch äußere Dinge, fester Glaube und ununterbrochene Übung, um das Denken zu beherrschen. Durch diese Disziplin in der Konzentration gelingt es dem Jnana-Yogi immer mehr, das Vergängliche vom Unvergänglichen zu unterscheiden und zum wahren Kern alles Existierenden vorzudringen.

Karma Yoga

ist der Weg des rechten Handelns. Der Karma-Yogi soll seine Arbeit verrichten, ohne sich um Erfolg oder Misserfolg, um Anerkennung oder Ablehnung zu kümmern. Sein Tun entsteht aus dem Wissen um das Karma, das heißt aus der Kenntnis von Ursache und Wirkung. Die Verbindung dieses Wissens mit dem daraus entstehenden richtigen Tun führt zur Vollendung. Egoistisches Handeln, etwa um des eigenen Vorteils oder um irgendeiner Anerkennung willen, macht den Menschen unfrei und bindet ihn an ein negatives Karma.

Raja-Yoga

Im Raja-Yoga, dem königlichen Yoga-Weg, wie er im Achtstufigen Pfad von Patañjali beschrieben wird, sind alle Wege zusammengefasst. Von ihm heißt es in den Schriften, dass er die größte Willenskraft und Konzentration erfordert, weil die Entwicklung auf allen Ebenen, der körperlichen, emotionalen und mentalen, gleichermaßen stattfinden muss.

Tantra-Yoga, die Verbindung

Eine verbindende Stellung nimmt auch der Tantra-Yoga ein. Das Wort Tantra heißt »Gewebe« und meint die enge Verbindung alles Existierenden – alles ist wie in einem Gewebe miteinander verwoben. Der Tantrismus, der sich etwa im 7. Jahrhundert entwickelte, breitete sich in ganz Indien und vor allem in Tibet aus. Er empfiehlt die Hinwendung zur Welt. Der Mensch muss durch die Natur hindurchgehen und nicht sich von ihr abkehren, wenn er in Kontakt mit dem Überirdischen kommen will. Der menschliche Körper ist für den Tantriker nicht mehr in erster Linie Quelle von Leid, sondern ein wertvolles »Gefährt«. Der Weg zur Befreiung von Leid (Dukha) erfordert hier nicht Weltabgewandtheit und Askese, sondern das Tätigsein in dieser Welt. Bhoga, der Genuss, spielt hierbei eine wichtige Rolle. Er hilft uns, die Ausdehnung unserer Energie zu fördern, die bis hin zur Vereinigung mit dem Göttlichen reichen soll. Der Genuss gilt damit genauso als Weg der Befreiung wie die Askese in anderen Yoga-Richtungen.

Die wichtigste Gottheit ist eine Göttin, Shakti, die Muttergottheit und Partnerin Shivas. Aus ihr entspringt alles Leben, sie verkörpert den ständigen Wandel, das Sterben und Neuwerden. Shakti, auch Prakriti genannt, ist die Materie, die sich in ihren zahllosen Erscheinungsformen zeigt und ewig wandelbar ist, Shiva, auch Purusha genannt, ist der ewig gleich bleibende Geist. Erst wenn Shiva und Shakti sich vereinen, kann neues Leben entstehen. Die weiblichen und männlichen Geschlechtsorgane Yoni und Lingam symbolisieren diese Kraft. Andere Symbole sind das nach unten gerichtete Dreieck für die weibliche und das nach oben zeigende für die männliche Kraft. Die rituelle Vereinigung zwischen Shiva und Shakti im Geschlechtsakt wird nur in einer Linie des tantrischen Buddhismus tatsächlich vollzogen. Ansonsten handelt es sich meist um Visualisierungs- und Atemübungen, um in dieser innerlich vollzogenen Vereinigung zu höheren Bewusstseinszuständen zu gelangen. In der Regel waren diese Rituale streng geheim und wurden nur in entsprechenden Schulen weitergegeben.

Hatha-Yoga, der Körperweg

Hatha-Yoga ist die Bezeichnung für den reinen Körper-Yoga. Er hat seine Wurzeln im Tantra-Yoga. Ziel ist es, den Körper zu kräftigen und gleichzeitig beweglich und durchlässig zu erhalten. Die Harmonie in der ständig wechselnden Aktivität zwischen dem entspannenden Pol des Nervensystems (Parasympathikus) und dem aktivierenden (Sympathikus) soll gestärkt werden. Bereits die gängigste Übersetzung von »Hatha« deutet auf diese Verbindung hin: Ha, Sonne, und Tha, Mond, sollen miteinander in Einklang gebracht werden. Die Erfahrung der Einheit im eigenen Körper soll zu einer Erfahrung der Einheit im Kosmos führen (wie oben so unten, wie innen so außen).

Funktionstypen nach C. G. Jung

Die Typenlehre beschreibt primär nicht das Individuum, sondern Gruppen von Individuen, die typische Merkmale aufweisen. Dabei ging Jung von vier psychischen Grundfunktionen aus, die dem Menschen mitgegeben sind, damit seine Seele den Anforderungen des Lebens begegnen kann. Dabei gibt es immer eine vorherrschende Funktion und eine, die mehr im Schatten liegt.

Die Teilaspekte der Psyche scheinen inhaltlich ohne Wertung aufeinander aufzubauen: von der körperlich-materiellen Ebene bis zur immateriellen Ebene der Intuition. Somatisches Empfinden bezeichnete Jung als die Urform von Bewusstsein, bezogen auf den Körper; es ist außerdem der Zugang zum kollektiven Unbewussten. Fühlen reicht über den Körper hinaus, es dient dem Ich-Erleben und stellt die Verbindung zur Außenwelt her. Denken entspricht dem, was wir unter Bewusstsein verstehen. Die Intuition vertieft die Möglichkeiten der Bewusstwerdung in den Bereich des Verborgenen hinein.

Die Grundfunktionen und ihre Beziehung zu Bauch, Herz und Kopf

In unserer Dreiteilung können wir die Empfindung als körperbezogene Grundfunktion dem Bauch, das Gefühl als psychische Grundfunktion dem Herzen und das Denken als mentale und kognitive Funktion dem Kopf zuordnen. Die Intuition bezeichnet Jung als vierte Grundfunktion und als Brücke zwischen dem Bewusstsein und dem Unbewussten. In dem System der Dreiteilung, das diesem Buch zugrunde

33

liegt, wird die Intuition der Ganzheit Mensch zugeordnet, für die Jung den Begriff »Conjunctio/Vereinigung« wählte. Nach meiner Erfahrung basiert Intuition auf der Fähigkeit, mit Körper, Gefühl und Verstand im Einklang zu sein. Jede Grundfunktion umfasst eine kennzeichnende Art der Wahrnehmung, ist Orientierungshilfe und hat ein höchst spezifisches Spektrum von Reaktionen und Verhaltensweisen. Die Grundfunktionen sollen im Folgenden stichwortartig dargestellt werden:

Grundfunktion Empfinden (Bauch)
— Verlässliche Signale der Körperintelligenz (der Körper sagt, ob alles im Lot ist).
— Bezieht sich auf das Sichtbare und Spürbare, jenseits von Abstraktion.
— Neutraler Sinneseindruck steht im Vordergrund (zum Beispiel Hunger, Frieren, Müdigkeit, Sattsein, das Gefühl, sauber zu sein, sexuelle Empfindungen).
— Schnelle Wahrnehmung auf der Körperebene und auch Ausdruck auf der Körperebene (zum Beispiel durch Körpersprache).
— Schnelle instinktive und triebhafte Reaktion (Angriff, Wut, Aggression, Flucht).
— Intentions- und Drangcharakter melden Wohlbefinden und Befriedigung.
— Konträr zu jedem Ahnen und Deuten.
— Geringe Variationsbreite, die Steuerung muss nicht lange wählen, welche Sicherungs- und Abwehrmechanismen hier am Platz sind.
— Empfindungen sind in gewisser Weise »uniform« und haben Anschluss an kollektive Urerfahrungen (Terrain

sichern, Überleben sichern, den anderen instinktiv feindlich oder freundlich einschätzen) und an die Vergangenheit des Individuums und die gesamte Art.

Grundfunktion Fühlen (Herz)

— Gefühle werden zum wesentlichen Faktor des Ich-Erlebens und für die Bewusstwerdung des Ichs überhaupt.
— Die Impulse des Fühlens heißen Lust-Unlust, Freude-Leid, Sympathie-Antipathie.
— Gefühle wallen auf, steigen empor, haben etwas Kraftvolles an sich und wollen ausgedrückt werden.
— Das Ich erlangt ein Gefühl für die eigene Kraft und für den Platz, den es einnimmt, und auch für seine Grenzen.
— Die Impulsivität verleiht eine subjektive Unbeirrbarkeit und Treffsicherheit.
— Fühlen geht immer vom Ich aus; die persönliche Vorliebe und Abneigung sind Maßstab dafür, ob man begrüßt oder bekämpft, was einem begegnet.
— Gefühle haben immer mit dem Augenblick zu tun; die wechselnden Gefühle fordern eine ständige Anpassung an die jeweilige Situation und bedeuten damit Antrieb zur psychischen Elastizität und persönlichen Weiterentwicklung.
— Schwankungen des Gefühls bringen Kraft und die Gabe der Anpassung bei Gefahr.
— Die Unlogik des Fühlens ist Gabe und Gefahr gleichzeitig.

Grundfunktion Denken (Kopf)

— Das erkennende Denken reicht weiter als das Gefühl, da es uns befähigt, auch auf solche Aufgaben zu reagieren, die über den Moment hinausreichen.

- Denken gründet auf Erfahrungswerten, die durchschaut, systematisiert und als Gesetzmäßigkeit eingeordnet werden.
- Denken bedeutet Herrschaft mittels Erkenntnis.
- Teil und Teilen sind Schlüsselwörter des Denkens.
- Teilendes und logisch betrachtendes Denken kann den eigenen Vorteil sehr gut erkennen und die entsprechenden Schritte voraussehen, die zur Erlangung dieses Ziels notwendig sind.
- Das Geheimnis der Machtausübung ist: Teilen und Herrschen. Nutzen und Erfolg liegen auf Seiten dessen, dem es gelingt, das Gegenüber in allen Lebensbereichen zu zerteilen (Zersplittern einer Feindesfront, Analysieren eines Menschen oder Lösen eines Problems).
- Begreifen und Verstehen führen zu einer Antwort mit einer eigenen Idee.
- Das erkennende Denken reicht über den Ich-Kreis hinaus; damit ist Denken ein Akt der Abstrahierung. Es ermöglicht Vorausberechnung, Planung und Entwürfe (einen Wurf in die Zukunft). Das Gesetz von Ursache und Wirkung kann erkannt und in die Planung einbezogen werden.
- Trennung und Unterscheidung zwischen Ich und dem, womit es konfrontiert ist.
- Die Gabe des Teilens sollte dazu dienen, dass alle Güter aufgeteilt und verteilt werden; sie sollten zur Partnerschaft und zum Teilnehmen führen, zu sozialer Bindung.
- Im Bereich des abstrakten Denkens liegt die größte Freiheit des Menschen, aber auch eine große Gefahr.

Grundfunktion Intuieren (Ganzheit Mensch)

- Die Fähigkeit, unter die Oberfläche der Dinge zu schauen oder Deutungen zu finden, die über den oberflächlichen Eindruck hinausgehen.
- Es ist eine Form der Wahrnehmung, die Fähigkeit, Verborgenes zu enthüllen und bewusst zu machen.
- Die vornehmste Brücke zwischen Bewusstsein und Unbewusstem.
- Innere Gewissheit, sie sucht die Botschaft, die von den Dingen ausgeht, nicht die Dinge selbst.
- Eingebungen, blitzartige Botschaften, untrügliches Ahnen.
- Reicht weiter als die anderen psychischen Fähigkeiten des Menschen.
- Sehnsucht nach Verborgenem.
- Spiritueller Bereich.

Das Enneagramm als Typenlehre

Mit Enneagramm (griechisch ennea = neun; gramma = Buchstabe, Punkt) bezeichnet man ein Strukturmodell, in dem man neun Persönlichkeitstypen unterscheidet. Die Wurzeln des Enneagramms reichen weit in die Vergangenheit zurück. Im 20. Jahrhundert wurde es wieder aufgegriffen und als Entwicklungsprozess betrachtet. Dabei muss der Mensch die Aspekte aller neun Persönlichkeitstypen in sich entfalten und miteinander in Harmonie bringen. Richard Rohr stellte das Enneagramm in einen christlichen Kontext, wobei Jesus den voll entwickelten Menschen, der alle Aspekte in sich vereint, darstellt. Das Enneagramm wird in Verbindung mit der Typenlehre C. G. Jungs angewendet.

Nach der Enneagramm-Typologie verfügt jeder Mensch über drei Intelligenzzentren: Kopf (Verstand, Ratio), Herz (Emotionen) und Bauch (Instinkt). Ausgangspunkt dafür ist die Dreiteilung des Gehirns in das so genannte Reptilienhirn, das Limbische System und das Großhirn. Menschliches Leben ist von der Kooperation dieser verschiedenen Gehirnteile und ihren Funktionen Denken–Fühlen–Handeln abhängig. Die Dreiteilung in der Typenlehre des Enneagramms geht davon aus, dass jeder Mensch in einem dieser drei Bereiche eine angeborene und/oder erworbene Dominanz besitzt.

Die nachfolgende Beschreibung der Bauch-, Herz- und Kopfmenschen gibt nur einen sehr groben Überblick über die einzelnen Typen. Dennoch werden Sie sich in der einen oder anderen Beschreibung wiederfinden bzw. erkennen, welches Potenzial noch mehr zu entwickeln ist.

Bauchmenschen

Sie zeichnen sich durch ein Urvertrauen zu den urtümlichen Empfindungen aus, wie sie durch das Reptilienhirn repräsentiert werden. Ihre »Instinkt-Sensoren« sind ständig ausgefahren, damit sie schnell und ohne langes Hinterfragen reagieren können. Allerdings sind die Möglichkeiten des Wahrnehmens und Handelns begrenzt.

Typ 1 – der Perfektionist und Reformer

Das Selbstbild dieser Menschen heißt: »Ich bin brav, ich bin ein Musterkind, ich bin nicht egoistisch und böse oder wütend.« Aufgabe dieses Typs ist es, die wahren Gefühle zu entdecken und zuzugeben. Weil er sein Ziel, vollkommen zu sein, nie erreicht, neigt er zu Ärger und Wut über die

Unvollkommenheit der Welt, was sich darin zeigt, dass er andere schnell bewertet und abwertet. Diese Menschen müssen aufhören, so viel von »Wahrheit« und »Gerechtigkeit« zu sprechen, vielmehr sollten sie sich ihre eigene Wut eingestehen, die sie meist nicht wirklich zulassen können.

Wenn es ihnen gelingt, nicht mehr alles in Gut und Böse zu unterteilen, in Gebote und Verbote, sondern die Dinge einfach zu lassen, wie sie sind, gelangen sie zu wirklicher innerer Gelassenheit.

Typ 8 – der Chef, der Herausforderer, der Führer

Dieser Typ ist kaum zu übersehen. Er verfügt über Macht und Einfluss und neigt dazu, mit seinem immens großen Energiepotenzial alles zu übertreiben. Er liebt die Konfrontation, und so ist es nicht verwunderlich, dass er sich in Form von Angriffen anderen nähert. Er selbst versteht oft nicht, warum andere dieses Angebot zur Auseinandersetzung nicht annehmen, gewinnt er selbst dadurch doch Energie. Schon als Kind hat er keine Angst davor, unangepasst und sogar böse zu sein.

Vor allem, wenn es gilt, Schwächere zu schützen, wird er zum leidenschaftlichen Kämpfer für die Gerechtigkeit. Wenn er diese Leidenschaft mit dem Herzen verbinden und sich so für das Leben einsetzen kann, bringt er Entwicklungen in der Menschheit entscheidend voran.

Typ 9 – der Vermittler und Friedensstifter

Dieser Typ liebt das friedliche Leben, er lässt sich gerne treiben, weil es ihm schwer fällt, ein klares Ziel zu finden und zu verfolgen. Diese Menschen sind ideale Streitschlichter, weil sie selten unüberwindliche Probleme sehen. Sie können sich an den einfachen Dingen des Lebens erfreuen. Meist sind sie sehr beliebt, weil sie aus einer gewissen Trägheit und eigener Entschlusslosigkeit heraus den Ideen und Vorstellungen anderer folgen.

Die Gefahr ist eine passive Aggression, die sich durch Verweigerung und auch Suchtgefährdung zeigt. Wenn sie sich diese Aggression bewusst machen, sind sie leichter in der Lage, eigene Aktivitäten zu verfolgen und trotzdem in Harmonie mit anderen zu leben.

Kopfmenschen

Sie zeichnen sich durch ihre Fähigkeit aus, analytisch zu denken, komplexe Zusammenhänge zu verstehen und entsprechend zu planen. Im Gegensatz zu den Bauchmenschen brauchen sie länger, um zu reagieren und zu handeln.

Typ 5 – der Beobachter

Dieser Mensch kontrolliert seine Welt mit dem Kopf. Der Verstand ist die oberste Instanz und stellt immer wieder den notwendigen Abstand her zu anderen, aber auch zu den eigenen, als bedrohlich erlebten Gefühlen. Er braucht für alles Erklärungsmodelle, seine Energie bezieht er aus dem Denken und aus dem Ansammeln von Informationen. Seine Angst ist die vor der eigenen inneren Leere. Um echte Weisheit zu entwickeln, muss er in Kontakt mit der realen Welt bleiben und ein gesundes Maß an innerer Distanz entwickeln.

Typ 6 – der Skeptiker und der Ängstliche

Dieser Typ ist geprägt von einem Mangel an Vertrauen in sich selbst. Er vertraut lieber jemandem, der vermeintlich besser denkt als er selbst. Menschen dieses Typs folgen einer Lehre oder einem Anführer und werden so Diener mächtiger Institutionen. Aus der eigenen Angst und einem überstarken Sicherheitsbedürfnis heraus zeigen sie eine übertriebene Loyalität, auch wenn sie erkennen, dass sie einem falschen System dienen.

Sie müssen lernen, selbst zu denken und sich auf ihr eigenes Urteil zu verlassen. Dann macht ihre Loyalität sie zu verlässlichen Freunden statt zu treuen Vasallen.

Typ 7 – der Optimist, der Hedonist, der Lustige
Dieser Typ ist meist nicht ganz leicht als Kopfmensch zu erkennen. Er scheint eher wie ein Gefühlsmensch. Allerdings steckt hinter seinem fröhlichen und lustigen Verhalten oft die Angst vor der schmerzhaften Erkenntnis der Wirklichkeit. Die Auseinandersetzung mit ernsthaften Themen versucht er möglichst zu vermeiden, und im Notfall zieht er sich von der Welt, von der harten Wirklichkeit, zurück. Wenn er seine Angst überwindet und sich von Leid und Schmerz berühren lässt, wird er zu einem echten Optimisten, der anderen Menschen Kraft und Hoffnung geben kann.

Herzmenschen

Sie haben es mit veränderlichen Stimmungen zu tun und erleben sich selbst in erster Linie durch ihre Gefühle, die von den Umständen und der Reaktion anderer abhängig sind.

Typ 2 – der Helfer und Geber
Dieser Typ sucht seine Sicherheit in der Welt der Liebe, er legitimiert sich durch Dienen und tätige Hilfe. Weil er dabei

seine eigene Bedürftigkeit nicht wahrnehmen möchte, gerät er leicht in die Falle der Co-Abhängigkeit. Da die Belohnung von außen oft ausbleibt, greift er aus Enttäuschung oft selbst zu Suchtmitteln.

Seine übergroße Herzlichkeit erzeugt bei anderen nicht selten Schuldgefühle oder das Gefühl der Manipulation, dem er oft auch selbst erliegt. Seine Aufgabe ist, sein Herz zu läutern und echte Herzlichkeit zu entwickeln, bei gleichzeitiger Erkenntnis der eigenen Bedürftigkeit. Aus der Liebe-Leid-Falle kommt er am schnellsten heraus, wenn er nicht die Stimmungen der anderen aufnimmt, sondern sich selbst ehrlicher wahrnimmt.

Typ 3 – der erfolgsorientierte Macher und Dynamiker
Er glaubt nur geliebt zu werden, wenn er erfolgreich ist und die gewünschte Leistung bringt, und er erkennt schon sehr früh, wie er sich in Szene setzen und Situationen erfolgreich managen kann. Das macht ihn zwar sehr beliebt, erhöht aber auch seine Verführbarkeit. Die eigenen Emotionen nimmt er dabei kaum noch wahr, dafür kann er sehr gut auf die Emotionen anderer eingehen und sie notfalls imitieren. In seiner Entwicklung geht es vor allem um Wahrheit und Integrität, um Tiefe und Ehrlichkeit.

Typ 4 – der Romantiker, Künstler und Individualist
Er sehnt sich nach Schönheit und Harmonie, hat eine blühende Fantasie und interessiert sich schon sehr früh für Gedichte und Musik. Seine Energie bezieht er vor allem aus seiner Vorstellung. Für andere erscheint er häufig selbstbezogen und sogar depressiv. Menschen dieses Typs sind von ihrer eigenen Besonderheit, von ihren Träumen und inneren Bil-

dern fasziniert und vergessen oft den Blick auf die reale Welt. Um nicht immer wieder von den eigenen Gefühlen überwältigt zu werden, muss der Romantiker sich konkret anderen Menschen zuwenden und lernen, deren Welt intensiv wahrzunehmen.

Tiefenpsychologie und Chakra-Lehre

Das Verständnis der Chakras aus der Sicht von C. G. Jung

Etwa zur gleichen Zeit, als sich die Tiefenpsychologie entwickelte, wurden auch die indischen Yogatexte übersetzt und verbreitet. Schon 1912 bot der Schweizer Arzt und Tiefenpsychologe C. G. Jung in seinem Werk »Wandlungen und Symbole der Libido« psychologische Deutungen von Abschnitten indischer Weisheitsschriften (Upanishaden und Rigveda). Dadurch ergaben sich Vergleichsmöglichkeiten zwischen Psychoanalyse und Yoga, die so weit führten, dass die Psychoanalysen von Freud und Jung mit den Yoga-Sutras des Patañjali verglichen wurden. Hermann Graf Keyserling sprach in seinem »Reisetagebuch eines Philosophen« davon, dass die neue Psychologie in Wirklichkeit eine Wiederentdeckung dessen war, was schon die alten Inder wussten.

Vor allem im Kundalini-Yoga (oder Tantra-Yoga) entdeckte C. G. Jung ein Modell der Entwicklungsphasen des Menschen, wie es im Westen bis dahin nicht zu finden war. Er lud im Jahr 1932 den Indologen Wilhelm Hauer zu einer Vortragsreihe über dieses Thema nach Zürich ein. Dabei ging es vor allem um die Interpretation der Chakras als Symbole des menschlichen Entwicklungsprozesses. Ein solches Modell der Entwicklungsstufen fehlte nach Jungs Ansicht in der westlichen Psychologie fast gänzlich.

Der Körper besteht nach den Lehren des Kundalini-Yoga aus einer Reihe von Energiezentren (Chakras, Rädern), die durch Energiekanäle (Nadis) verbunden sind. Diese Strukturen befinden sich im feinstofflichen Körper und wirken auf den physischen Körper. Die wichtigsten Energiekanäle laufen rechts und links von der Wirbelsäule (Ida und Pingala) sowie in der Mitte (Sushumna). Der menschliche Körper wird in der tantrischen Vorstellung als Mikrokosmos im Makrokosmos verstanden; alle Objekte wie Sonne, Mond, Berge, Tiere sind ebenso mit den Chakras verbunden wie die Gottheiten, die dort ihren Sitz haben.

Kundalini, die geistig-spirituelle Energie oder universelle Kraft, wird als eine um die Wirbelsäule gerollte Schlange dargestellt, die schlafend im Wurzelchakra ruht. Ziel der rituellen Yoga-Praktiken ist es, diese Schlange zu erwecken und ihr den Aufstieg im mittleren Energiekanal durch die verschiedenen Körperbereiche nach oben zu ermöglichen. Kundalini, die weibliche Energie, symbolisiert durch Shakti, die Gattin Shivas, verbindet sich im obersten Chakra mit Shiva. C. G. Jung bezeichnete die Kundalini-Energie als Anima. Er bezog sich dabei auf Arthur Avalon, der sagte: »Sie ist die innere Frau, sie ist gemeint, wenn gesagt wird: Wozu brauche ich eine äußere Frau? Ich habe eine innere Frau in mir.« Die Kundalini-Energie durchläuft in einer Art Transformation alle fünf Elemente (in der indischen Kultur wird der Äther als fünftes Element betrachtet).

Sowohl Heinrich Zimmer als auch C. G. Jung bezogen sich vor allem auf das Standardwerk »Die Schlangenkraft«

45

von Arthur Avalon. Sir John Woodroffe, der sich hinter dem Pseudonym verbirgt, beschreibt als Symbol für die sechs Energiezentren, durch die der Aufstieg von Kundalini erfolgt, ein doppeltes Dreieck. Dieses Hexagon ist auch das Symbol für das Herzchakra, das nach Ansicht von Avalon der kritische Punkt auf dem Weg nach oben ist, weshalb darüber in den alten Schriften besonders viel geschrieben wurde. Diese Aussage weist darauf hin, dass es nicht erst dem modernen Menschen schwer fällt, sein Herz-Zentrum zu entwickeln.

Avalon fasst jeweils zwei Chakras zusammen und ordnet die Trigunas, die drei Komponenten der Urmaterie, diesen drei Zentren zu: Tamas, das Feste, Schwere, Träge; Rajas, das Feurige, Bewegliche; Sattva, das Reine, Leichte, Lichte. Demnach ergeben sich gemäß unserer Dreiteilung:

– Bauch (Tamas) – Wurzelchakra (Muladhara) und Sexualchakra (Svadhisthana).
– Herz (Rajas) – Solarplexus (Manipura) und Herzchakra (Anahata).
– Kopf (Sattva) – Kehlzentrum (Vishuddha) und Stirnchakra (Ajna).

Das siebte Chakra (Sahasrara) befindet sich jenseits dieser Ordnung.

Die sieben Chakras im Einzelnen

Auf der nachfolgenden Deutung der Chakras und ihrer gerade dargestellten Zuordnung zum Bauch-, Herz- und Kopfbereich basiert unter anderem meine Beschreibung der drei Typen. Einen wirklichen tiefen Bezug zur Chakralehre bekommen wir nach meiner Erfahrung allerdings nur, wenn wir eigene innere Erfahrungen machen, die uns die Chakra-Energie erleben lassen. Hilfreich dabei sind sowohl Körper- wie Atem- und Visualisierungsübungen mit Farben, die Sie in den drei Kapiteln »Mythos Kopf«, »Mythos Herz« und »Mythos Bauch« finden.

Muladhara – Wurzelstütze

Dieses Chakra wird dem Element Erde zugeordnet. Sein Symboltier ist der Elefant. Es symbolisiert die Verbindung zu unseren Wurzeln in der Natur, von der wir ein Teil sind und bleiben, unabhängig davon, wie weit sich unser Geist in höhere Sphären schwingt. Das Muladharachakra befindet sich am untersten Ende unseres Rumpfes, hier ist der Ort, an dem die Geburt stattfindet. Dieses Energiezentrum ist mit unseren Instinkten verbunden, mit unserem Überlebenstrieb, der uns vorantreibt auf der Suche nach Nahrung, nach Sicherheit und Schutz in dieser für den Menschen immer auch bedrohlichen Welt. Außerdem wird es als Sitz der Wollust bezeichnet.

Hier in der Welt des Kreatürlichen, des Unbewussten, ruht die Schlange Kundalini und wartet darauf, dass sie sich erheben und den Weg ins Bewusstsein antreten kann.

Svadhisthana – der eigene Platz

Es ist mit dem Wasserelement und dem Leviathan verbunden, der in den Wassern des Unbewussten lebt. Der Elefant symbolisiert die sichtbare Macht in der materiellen Welt; der Leviathan, das Meerungeheuer, steht für die unsichtbare Macht der Tiefe und droht uns zu verschlingen. Aber ähnlich wie Jonas nach drei Tagen vom Wal wieder ausgespuckt wird, werden wir die Erfahrung machen, dass wir uns den dunklen

Leidenschaften und Begierden, der Angst und dem Bedürfnis nach Kontrolle stellen müssen, um auf unserem Weg nicht zu erstarren.

Svadhisthana ist der Sitz der Gier, die uns immer wieder nach außen greifen und auf materieller, emotionaler und intellektueller Ebene immer mehr anhäufen lässt, um zu verhindern, dass wir uns fallen lassen und der eigenen Tiefe stellen.

Manipura – die leuchtende Juwelenfülle

Es ist das Feuerzentrum, das Zentrum der Energie, die durch die Sonne symbolisiert wird. Sie steht in alten Kulturen nicht nur für die Person des Königs oder der Königin, sondern auch für das Göttliche. In diesem Bereich, dessen Symboltier der Widder ist, kommen wir mit unseren Leidenschaften und Emotionen in Kontakt, mit unserem Ego, mit dessen Hilfe wir uns der Welt präsentieren, aber auch mit unserem Bedürfnis nach persönlicher Macht. Das Feuer der Leidenschaft bringt zwar Energie, Licht und Wärme, aber es ist auch gefährlich, wenn wir es nicht bezähmen können. In den alten Schriften des Yoga wird dieses Chakra deshalb auch als Sitz von Zorn und Wut beschrieben.

Anahata – der Klang, der nicht von einem Zusammenstoß fester Körper herrührt

Das Herzchakra wird vom Luftelement regiert, sein Symboltier ist eine Gazelle, ein scheues Tier, das sich beinahe schwerelos bewegt. Seinen Namen hat dieses Gefühlszentrum von der Vorstellung, dass die aufsteigende Kundalini-Energie hier in Klang umgewandelt wird, das heißt, sie erscheint in feinstofflicher Natur in Form von Schwingung und Klang.

Die Herzenergie ist nicht mehr von persönlichen Leidenschaften geprägt. So wie die Luft alles miteinander verbindet, sind wir im Herzchakra mit allem in Verbindung. Mitgefühl und der Wunsch nach Gerechtigkeit und Lebensrecht für alle herrschen hier vor. Der Satz aus dem Neuen Testament: »Wenn ihr nicht werdet wie die Kinder ...« spricht diese Herzenergie an, die von einer gewissen Naivität und dabei von großer Liebe geprägt ist.

Das vierte Chakra wird auch als Ort der geistig-spirituellen Geburt bezeichnet.

Vishuddha – der Ort der Lauterkeit oder Reinigung
Dieses Zentrum auf Höhe des Kehlkopfs ist mit dem Ätherelement verbunden. Sein Symboltier ist ein weißer Elefant, der so nie in der realen Welt existiert. Es ist die Idee eines idealisierten Elefanten, die sich in diesem Bild zeigt. Hier beginnt die Ebene der Abstraktion, die Ebene des Denkens, auf der wir unsere Leidenschaften und Vorstellungen von uns selbst betrachten und analysieren können. Es ist der Ort der Reinigung, in dem das bloß Tierhafte, Physische geläutert wird im Sinne einer Vergeistigung und Öffnung nach oben. Die Energie, die vorher nach außen gerichtet wurde, wendet sich jetzt nach innen, nicht um andere zu überwinden, sondern sich selbst. Es wird auch als Zentrum der Wahrheit bezeichnet, einer Wahrheit, die einerseits mit dem Herzen und andererseits mit der göttlichen Wahrheit verbunden ist. Wenn wir diese Ebene erreicht haben, identifizieren wir uns nicht mehr mit dem, was uns widerfährt, sondern betrachten alles als subjektive Erfahrung, die es zu erkennen gilt.

Ajna – Erkenntnis, Autorität, Macht

Dieses Zentrum ist mit keinem Element oder Symboltier verbunden, es ist der Ort der Vereinigung mit Shiva. Das Ich ist verschwunden, es ist eins geworden mit dem Selbst. Die eigene persönliche Macht und die höhere Macht sind genauso miteinander verschmolzen wie der persönliche und der höhere oder göttliche Wille. Hier gibt es nicht mehr die Frage nach dem Sinn oder der Aufgabe des Lebens, weil wir selbst Sinn und Aufgabe geworden sind. Die Seele erblickt jetzt ihr Ziel. Die Energie der Liebe wird nun als Gottesliebe erfahren.

Sahasrara – Einheit

Auf dieser letzten Stufe erlebt der Mensch eine Synthese und gleichzeitig eine Auflösung. Dieses Zentrum zu erreichen, ist das Ziel aller Mystiker. Es ist die Einswerdung, wie es im Johannesevangelium geschrieben steht: »Ich und der Vater sind eins.« In diesem Zentrum vereinigt sich die Schlange Kundalini mit dem tausendblättrigen Lotos auf dem Scheitel. Allerdings ist diese Erfahrung nicht zu beschreiben, denn »die Wissenden reden nicht, und die reden, wissen nicht« (Laotse).

Die Tridosha-Lehre des Ayurveda

Ebenfalls eine Dreiheit finden wir in der Tridosha-Lehre des Ayurveda, die drei Konstitutionstypen beschreibt: Vata, Pitta und Kapha. Diese setzen sich aus den fünf Elementen wie folgt zusammen:

Element	Prinzip	Natur	Funktion	Guna	Dosha
Äther	Raum			Sattva	
Luft	Bewegung	Wind	Bewegung		Vata
				Rajas	
Feuer	Energie	Sonne	Veränderung	Sattva + Rajas	Pitta
Wasser	Zusammenhang			Sattva + Tamas	
		Mond	Kühlung, Erhaltung		Kapha
Erde	Masse			Tamas	

Auch hier finden wir die Dreigliederung, wie in der Anthroposophie oder in der Alchemie: das statische körperliche Prinzip, das veränderliche Gefühlsprinzip und das bewegliche, leichte und kühle Denkprinzip.

Der dreigeteilte Mensch

*Nur das, was in uns liegt, können wir auch
in der Außenwelt wahrnehmen.*

Ralph Waldo Emerson

Bauch, Herz und Kopf sind die Erfahrungsbereiche der
Persönlichkeit, alles muss erfahren und integriert werden.
Aber natürlich kann man nicht alles selbst erleben. In den
bekannten englischen Erzählungen von »Pater Brown« wird
der katholische Geistliche gefragt, wieso er alle Mordfälle
aufklären kann. »Das ist ganz einfach, ich muss sie in meiner
Fantasie selbst begehen, so weiß ich, was in dem anderen
Menschen vorgeht.« Aber nicht nur die dunklen, unerlösten
Seiten müssen wir zunächst in uns selbst wahrnehmen, bevor
wir sie im Außen erkennen, sondern auch die lichten und
kraftvollen. Den oben zitierten Satz »Nur das, was in uns
liegt, können wir auch in der Außenwelt wahrnehmen« führt
der Philosoph Emerson selbst noch weiter, indem er sagt:
»Wenn wir keinen Göttern begegnen, so deshalb nicht, weil
wir keine in uns tragen.«

Zu den Göttern in uns können wir allerdings erst vordrin-
gen, wenn wir die verschiedenen Ebenen des Menschseins
in uns kennen gelernt haben. Dazu müssen wir die Bauch-,
die Herz- und die Kopfenergie entwickeln. Die einzelnen
Ebenen finden wir in unserem Körper repräsentiert: Der

Bauch steht für die biologische Ebene, das Herz für die emotionale und der Kopf für die intellektuelle Ebene. Alle drei funktionieren nach den gleichen Gesetzmäßigkeiten, die es zu verstehen gilt.

Macht man sich auf die Suche nach den Gründen, warum ein Mensch sein Ich, das heißt sein Wahrnehmen und Handeln, bauch-, herz- oder kopfgesteuert entfaltet, findet man verschiedene Begründungen. Angeboren und genetisch vorbestimmt, sagen die einen, anerzogen und bestimmt durch die Erwartungen der Familie oder Gruppe, sagen die anderen. Esoteriker und Astrologen gehen davon aus, dass wir diese Dominanz bereits als Lernaufgabe aus früheren Lebenserfahrungen mitbringen. Wieder andere leiten sie aus der Aktivität der verschiedenen Gehirnanteile ab. Scheinbar einig sind sich alle, dass die verschiedenen Ebenen des Wahrnehmens und Handelns existieren und in der jeweiligen Kultur und Zeit eine mehr oder weniger große Bedeutung haben. Einig sind sich die meisten auch darin, dass wir uns auf der stärker entwickelten Ebene sicherer fühlen und sie im Laufe des Lebens immer mehr ausbauen. Die entsprechenden Verhaltensweisen werden immer mehr zu automatischen Reaktionen. So wird zum Beispiel eine Frau, die auf der emotionalen Ebene ihre Sicherheit entwickelt hat, sehr schnell spüren, an wen sie sich in einer fremden Gruppe wenden muss, um akzeptiert zu werden. In der Kaffeepause wird sie gleich Tassen und Gläser heranschleppen und dafür sorgen, dass sich alle wohl fühlen. Es kann durchaus passieren, dass am Ende ein Teilnehmer aus der Gruppe gerade dieses Verhalten kritisiert und die zu schnell hergestellte Nähe als »übergriffig« empfindet. Das heißt, es wird schwierig mit unserer Dominanz, wenn wir jemandem begegnen, der klar auf eine andere Ebene baut.

Natürlich gibt es kaum einen Menschen, der einseitig nur eine Ebene entwickelt hat. Dennoch kann man schon bei kleinen Kindern eine bevorzugte Verhaltensweise beobachten. Ein Kind fällt der Mutter verzweifelt weinend um den Hals oder schreit, stampft mit den Füßen und läuft vor Wut rot an. Das andere umgarnt Vater und Mutter mit zärtlichen Blicken, wirkt nachgiebig und liebevoll, zeigt sich einfühlsam und vermittelt zwischen den Eltern, wenn die gerade mal streiten. Das dritte Kind beobachtet zuerst ganz still und handelt oft für sein Alter zu besonnen. Es wirkt einsichtig und klug, erkennt schnell die Schwächen seiner Eltern und handelt danach. Führt die jeweilige Verhaltensweise meistens zum Ziel, wird sie immer mehr perfektioniert.

In meiner Praxis erlebe ich beispielsweise häufig Mütter, die unglaublich stolz sind auf die hohe Begabung ihres Sprösslings. Nicht selten sind es sehr kluge Kinder, die sich angepasst verhalten und schon sehr früh wissen, welches Verhalten und welche Antworten von ihnen erwartet werden. Das entsprechende Lob macht sie schon früh selbstbewusst und stolz auf diese Fähigkeit. Werden sie per Test dann noch als »hochbegabt« eingestuft, setzen sie meist all ihren Ehrgeiz daran, die hohen Erwartungen auch weiterhin zu erfüllen.

Ich denke dabei an einen kleinen Jungen. Er wirkte wie ein kleiner Prinz, und jedermann war begeistert von ihm. Dennoch hat es mich nicht erstaunt, als mir die Mutter erzählte, dass sie einen Schulpsychologen aufsuchen musste, weil er völlig unmotiviert auf andere Kinder losgehe oder sich der Lehrerin gegenüber äußerst aggressiv zeige. Hier schlägt im wahrsten Sinne des Wortes der verdrängte Instinkt zu. Unterdrückte Emotionen wie Neid oder Wut müssen sich irgendwie Luft machen. Eigentlich eine gesunde Reaktion des Jungen, trotzdem wird es ihm sehr schwer fallen, diese beiden Seiten in sich in Einklang zu bringen, solange die eine so tabuisiert und die andere so extrem gefördert wird. Die Einseitigkeit gibt zwar eine gewisse Sicherheit und ein Vertrauen in sich selbst, hat aber auch eine Schattenseite. Der Preis ist eine gewisse Vernachlässigung der anderen Ebene oder sogar eine Scheu davor.

In unserer modernen Welt dominiert ziemlich deutlich der Mensch, der seine Existenz auf dem Denken gründet. Intellekt wird hoch gehandelt und hoch bezahlt. Höhere Schulbildung zahlt sich aus. Immer noch werden Bürojobs meist besser bezahlt als handwerkliche Tätigkeit. In den meisten großen Firmen wird immer noch unterschieden zwischen Arbeitern und Angestellten, zwischen Hand- und Kopfarbeitern. Überall im alltäglichen Leben, in unseren Berufen und Beziehungen, finden Sie die Thematik Kopf, Herz oder Bauch wieder.

Die Verteilung ist unterschiedlich, so kann zum Beispiel der Bauch an erster Stelle einen Anteil von etwa 50 Prozent belegen, das Herz 30 und der Kopf 20 Prozent oder aber Bauch und Kopf jeweils 40 Prozent und Herz 20 Prozent. Die Verteilung kann weitgehend ausgeglichen oder auch sehr ungleich sein; oder ein Bereich ist nahezu verkümmert.

Da die eigene Einschätzung manchmal nicht leicht fällt, finden Sie in den Kapiteln »Mythos Kopf«, »Mythos Herz« und »Mythos Bauch« neben der Beschreibung und verschiedenen beispielhaften Geschichten einige Schlüsselfragen. Dabei ist mir sehr bewusst, dass das menschliche Leben immer in Bewegung und Wandlung ist und nie vollständig erfasst und festgelegt werden kann. Dennoch kann Ihnen die grobe Unterscheidung der drei Bereiche helfen, herauszufinden, welchem Bereich Sie mehr Aufmerksamkeit zuwenden sollten, um Ihr ganzes Potenzial auszuschöpfen. Besonders hilfreich ist diese Erkenntnis im Umgang mit anderen Menschen, die das Leben von einem anderen Standpunkt aus betrachten und deshalb oft zu Einsichten gelangen, die sich von unseren unterscheiden.

Die Vielheit und die Dreiheit

Jeder von uns ist eigentlich eine Vielheit, wir sind komplexe und differenzierte Wesen, sehr viel komplexer, als früher angenommen wurde. Wenn wir uns selbst betrachten, sollten wir so wie bei der Betrachtung eines Gemäldes vorgehen: vom Groben zum Feinen, vom Überblick zum Differenzierten. In diesem Buch schlage ich Ihnen etwas vor, was Ihr Geist ohnehin täglich tut: die Komplexität auf wichtige Standardmerkmale zu reduzieren, damit er damit umgehen kann.

Zuerst möchte ich Sie einladen, sich die drei Ebenen – Kopf, Herz und Bauch – grundsätzlich bewusst zu machen. Allerdings spielen sie stets ineinander. Am einfachsten ist das anhand der Kopfdominanz zu erklären. Wenn wir von einem Kopfmenschen sprechen, meinen wir in erster Linie den Menschen, der weitgehend rationale Entscheidungen trifft, in der Lage ist zu planen und etwas zu durchdenken. Aber wir wissen natürlich genau, dass eine Kopfentscheidung ohne Beteiligung der Gefühle und Instinkte nicht möglich ist. Die verschiedenen Gehirnteile spiegeln diese ganzheitliche Beteiligung am Vorgang des Denkens wider. Die beiden Hälften des Großhirns sind vor allem mit dem Bewusstsein verbunden, das Limbische System ist das Zentrum der Gefühle und das so genannte Reptiliengehirn ist für die automatischen, instinkthaften, standardisierten Vorgänge zuständig. Diese drei Ebenen finden sich auch bei Bauch und Herz. Obwohl sich also genau wie im Gehirn keine klare Trennung vornehmen lässt, werde ich trotzdem eine Unterteilung wagen, um das Typische von Kopf, Herz und Bauch so differenziert wie möglich aufzeigen zu können.

Wenn wir das ganze Potenzial entfalten, wird nicht nur unser Leben weiter und freier, sondern auch die Beziehungen mit anderen Menschen verbessern sich, weil man sie besser versteht und ihre Reaktionen besser einordnen kann.

Wie die Dominanz gelebt wird

Wenn ich meine Klientinnen und Klienten oder auch Freunde befrage, ob sie sich als Bauch-, Herz- oder Kopfmenschen einstufen, antworten manche spontan, andere denken länger nach, weil sie erst die Kriterien für die eine oder andere Neigung klären wollen.

Manche antworten, dass es von der Situation abhängt, dass sie im Büro anders sind als zu Hause, mit den Kindern anders als mit Kollegen usw. Manche Menschen sagen, dass sie früher eher Herzmenschen waren und jetzt mehr zum Kopf neigen oder umgekehrt. Wie auch immer die Dominanzen verteilt sind, es gibt immer folgende Möglichkeiten, eine Ebene zu leben:
– in ihrer reinen Form oder
– unterdrückt und auf andere projiziert, zum Beispiel verkörpert der Partner die weniger ausgeprägte Seite.

Am leichtesten kann man die Dominanz natürlich erkennen, wenn sie in ihrer Reinform auftritt, aber das ist selten. Zum einen sind wir wie gesagt alle eine Mischung aus allen drei Anteilen, zum anderen wird die eigene Dominanz aber auch nicht immer gezeigt. Gerade der »kultivierte« Mensch zeigt seine Bauchemotionen manchmal höchstens im Straßenverkehr. Im Alltag gibt man sich cool, verständnisvoll, schluckt den Ärger herunter und sinnt auf subtile Rache. Mit den aggressiven Gefühlen unterdrücken wir oft auch unsere Tatkraft und unseren Antrieb. Eine gute Möglichkeit, sich von vitalen und vorwärts drängenden Gefühlen abzuschneiden, ist der Rückzug in sich selbst, in die Depression, in den Schlaf oder die Verweigerung. Auch Ess- oder Alkoholsucht unterstützen die Verdrängung. Ein Grund, warum wir vitale Impulse unterdrücken, kann darin liegen, dass wir unangenehme Erfahrungen mit dieser Art von Ehrlichkeit gemacht haben oder dass unsere Erziehung uns verboten hat, zu weinen, zu schreien, Gefühle zu zeigen usw. Meist sind uns emotionale Aufwallungen wie Zorn, Eifersucht und Gefühle von Kränkung selbst unangenehm, und natürlich werfen wir uns nicht mehr auf den Boden und trommeln mit den Fäusten. Trotzdem würden wir in einer solchen Aktion eine Menge Energie spüren. Die Verdrängung ist allerdings auch keine Lösung und auch nicht die Projektion nach außen, die bedeutet, dass der andere der Böse und das schwarze Schaf ist. Projektion bedeutet, im Außen das Licht auf etwas zu werfen, damit wir es leichter erkennen können. Im Idealfall können wir also aus dem Splitter im Auge des anderen auf den Balken im eigenen Auge schließen. Das heißt nicht, dass der andere nicht wirklich einen Splitter im Auge, nicht wirklich eine negative Eigenschaft hat. Aber es heißt eben auch, dass es mir deshalb auffällt, weil ich mit demselben Thema zu kämpfen habe und mit dieser Energie nicht umgehen kann. Erst wenn ich sie in mir erlöst habe, kann ich dem anderen selbstbewusst und klar begegnen und die notwendigen Grenzen setzen.

Aus eigener Erfahrung weiß ich, wie schwer es ist, zu negativen Bauchgefühlen zu stehen und zum Beispiel die Wut darüber, dass sich jemand in der Schlange vorgedrängt hat, überhaupt als Energie wahrzunehmen und zuzulassen. Aber ich weiß auch aus Erfahrung, dass es ein Gewinn ist, sich dieser Anteile bewusst zu werden. Erst dann können wir wirklich entscheiden, wie wir damit umgehen wollen.

Verdrängung und Projektion finden in allen Bereichen statt und beziehen sich keinesfalls nur auf negative Gefühle. Auch die eigenen Fähigkeiten, ja selbst die Liebe kann verdrängt projiziert werden, etwa wenn der erfolgreiche Ehemann oder die erfolgreiche Ehefrau die Herzebene, die Angst und vermeintlich schwach macht, auf die Partnerin oder den Partner projiziert. Die Geschichten in den einzelnen Kapiteln sind beispielhaft dafür, wie die Energie gelebt werden kann oder wie sie projiziert wird. Doch wie gesagt: Eine solche Unterteilung kann nur ein grobes Raster sein, um das Wesentliche, um das es hier im Buch geht, deutlich zu machen. Nur durch Vereinfachung kann ein allgemein gültiges Grundmuster erkannt werden.

Praktischer Teil

Was Sie zum Umgang mit dem Buch wissen müssen

Auch wenn Sie in erster Linie daran interessiert sind, welche Dominanz bei Ihnen vorherrscht, sollten Sie das Folgende lesen. Das Verständnis des Gesamtzusammenhangs wird es Ihnen erleichtern, Ihre Grunddominanz herauszufinden, auch wenn das eine oder andere Merkmal nicht auf Sie zutrifft.

Darüber hinaus soll der Einblick in die verschiedenen Sichtweisen der Dreiteilung deutlich machen, wie gut sie sich als »Arbeitshypothese« bewährt, wenn es darum geht, die Ganzheit zu entwickeln.

Die drei Kapitel »Mythos Kopf«, »Mythos Herz« und »Mythos Bauch« sind nach dem gleichen Prinzip aufgebaut:
- körperliche und psychosomatische Ebene
- symbolische Ebene
- Märchen und Mythos, eventuell Literatur
- Grundfunktion
- alltägliches Leben
- Einklang mit den anderen Ebenen herstellen
- Tipps für den Alltag und Schlüsselfragen

Lesen Sie entweder die drei Kapitel über Kopf, Herz und Bauch hintereinander oder zuerst das, von dem Sie vermuten, dass es am meisten auf Sie zutrifft. Die sieben Schlüsselfragen am Ende jedes Kapitels sollen Ihre Einschätzung noch einmal klären oder bestätigen. Ich habe bewusst nur sieben charakteristische Fragen ausgewählt, damit Sie die Anteile in ihrer Reihenfolge auf einfache Weise überprüfen können, zum Beispiel Bauch 4 »Treffer«, Herz 2 und Kopf 1 oder Herz 3, Bauch 2 und Kopf 2 usw.

Führen Sie, um die weniger entwickelten Seiten zu stärken, alle Übungen aus oder wählen Sie die Basisübung und ein oder zwei weitere aus. Sie sollten die Übungen mindestens über einen Zeitraum von drei Monaten durchführen. Entwickeln Sie darüber hinaus eigene Vorstellungen, wie Sie Kopf, Herz und Bauch noch mehr miteinander in Harmonie bringen können und die weniger entwickelte Seite zu einer Stärke werden lassen. Schon nach kurzer Zeit werden sich Erfolge zeigen. Sie werden vermutlich neuen Menschen begegnen und in Ihren Partnerschaften Veränderungen erleben.

Auf die in jedem der drei Kapitel beschriebene symbolische Ebene sowie auf die Dreiteilung in Märchen und Mythen (und in einem Fall in der Literatur) möchte ich nachfolgend noch etwas genauer eingehen, um Ihnen zu zeigen, warum die Bildebene der Symbole, Märchen und Mythen hilfreich beim Finden der eigenen Dominanz sein kann.

Die Dreiteilung auf symbolischer Ebene

Der Begriff »Symbol« (griechisch) bedeutet so viel wie »zusammenwerfen«. Gemeint war ursprünglich ein Erkennungszeichen, das aus Zusammengefügtem bestand. Eine Münze, die in zwei Teile zerbrochen worden war, galt als ein solches Zeichen. Wo und wann immer sich die Menschen trafen, die im Besitz einer Hälfte waren, erkannten sie sich als Freunde oder Vertraute. Ein Symbol hat demnach immer einen Bedeutungsüberschuss, das heißt hinter der äußeren Ebene – der geteilten und wieder zusammengefügten Münze – existiert eine innere Ebene, etwa dass sich zwei Freunde wiederbegegnen.

Wir unterscheiden persönliche Symbole und kollektive Symbole, die für die Menschen aller Zeiten und Kulturen gelten. Zu Letzteren gehört die Natur mit all ihren Erscheinungen, Sonne, Mond und Sterne, Berge, Meer und Flüsse, die Tiere und Pflanzen.

Die Sonne hat eine äußere sichtbare physikalische Ebene und darüber hinaus eine metaphysische. Sie wurde als Repräsentantin des Göttlichen gesehen, als Symbol für die reine Lebensenergie, als Symbol für die männliche oder weibliche Kraft usw. Tiere und Pflanzen haben ebenso häufig eine äußere Ebene und eine darüber hinausgehende. So steht das Krokodil in vielen Kulturen für die Triebenergie oder die Eule für die Weisheit. So kann sich in Form eines Symbols in etwas Äußerem ein Inneres offenbaren, in etwas Sichtbarem das Unsichtbare, in etwas Körperlichem das Geistige, in etwas Besonderem das Allgemeine.

Körperbereiche werden von jeher ebenfalls symbolisch gedeutet, wie schon gesagt: Der Bauch steht für den Körper, das Herz für den seelischen und der Kopf für den geistigen Bereich. In den nachfolgenden Kapiteln werden die verschiedenen symbolischen Bedeutungen von Bauch, Herz und Kopf beschrieben.

C. G. Jung hat sich ein Leben lang mit der heilenden Wirkung der Symbole beschäftigt. Für ihn ist die Fähigkeit des Menschen, Symbole zu bilden, entscheidend für dessen seelische Gesundheit.

In diesem Sinne kann uns die symbolische Bedeutung unserer Körperbereiche dabei helfen, die entsprechende Energie noch besser zu verstehen und uns mit ihr anzufreunden.

Auch symbolische Handlungen, wie zum Beispiel regelmäßig durchgeführte Übungen oder Rituale können die Beziehung zum eigenen Körper und den darin verborgenen Kräften vertiefen. Jede Körperhaltung bzw. -übung wirkt auf die psychische Befindlichkeit. Ausdrücke wie »sich hängen lassen«, »niedergedrückt sein«, »selbstständig sein« oder »den Kopf hoch tragen« zeigen die enge Verbindung zwischen Körper und Seele. Ich verneige mich vor jemandem – das ist eine symbolhafte Handlung, mit der ich ausdrücken will, dass ich den anderen achte oder gar verehre. Die Yoga-Übungen sind in diesem Sinne sehr bewusste symbolhafte Haltungen, die neben der äußeren Ebene eine tiefere Bedeutung haben.

Die Dreiteilung in Märchen und Mythos

Der Mythos entwickelt sich nach einer innewohnenden Struktur, ähnlich wie ein Baum, über einen längeren Zeitraum. Man kann den Mythos auch mit einem Kristall vergleichen, der sich um ein zugrunde liegendes Achsengitter entwickelt. Er spiegelt die seelische Wirklichkeit wider und enthält Seelenbilder, und er ist gleichzeitig Nahrung für die Seele.

Mythen sind allen Menschen zugänglich, im Gegensatz zu Einweihungsritualen. Alle religiösen Erzählungen sind Mythen. Der Mythos hat drei Ebenen: eine historische, eine mythologisch-psychische und eine kosmische. Man kann auch sagen, jeder Mythos hat eine körperliche, eine seelische und eine geistige Ebene.

Einweihungslehren hatten immer das Erwachen zum Ziel, das Erkennen der Wirklichkeit hinter den sichtbaren Erscheinungen. In gewisser Weise gilt das auch für den Mythos, allerdings führt er weniger weit in die Bewusstheit.

Im Märchen gibt es fast immer drei Söhne oder Töchter, die drei Aufgaben zu lösen haben. Auch hier ist stets der dynamische Aspekt der Wandlung betont: Zwei Brüder machen in der Regel dieselben Fehler oder verbünden sich miteinander gegen den dritten. In der Regel gelingt es dem Herzmenschen, das Rätsel zu lösen und das Wasser des Lebens zu gewinnen. Allerdings bewältigt er seine Aufgaben nur, wenn er die fehlenden Aspekte seiner Persönlichkeit integriert. Sie kommen im Märchen zunächst von außen: der hilfreiche Zwerg, der das instinktive Bauchprinzip vertritt, oder die listige Schlange, die weise Eule oder der weise Zauberer, die auf die Kopfintelligenz verweisen. So gewinnt am Ende immer der oder die Person, die für die Ganzheit steht.

Übungswege zur Harmonisierung

Yoga

Der ganzheitliche Yoga-Weg bietet eine Fülle von Körper- und Atemübungen zur Entwicklung des eigenen Potenzials an. Die Asanas, wie der Sanskritbegriff für die Yoga-Körperübungen lautet, haben sich über Jahrtausende bewährt. Sie wirken nicht nur auf den Körper belebend, stärkend oder ausgleichend, sondern auch auf Psyche und Geist.

Viele Asanas tragen Bezeichnungen von Tieren oder Pflanzen (Kobra, Schildkröte, Krokodil oder Baum) und stärken damit unsere Verbindung zur Natur und unseren eigenen kreatürlichen Anteilen. Andere Übungen lassen bereits in der Bezeichnung erkennen, welche Wirkung sie haben, wie zum Beispiel die Heldenstellung mit ihrer kraftvollen Aufrichtung.

Führen Sie die Übungen mit Achtsamkeit und Konzentration aus und lenken Sie die Aufmerksamkeit auf den Atem. Üben Sie langsam, wiederholen Sie jede Übung mehrmals. Sie können die in diesem Buch vorgeschlagenen Übungen mit Ihrem eigenen Programm kombinieren, ergänzen und erweitern.

Atemübungen sind die Brücke zwischen Körper und Geist. Sie harmonisieren unser Gefühlsleben, geben Energie oder wirken beruhigend. Sie können in jeder Lebenslage ausgeführt werden und führen zu Gesundheit auf allen Ebenen.

Üben Sie möglichst nicht mit vollem Magen; der beste Zeitpunkt wäre der frühe Morgen oder abends vor dem Schlafengehen.

Visualisierung

Warum weinte meine Großmutter, wenn sie an ihre verlorene Heimat dachte, die sie wegen des Krieges verlassen musste? Weil die Bilder in ihrem Kopf auch nach 40 Jahren noch völlig präsent waren und jedes Mal wieder Heimwehgefühle hervorriefen. Warum klopft unser Herz höher, wenn wir daran denken, dass wir in zwei Tagen einen geliebten Menschen wiedersehen, oder warum wird uns förmlich übel, wenn wir an eine schlimme Erfahrung denken, auch wenn sie lange zurückliegt? Es ist die Kraft der inneren Bilder, die diese Phänomene hervorruft. Der große Arzt Paracelsus sagte: »Der Mensch hat eine innere und eine äußere Werkstatt, die innere ist seine Vorstellungskraft, die äußere sein Körper.« »Vorstellungen«, so sagte er weiter, »können uns krank oder gesund machen, je nachdem, wie wir sie einsetzen.«

Hier möchte ich Ihnen empfehlen, Ihre Visualisierungskraft einzusetzen, um Kopf, Herz oder Bauch zu stärken, je nachdem welcher Bereich bei Ihnen weniger ausgeprägt ist. Bis zu 70 Prozent aller körperlichen Aktivitäten werden bereits durch Vorstellung ausgelöst, sagen die Gehirnforscher, wir haben also einen großen Einfluss auf unser Denken, Fühlen und Handeln.

Am intensivsten wirken die inneren Bilder, wenn wir uns dabei auf einer tiefen und entspannten Bewusstseinsebene befinden, auf der Alpha-Ebene. Der deutsche Arzt und Medizinwissenschaftler Hans Berger hat sie 1924 in Jena entdeckt, als er dem Phänomen auf der Spur war, dass das menschliche Gehirn fähig ist, elektrische Wellen auszusenden. Bei den Alphawellen stellte er eine Frequenz von 8–13 Hertz (Schwingungen pro Sekunde) fest. Später wurden die Deltawellen (0–3 Hertz) entdeckt, dann die Betawellen (14–30 Hertz) und die Thetawellen (3–7 Hertz). Diese elektrischen Wellen, die aufgrund der Zellkommunikation entstehen, werden im Elektroenzephalogramm (EEG) mittels empfindlicher Elektroden aufgezeichnet, die auf der Kopfhaut befestigt sind. Es ist erwiesen, dass im EEG Informationen über die Hirnfunktionen enthalten sind. Die unterschiedlichen Frequenzen kann man deutlich den jeweiligen Tätigkeiten zuordnen, wie Musikhören oder Kopfrechnen. Raumvorstellungen, Stress- oder Entspannungsphasen weisen ebenfalls

unterschiedliche Frequenzen auf. Auch während des Schlafs
verändern sich die gemessenen Hirnströme und wechseln
zwischen höherer und niedrigerer Erregbarkeit.

Die Hirnfrequenzen

0–3 Hertz	Delta-wellen	extrem langsam; tiefer, traumloser Schlaf, Trance, Narkose
3–7 Hertz	Theta-wellen	tiefe Entspannung, REM-Phase des Schlafs, tiefe Meditation, Hypnose, Trance, Fantasie (bei Kindern zwischen 3 und 6 Jahren häufig auftretend)
8–13 Hertz	Alpha-wellen	entspannte Wachheit bei geschlossenen Augen, ruhiger Geist, wohlige Entspannung, Konzentration nach innen, z. B. auf innere Organe oder auf den Körper, verstärkte Aktivierung der rechten Gehirnhälfte, ruhiges, gelassenes Denken, gute Integration von Körper und Geist
14–30 Hertz	Beta-wellen	wacher, gespannter und alarmbereiter Zustand, verbunden mit nach außen gerichtetem Bewusstsein, logische Verarbeitung von Daten, sensorisch-motorische Aktivität, aber auch Unruhegefühle, Angst, Stress

Die Alpha-Ebene erreicht man am leichtesten durch Entspannung, Musik, Atemübungen, entspannende Körperberührungen oder vor dem Einschlafen. Sie zeichnet sich dadurch aus, dass der Mensch tief entspannt und mit Inhalten seines Unbewussten in Kontakt ist, gleichzeitig aber bewusst genug, um sie wahrzunehmen und ins Bewusstsein zu integrieren.

Auf dieser Ebene ist eine so genannte Autosuggestion am leichtesten möglich. Auch das Lernen funktioniert am besten, weil das Gehirn sehr aufnahmebereit ist.

Die in den folgenden Kapiteln empfohlenen Visualisierungsübungen sollen Ihnen helfen, auf die Alpha-Ebene zu kommen und auf dieser Ebene neue Bezugspunkte zu Kopf, Herz und Bauch herzustellen. Der Kopfmensch kann auf dieser tiefen Bewusstseinsebene die Verbindung zur Natur und zu seiner eigenen Natur erleben und sein Herz spüren. Der Herzmensch kann Bilder entwickeln, die ihm Sicherheit und einen Sinn für seine materielle Existenz vermitteln sowie die Fähigkeit zur Abgrenzung stärken. Der Bauchmensch kann Loslassen lernen und das Gefühl erleben, genug zu haben, und Ruhe und Entspannung erfahren. Am besten ist es, wenn Sie eigene Bilder entwickeln für das, was Sie sich wünschen.

Basisübung

Folgende Basisübung sollten Sie einige Wochen lang wiederholen, bis sie in den Speicher Ihres Unbewussten übergegangen ist, wo Sie sie jederzeit abrufen können:

- Setzen oder legen Sie sich bequem hin und schließen Sie die Augen. Atmen Sie einige Male tief und gleichmäßig ein und aus.
- Lassen Sie sich mit jedem Atemzug tiefer in die Unterlage einsinken, wie in warmen weichen Sand.
- Stellen Sie sich vor Ihrem inneren Auge die Zahl 3 vor, dann die Zahl 2 und die Zahl 1. Während Sie anschließend von 10 bis 1 zählen, gehen Sie eine imaginäre Treppe nach unten und entspannen sich dabei tiefer und tiefer.
- Stellen Sie sich jetzt einen idealen Entspannungsplatz vor und entspannen Sie sich noch mehr.

– Lenken Sie Ihre Aufmerksamkeit in den Körper, zuerst in den Bauchbereich. Stellen Sie sich in diesem Bereich einen kleinen Schalter vor, den Sie betätigen können. Wenn Sie einschalten, leuchtet der ganze Bauchbereich in einem warmen Rot. Wenn Sie ausschalten, nimmt der Bauchbereich eine neutrale Farbe an.

– Gehen Sie dann weiter in den Brustbereich. In der Nähe Ihres Herzens finden Sie ebenfalls einen Schalter, den Sie betätigen können. Wenn Sie einschalten, wird der ganze Herzbereich in ein warmes, frisches Grün getaucht, wie das Grün der Laubbäume im Mai. Mit dem Ausschalten verlöscht die Farbe, der Brustbereich nimmt eine neutrale Farbe an.

– Gehen Sie jetzt mit Ihrer Aufmerksamkeit in den Kopf. In der Nähe des Gehirns befindet sich ein Schalter, mit dessen Hilfe Sie den Kopf in blaues Licht tauchen können. Beim Ausschalten verlöscht das Licht.

– Sollten Sie Probleme haben, sich eine Farbe vorzustellen, denken Sie einfach nur an sie. Oder versuchen Sie sich an Bilder zu erinnern, in denen diese Farbe vorkommt.

– Schalten Sie noch einmal nacheinander den Bauch, das Herz und den Kopf ein und wieder aus.

– Verankern Sie diese Bilder in Ihrem Unbewussten. Seien Sie sich bewusst, dass Sie Kopf, Herz und Bauch jederzeit einschalten können, wenn Sie das Gefühl haben, etwas »einseitig« zu sein, nur aus einem Bereich heraus zu handeln.

– Kommen Sie jetzt langsam aus der tiefen Entspannung heraus, indem Sie von 1 bis 10 zählen und bei jeder Zahl wieder eine Stufe auf der Treppe nach oben gehen.

– Zählen Sie von 1 bis 3, bei 3 öffnen Sie die Augen, strecken und dehnen Sie sich. Sie sind jetzt hellwach und klar.

Wenn Sie mit der Übung vertraut sind, können Sie jederzeit nach ein paar tiefen Atemzügen Ihre Aufmerksamkeit nach innen wenden und zum Beispiel Ihren Bauch »einschalten«, wenn Sie eine Antwort von Ihrer instinkthaften Seite möchten. Brauchen Sie eher klare Konzentration und logisches Denken, schalten Sie Ihren Kopf ein.

Farben

Sowohl den einzelnen Chakras wie den drei Bereichen Kopf, Herz und Bauch und den damit verbundenen Energien werden Farben zugeordnet. Nach meiner Erfahrung hat die äußere Anwendung von farbigem Licht genauso wie auch die Lichtvisualisierung eine große Wirkung auf den Menschen. Ähnlich wie die Musik wirkt die Farbe über Schwingung. Schickt man einen Lichtstrahl durch ein Prisma, so wird er in sieben Farben gebrochen, in die Spektralfarben, die wir auch als Regenbogenfarben kennen. Sie können nicht in weitere Farben zerlegt werden. Welche Farbe wir sehen, hängt von der Wellenlänge des Lichts ab. Das Licht trifft mit allen Wellenlängen und der Möglichkeit, alle Farben sichtbar zu machen, auf ein Objekt, wie zum Beispiel einen Baum. Dieser verschluckt bzw. absorbiert alle anderen Lichtwellen bis auf die Farbe Grün, die er reflektiert und die wir wahrnehmen. Jede Farbe liegt in einem bestimmten Frequenzbereich und hat dadurch eine unterschiedliche Wirkung auf uns. Die Lichtstrahlen werden in Nanometer gemessen, das Farbspektrum bewegt sich von Violett, dessen Wellenlänge bei 400-460 Nanometer liegt, bis zur Farbe Rot mit einer Wellenlänge von 630-780 Nanometer.

Je nach der Frequenz, in der die Farbe schwingt, tritt sie

mit unserer eigenen Schwingung in Resonanz und beeinflusst uns auf körperlicher, seelischer und geistiger Ebene. Professor Max Lüscher, der die wohl umfassendsten Farbtests schon in den 40er-Jahren durchführte, fand heraus, dass niemand emotionslos auf Farben reagieren kann.

Bei den Visualisierungsübungen in diesem Buch können Sie mit Hilfe der entsprechenden Farben Blau, Grün und Rot die einzelnen Bereiche aktivieren und »einschalten«. Je besser Sie sich die Farbe vorstellen oder sie in Ihrem Bewusstsein entstehen lassen können, umso deutlicher werden Sie die Aktivität in diesem Bereich Ihres Körpers wahrnehmen. Die Schwingung der Farben stimmt nicht nur die Eigenschwingung der Zellen auf eine heilsame Frequenz ein, sondern wirkt auch auf die feinstofflichen Energiezentren ausgleichend.

Die Spektralfarben

Rot

steht für Lebensenergie, Kraft, Leidenschaft, für Blut, für die Kraft der Erde, für Willens- und Tatkraft, für Sinnlichkeit, Eros und Fruchtbarkeit. In alten Kulturen wurden den Toten Gegenstände in roter Farbe mitgegeben für das neue Leben, das sie erwartete. Die Bemalung der Krieger war ebenfalls rot, und die jungen Frauen, die die Geschlechtsreife erreicht hatten, bekamen rote Fußsohlen oder rote Handflächen.

Rot auf der körperlichen Ebene regt den Stoffwechsel und die Verdauung an, fördert die Ausscheidung von Schlacken, belebt den ganzen Organismus, verhindert Flüssigkeitsansammlungen, erhöht die Aktivität der Zellen, kann den Blutdruck erhöhen.

Orange

steht für Wärme, Feuer, Erotik, Fruchtbarkeit und gilt als Farbe der Reife. In der asiatischen Mönchskleidung zeigt Orange, dass das Leben nicht abgestumpft und verdrängt wurde, sondern in seiner Fülle dem Spirituellen gewidmet wird.

Orange auf der körperlichen Ebene erhöht die Lebenskraft, ist speziell wirksam bei Unterleibsbeschwerden, erhöht die Fruchtbarkeit und wirkt gegen Müdigkeit und depressive Stimmung.

Gelb

steht für Licht und für die Sonne als Leben spendenden Mittelpunkt unseres Lebens, für Sommer, reifes Obst, Blumenduft, für die Fülle, für das Gold und für den Menschen und sein bewusstes »Ich«.

Gelb auf der körperlichen Ebene wirkt entkrampfend auf Magen, Leber und Galle, wirkt wärmend und anregend, erhöht die Lebensenergie.

Grün

steht für das Leben, für die Jugend, die Natürlichkeit, für Wachstum, für Pflanzen, die unser Leben ermöglichen, weil sie den notwendigen Sauerstoff herstellen. Grüne Farbe tötet Bakterien (deshalb wird im Operationssaal Grün getragen). Hildegard von Bingen sprach von der Grünkraft in uns, die immer wieder neue Hoffnung und Zuversicht bringt (»Grün ist die Hoffnung«). Grün steht für Verbindung, für ein friedliches Miteinander, für die Achtung der Natur und der Umwelt.

Grün auf der körperlichen Ebene wirkt positiv auf Herz, Lungen und auf die Thymusdrüse.

Hellblau

wirkt himmlisch, kühl und erfrischend. Es bringt Klarheit und Leichtigkeit, erweckt das Gefühl von Luft, Weite und Freiheit. Blau fördert die Bereitschaft loszulassen und sich zu entspannen.

Hellblau auf der körperlichen Ebene wirkt heilend im Atem- und Bronchialbereich, wirkt kühlend und beruhigend, wirkt heilend bei Entzündungen und Stauungen.

Dunkelblau

wirkt geheimnisvoll, hat Beziehung zur Nacht, zum Unbewussten, zu unseren Träumen, ist beruhigend und ausgleichend.

Blau auf der körperlichen Ebene löst Energiestaus, wirkt entzündungshemmend, beruhigend und lösend und kann den Blutdruck senken.

Violett

wirkt geheimnisvoll, symbolisiert das Besondere, fördert die Konzentration und die Beziehung zum Spirituellen, es ist traditionell eine Farbe der Religion.

Violett auf der körperlichen Ebene fördert die Gehirntätigkeit, zügelt den Appetit, wirkt ausgleichend.

Musik

Über den Einsatz von Musik bei Migräne, Stresserscheinungen und hohem Blutdruck oder um die Heilung nach Operationen zu beschleunigen, liegen inzwischen viele Untersuchungsergebnisse von Universitäten und Kliniken vor. Die Aussage, die der langjährige Präsident der Hamburger

Hochschule für Musik und Theater, Hermann Rauhe, gemacht hat, geht allerdings noch etwas weiter. Er sagt, dass »Musik eines Tages den steigenden Konsum materieller Güter ersetzen und so einem ›Ausufern des Bedürfnisvolumens‹ entgegenwirken« könne. Also nicht noch einen Fernseher oder ein neues Auto, sondern lieber Musik von Beethoven oder Brahms? Tatsächlich führt Musik in besonderer Weise dazu, dass die Trennung von körperlichen, psychischen und mentalen Prozessen aufgehoben wird, das heißt, sie wirkt ausgleichend auf den ganzen Menschen. Damit trägt sie entscheidend zur ganzheitlichen Harmonie und Zufriedenheit bei und könnte so durchaus ein Mittel sein, das man bei Suchterkrankungen einsetzen kann.

Harmonie, Melodie und Rhythmus bilden zusammen das Wesen der Musik. Melodie und Harmonie gelten seit dem 17. Jahrhundert als die einander ergänzenden und stützenden Träger musikalischer Verläufe. Dazu kommen Klangfarbe, Tonhöhe und die komplexen Strukturen der Komposition, wie wir sie vor allem in der europäischen klassischen Musik finden. Musik eignet sich in idealer Weise dazu, Herz, Kopf und Bauch miteinander im wahrsten Sinne des Wortes in Einklang zu bringen.

In der anthroposophischen Musiktherapie wird
- der Rhythmus mit dem körperlichen Erleben verbunden, er wird dem Wollen und damit der Bauchebene zugeordnet,
- die Melodie ist demnach mit dem Denken und der Kopfebene verbunden,
- die Harmonie mit dem Fühlen, das im Herzbereich lokalisiert ist.

77

Auch die einzelnen Instrumentengruppen lassen sich dem Kopf-, Herz- oder Bauchbereich zuordnen, wobei dies nur als ganz allgemeine Empfehlung zu verstehen ist. Sie sollten selbst herausfinden, wie und wo die Instrumente in Ihnen wirken und welche Musikstücke Ihnen dabei helfen, wieder mehr in den Kopf, in Ihr Herz oder in den Bauch zu kommen, wenn Sie die Harmonie verloren haben. Es wäre gut, ein paar Lieblingsstücke zu haben, mit deren Hilfe es Ihnen gelingt, schnell wieder in Balance zu kommen.

– Blasinstrumente wie Flöte und Posaune werden dem Kopf zugeordnet,
– Streichinstrumente wie Geige und Cello sowie Zupfinstrumente wie die Harfe dem Herzen,
– Schlaginstrumente wie Trommeln, Schlagzeug oder Klavier dem Bauch,
– die Stimme der Ganzheit Mensch. Das Singen nimmt einen besonderen Platz ein, denn damit können wir alle drei Bereiche harmonisieren. Außerdem können wir mit Hilfe des Singens eine innere Bewegung nach außen bringen. Denken Sie nur an die Trauergesänge, die wir aus allen Kulturen kennen. Mit Hilfe des Gesangs wird der Schmerz in Bewegung gebracht. So wird verhindert, dass er innerlich erstarrt und zur Blockade und schließlich zur Krankheit wird.

In den Kapiteln »Mythos Kopf«, »Mythos Herz«, »Mythos Bauch« finden Sie Musikvorschläge, mit deren Hilfe Sie die jeweils fehlende Energie auffüllen und die vernachlässigten Bereiche stärken können. Diese Vorschläge sollen Sie anregen, sich selbst eine musikalische Bibliothek mit Ihren Lieblingsstücken anzulegen.

Wie die Musik auf den Bauch (den Körper) wirkt

> *Dur ... treibt ins Objekt, zur Tätigkeit, in die*
> *Weite, nach der Peripherie, Moll ... treibt ins*
> *Subjekt und weiß dort den letzten Schlupfwinkel*
> *aufzufinden, in welchem sich die allerliebste*
> *Wehmut zu verstecken sucht. Verglichen wird*
> *es mit der Diastole und Systole im Menschen,*
> *mit dem angenehmen Gefühl des Atemholens.*
> *Das Innere in Stimmung zu setzen, ohne die*
> *gemeinen äußeren Mittel zu gebrauchen, ist der*
> *Musik großes und edles Vorrecht.*
>
> Goethe, In Musicis

Seine Begeisterung für Musik brachte Goethe in Kontakt mit dem Physiker Dr. Florens Chladny. Der hatte eine Vorrichtung entwickelt, die aus einer frei schwingenden Glasplatte bestand, die mit Sand bestreut wurde. Mit einem Geigenbogen wurde diese Platte in Schwingung versetzt. Je nachdem, in welchem Rhythmus der Geigenbogen bewegt wurde, bildete sich ein immer gleiches Muster im Sand, die so genannte Chladny-Klangfigur. So konnte er nachweisen, dass Schwingung die Materie verändert. Ein Wissen, das sich auch der japanische Chemiker Emoto zunutze machte, als er anfing, Wasser mit Musik zu bespielen und die Reaktion der Wasserkristalle fotografisch festzuhalten. Da wir zu einem großen Teil aus Wasser bestehen, ist leicht zu verstehen, warum Musik eine so große Wirkung auf körperlicher Ebene hat. Wissenschaftlich betrachtet wird die Reaktion auf Musik nach vier Gesichtspunkten unterteilt:

- die kognitive Reaktion (lokalisiert in der linken Gehirnhälfte),
- die affektive Reaktion (lokalisiert in der rechten Gehirnhälfte),
- die biophysische Reaktion auf einzelne Körperfunktionen,
- die Reaktion des Bewusstseins und des Unterbewusstseins.

Die biophysische Schwingung der Musik überträgt sich auf das Muskel- und sogar auf das Knochensystem, auf das Gehirn, auf Herz und Kreislauf und über das vegetative Nervensystem auf die Tätigkeit aller Organe und auf alle körpereigenen Rhythmen. Spezielle Untersuchungen haben gezeigt, dass Musik die neurologische Rehabilitation unterstützt, Schmerz reduziert und eine Herabsetzung von Narkose- und Schmerzmitteln ermöglicht. Bei Behinderten oder Menschen, die unter Demenz leiden oder im Wachkoma liegen, zeigt Musik eine besonders große Wirkung und trägt zur Verbesserung des Zustands bei.

Mit Hilfe von Musik kann nicht nur das vegetative Nervensystem angeregt oder beruhigt, sondern auch die Herz-Kreislauf- oder Gehirntätigkeit beeinflusst werden. Eine besonders positive Wirkung scheint die Musik auf das Immunsystem zu haben. Krankheit – so sagt die Psychoneuroimmunologie – ist ein Verlust an Harmonie. Meist geht dem körperlichen Symptom oder der Krankheit ein Verlust des für Körper und Seele so wichtigen eigenen Rhythmus voraus. Die rhythmischen Vorgänge im ganzen Menschen dienen der Aufrechterhaltung des körperlichen und seelischen Gleichgewichts. Am deutlichsten kann man das am Schlaf-

und Wachrhythmus erkennen. Ist er dauerhaft gestört, kann das nicht nur zu schweren Erkrankungen, sondern schließlich sogar zum Tod führen. Eine ähnlich zentrale Rolle spielen das rhythmische Ein- und Ausatmen, die An- und Entspannung des Herzmuskels oder die rhythmische Aktivität des Gehirns. Auch Magen, Darm und Niere und die Erneuerung der Zellen folgen einem inneren Plan von Auf- und Abbautätigkeit.

Wie die Musik auf das Herz wirkt

> *Nun aber doch das eigentlich Wunderbarste:*
> *die ungeheure Gewalt der Musik auf mich in*
> *diesen Tagen. ... Nun fällt die Himmlische*
> *auf einmal über dich her, durch Vermittlung*
> *großer Talente, und übt ihre ganze Gewalt über*
> *dich aus, tritt in alle ihre Rechte und weckt die*
> *Gesamtheit eingeschlummerter Erinnerungen.*
>
> Goethe an Zelter

Menschliches Bewusstsein scheint mit dem Hören zu beginnen, mit dem ersten Sinn, der sich beim Embryo entwickelt. Später hören wir auch mit Hilfe der Tastsensoren auf der Haut oder der Schwingung unserer Knochen. Der Hörsinn ist als einziger Sinn direkt mit dem Limbischen System, dem Gefühlszentrum in unserem Gehirn, verbunden. Diesen sensibelsten Sinn können wir nicht ausblenden oder verschließen, so wie wir die Augen schließen können, wenn wir nichts mehr sehen wollen. Alles, was wir hören, wird direkt an unser Emotionszentrum weitergeleitet. Leider trifft das auch für die Musik zu, der wir zwangsweise in Lokalen und Kaufhäusern ausgesetzt sind und die nicht immer positiv auf uns wirkt. Denn Musik tritt sofort in Resonanz zu unseren Stimmungen, sie kann sie vertiefen oder verändern. Die Auswirkung der Musik auf unsere Stimmung, das heißt auf die Aktivität des Limbischen Systems, wird von der Psychoneuroimmunologie mit der Ausscheidung von Endorphinen (also körpereigenen Opiaten) erklärt, die dann zur Stimmungsaufhellung und Schmerzreduzierung führen. Das gilt besonders für Musik, die nicht zu laut und langsamer als der Herzschlag ist, der meistens zwischen 68 und 72 Schlägen pro Minute liegt. Solche Musik sollte einen harmonischen Anteil von konsonanten und dissonanten Klängen sowie verschiedene Klangfarben haben, die durch die verschiedenen Instrumente erzeugt werden. Am besten eignet sich daher klassische Musik, die sehr komplex ist und am ehesten die verschiedensten Seelenregungen widerspiegelt. Dabei wirken immer das ganze Musikstück und nicht nur einzelne Elemente wie Melodie oder Rhythmus.

Musik kann zum Abbau von emotionalen Spannungen eingesetzt werden, zur Energetisierung bei depressiven und antriebsschwachen Menschen oder zum gesunden Umgang mit Trauer beitragen. Bei Frühgeborenen setzt man sehr erfolgreich ausgewählte Musik ein, um den Schock der Trennung zu mildern und positive Gefühle zu unterstützen. Dabei geht es vor allem um Vermittlung von emotionaler Sicherheit und Bindungsgefühlen zu den Eltern, die ja nur bedingt die Möglichkeit haben, dem Kind Zärtlichkeit zu geben. Musik wird auch bei der Traumabewältigung eingesetzt. Musik unterstützt uns auch in Freude und Glück. Wir können uns kaum eine Hochzeit oder eine Taufe ohne Musik vorstellen. Die Wiegenlieder auf der ganzen Welt, die sich übrigens alle ähneln, vermitteln Ruhe und Geborgenheit. Die Tanzweisen reißen uns mit, lassen uns ekstatische Gefühle, Leidenschaft und Liebe erleben. Musik kann lange zurückliegende Erinnerungen und die damit verbundenen Gefühle in wenigen Sekunden ins Bewusstsein bringen oder uns in himmlische Sphären führen und mit einem Gefühl von universeller Liebe verbinden.

Musik hat darüber hinaus auch eine soziale Funktion. Seit Tausenden von Jahren benutzen Menschen Instrumente und Gesang, um das gemeinschaftliche Erleben im Singen und Tanzen zu fördern. Schon bestimmte Menschenaffenarten lösen ihre Konflikte »musikalisch«, das heißt, sie stimmen in eine Art gemeinsamen Gesang ein, wenn die Spannungen in der Gruppe zu groß werden. Musik ist individuell und kollektiv gleichzeitig. Jeder fühlt nur das, was er fühlen kann oder möchte. Dennoch gibt es Übereinstimmungen in der Wahrnehmung von Musik und auch in den Bildern, die diese Musik hervorruft. Das hängt zum einen von der Musik selbst ab, zum Beispiel von Tempo, Rhythmus, Dur- oder Mollklang und Klangfarbe. Zum anderen hat es mit Tradition und gesellschaftlichen Gepflogenheiten zu tun. In unserer Kultur ist Trauermusik eher langsam und getragen, etwa auf den Philippinen habe ich ganz andere Musik bei Trauerritualen erlebt. Nicht zuletzt hat Musik, die in keinem Volk fehlt, eine kulturelle Funktion und wirkt ebenso auf die Entwicklung der Kultur eines Volkes. Dabei können wir natürlich nicht außer Acht lassen, dass Musik gerade kulturell immer wieder missbraucht wurde (in besonderer Weise in unserer Vergangenheit im Dritten Reich). Aber schon die Griechen unterteilten Musik in eine apollinische und eine dionysische – die eine führt zur Erhebung und Verbesserung des Menschen, die andere führt zur Raserei und aktiviert niedere Triebe.

Wie die Musik auf den Kopf wirkt

Musik verbessert Konzentration und Lernbereitschaft. Dr. Georgi Losanow, der das so genannte Superlearning entwickelte, fand heraus, dass sich vor allem Barockmusik durch ihre klare Strukturierung dazu eignet. In den letzten Jahren wurden mehrere Studien über die Verbindung von Musik und Lernen veröffentlicht. Alle stimmen überein: Kinder, die ein Instrument spielen oder häufig klassische Musik hören, sind bessere Schüler. Heute setzt man bereits erfolgreich Musik ein, um zum Beispiel das Aufmerksamkeitsdefizitsyndrom und Hyperaktivität (ADS, ADHS) bei Kindern zu behandeln. Ein wichtiger Grund für diese Wirkung der Musik wird darin gesehen, dass musikalische Bilder, wie sie beim Musikhören meist zwangsläufig entstehen, grundsätzlich in der *rechten* Gehirnhälfte stattfinden, genauso wie das Erkennen von Tonhöhen, das Erkennen von Melodien und Mustern in der Musik in der rechten Gehirnhälfte lokalisiert ist. Das bewusste Hören von Musik sowie musikalische Informations- und Lernprozesse (beim Spielen eines Instruments) sind dagegen in der *linken* Gehirnhälfte lokalisiert, ebenso wie der Rhythmus, der dort wahrgenommen und verarbeitet wird. Damit ist die Musik in ganz einmaliger Weise in der Lage, die Aktivität unserer beiden Gehirnhälften zu stimulieren und besser miteinander zu vernetzen.

Das führt gleich zur nächsten Wirkung der Musik: Sie erweitert unser Bewusstsein. Mit Hilfe der Musik können wir unsere Gehirnfrequenz verändern. Durch beruhigende meditative Musik können wir auf einfache Weise die Alpha-Ebene erreichen. Auf dieser tieferen und entspannteren Bewusstseinsebene haben wir Zugang zum Unbewussten, zu unseren kreativen Ideen und zur Intuition. Dort entstehen die meisten großen Erfindungen und Entdeckungen, wenn man den Biographien glauben kann. Hier existieren weniger Schranken, die uns das durch Vorerfahrungen beschränkte Denken sonst auferlegt. Auf dieser tiefen Bewusstseinsebene können wir aus dem kollektiven Wissen schöpfen. In allen Kulturen bediente man sich der Fähigkeiten, die sich in der Alpha-Ebene zeigen. Und man benutzt immer auch Musik (zum Beispiel Trommeln), um diese Ebene zu erreichen. Musik wurde auch zu allen Zeiten und in allen Kulturen eingesetzt, um Kontakt mit dem transpersonalen oder göttlichen Bereich aufzunehmen. Einer der Begründer der Transpersonalen Psychologie, Abraham Maslow, bezeichnet diese Erfahrungen als »peak-experience«, die erst den wahren Menschen ausmachen. Am Ende seines Lebens erkannte er die Musik als Türöffner für diese Erlebnisse, konnte aber diese Erkenntnisse nicht mehr in seiner Arbeit umsetzen.

Guided Imagery and Music – eine besondere Form der Musiktherapie

In meiner Praxis arbeite ich seit vielen Jahren mit einer Form der rezeptiven Musiktherapie, die in den USA von Dr. Helen Bonny entwickelt wurde. Bei diesen »musikgeführten Imaginationsreisen« gehen die Klienten mit Hilfe der Musik auf eine »innere Reise«. Dazu wähle ich für das Thema oder Problem, das jemand bearbeiten möchte, entsprechende klassische Musikstücke, die dann in einem tief entspannten Bewusstseinszustand gehört werden. Die Musik bringt Inhalte des Unbewussten zum Vorschein, die mich täglich wieder in Erstaunen versetzen. Oft tauchen in kürzester Zeit Bilder oder Gefühle auf, die den Kern des Problems treffen und damit auch schon eine Lösungs-Perspektive aufzeigen. Dabei spielt nicht nur die Wahl des Musikstücks eine Rolle, sondern auch die Instrumentierung. So rufen Musikstücke wie »Adagio for Strings«, bei dem Samuel Barber ausschließlich Streichinstrumente eingesetzt hat, in der Regel relativ schnell tiefe gefühlsmäßige Erlebnisse hervor. Der »Mars« aus den »Planeten« von Gustav Holst, bei dem die Schlaginstrumente dominieren, bringt meist in wenigen Sekunden Bilder von Krieg und Zerstörung oder zumindest starke körperliche Empfindungen zum Vorschein.

Achtsamkeit bringt Erfolg

Alle vorgeschlagenen Übungen haben sich in meiner langjährigen Praxis bewährt. Die Basisübung, die Sie im Kapitel »Trimurti – der ganze Mensch« finden, möchte ich Ihnen besonders ans Herz legen. Mit ihrer Hilfe können Sie nicht nur Kopf, Herz und Bauch in Harmonie bringen, sondern sich auch mit der schöpferischen Kraft des Universums verbinden. Bis sich die vernachlässigte Seite als ähnlich stark wie die lange trainierte entwickelt, brauchen Sie Geduld.

Der Schlüssel zum Erfolg heißt: Achtsamkeit. Allein dadurch, dass Sie die Aufmerksamkeit auf dieses Thema lenken, werden Sie erkennen, wie häufig Sie automatisch und konditioniert handeln. Im zweiten Schritt können Sie darangehen, dieses Verhalten zu ändern. Achtsamkeit verändert unsere Beziehungen. Sie werden andere Menschen klarer wahrnehmen, wenn Sie achtsam sind. So können Sie Enttäuschungen vermeiden, die, wie das Wort sagt, auf einer Täuschung bzw. einer Nicht-Wahrnehmung beruhen.

Achtsamkeit ist die Voraussetzung für jede Veränderung in unserem Leben. Wann immer wir nicht bewusst wahrnehmen, agieren wir aus unserem Unbewussten heraus. Wir sehen dann nur die Auswirkungen, ohne dass uns die Ursachen, die zum Beispiel in unserem unkontrollierten negativen Denken oder in unseren negativen Emotionen liegen, bewusst werden. Achtsamkeit lässt uns die Signale wahrnehmen, die unser Bauch sendet, unser Herz und unser Kopf.

Mythos Kopf

Wissen ist Macht.

Der Kopf auf körperlicher und psychosomatischer Ebene

Das Gehirn auf körperlicher Ebene

Das Gehirn mit seinen rund 1,3 kg Gewicht ist die Steuerungszentrale, es ist Sitz des menschlichen Geistes und Bewusstseins. Seine verschiedenen Teile haben sich durch die Anforderungen der Evolution entwickelt. Das Großhirn besteht aus zwei symmetrischen Hälften: der linken und rechten Hemisphäre. Ein dickes Faserbündel, der Balken, verbindet beide Teile miteinander. Eine sinnvolle Arbeitsteilung scheint der Grund für die Unterteilung des Großhirns in zwei anatomisch sorgfältig voneinander getrennte und doch funktionsmäßig miteinander verbundene Teile gewesen zu sein. Nervenbahnen, die so genannten Pyramidenbahnen, führen vom Gehirn über das Rückenmark in den übrigen Körper. Da sie sich unterhalb des Gehirns kreuzen, kontrolliert die rechte Gehirnhälfte die linke Körperseite und die linke Gehirnhälfte die rechte Körperseite.

Die beiden Seiten spezialisieren sich etwa ab dem siebten

Die Kopfenergie im Überblick
Ein Mensch mit Kopfdominanz
- nimmt die Welt über das Denken wahr, er ordnet seine Wahrnehmungen logisch zu und zieht die entsprechenden Schlüsse.
- braucht Distanz zum Objekt, zum Du, um klar zu erkennen.
- hat oft Angst vor Nähe.
- schafft Ordnungsstrukturen und Übersicht.
- analysiert, zerteilt, bewertet.
- kann Vorteile erkennen (auch seinen eigenen).
- beobachtet kritisch.
- fragt nach dem Warum und nicht nach dem Wozu eines Ereignisses.
- zweifelt leicht, weil er immer beide Seiten sehen kann.
- plant gern in die Zukunft.
- kann die Welt im Kopf erleben und lässt den anderen dabei draußen.
- kann abstrakt und kühl handeln, ohne die eigenen oder die Gefühle anderer dabei zu berücksichtigen.
- kann gut mit Sprache umgehen.
- kann als »Trickster« von einer Sache zur anderen springen, ohne in die Tiefe zu gehen.
- kann sich in höchsten geistigen Sphären bewegen.
- kann religiöse und philosophische Ideen entwickeln.

Lebensjahr, obwohl jede weiterhin bestimmte Aufgaben der anderen Seite übernehmen kann. Die linke Gehirnhälfte ist dominant zuständig für Sprechen, logisches, analytisches Denken, mathematische Fähigkeiten und für unser Zeitempfinden. In der rechten Seite findet vernetztes, ganzheitliches Denken statt, musikalische und künstlerische Begabungen, Fantasie und Kreativität sowie räumliche Wahrnehmung sind hier zu Hause. Die beiden sind ein Leben lang aufeinander angewiesen, obwohl meist eine Seite die Dominanz für sich beansprucht. Um effektiv arbeiten zu können, muss aber die eine auf die Erfahrungen und auf das Wissen der anderen zurückgreifen. Wie immer im gesamten Organismus sind also Ausgleich und Zusammenarbeit gefragt.

Umgeben wird der Kern des Großhirns von der Gehirnrinde, die sich aus mehreren Schichten »kleiner grauer Zellen« zusammensetzt. Hier in diesem entwicklungsgeschichtlich jüngsten Teil findet die bewusste Verarbeitung von Sinneseindrücken statt. Es wird gedacht, verarbeitet, gespeichert und abgerufen, kreative Ideen werden hier geboren. Kultur, Kunst und Wissenschaften haben hier ihren Ursprung – Fähigkeiten, die vor allem dem Menschen vorbehalten sind, obwohl sie aufbauen auf den Errungenschaften hoch entwickelter Tiere, die ebenfalls über ein gewisses Maß an Lern- und Merkfähigkeit und über kreatives Potenzial verfügen. Unter der Hirnrinde befindet sich das Mark, das fast ausschließlich aus Nervenfasern besteht und mit allen Hirnbereichen Verbindung hält.

Der Teil, der sich mit der Verarbeitung von Gefühlen beschäftigt, legt sich wie ein Saum (Limbus) um den inneren Kern des Gehirns, daher sein Name Limbisches System. Hier werden Informationen verarbeitet, die im Zusammenhang mit Emotionen stehen. Das Limbische System ist mit allen Gehirnarealen in enger Verbindung. So zeigt sich zum Beispiel beim Lernen die Verbindung zwischen Limbischem System und Großhirn. Untersuchungen dazu haben gezeigt, dass wir besser lernen, besser rechnen und lesen, wenn diese Tätigkeiten mit angenehmen Empfindungen verbunden sind. Diese Verbindung erleben wir auch – allerdings nicht so angenehm in ihrer Wirkung –, wenn wir verliebt sind oder

Kummer haben und uns gleichzeitig auf eine Prüfung vorbereiten sollen oder einen wichtigen Text ausarbeiten. Das Gefühlschaos wird durch die verschiedenen im Gehirn produzierten Botenstoffe an den gesamten Körper weitergeleitet, wo wir es dann erleben: entweder die Emotionen von Wut und Ärger im Bauchraum oder romantische Verliebtheitsgefühle im Herzbereich. Auch die berühmten Schmetterlinge im Bauch, im Bereich des zweiten Chakras, werden durch das Limbische System in Gang gesetzt.

Die älteste Geschichte hat das Stammhirn, dessen unterster Teil das Verbindungsstück zum Rückenmark darstellt. Vorgänge, die nicht unserer bewussten Steuerung unterliegen, wie zum Beispiel die Atmung oder die Herztätigkeit, haben hier ihren Sitz. Im oberen Teil, dem so genannten Zwischenhirn, befinden sich Thalamus und Hypothalamus, wichtige Koordinationszentren des autonomen Nervensystems.

Das Kleinhirn liegt unter dem Hinterhauptlappen des Großhirns und ist vor allem für die Koordination der Muskelaktivität und die Aufrechterhaltung des Gleichgewichts verantwortlich.

Das Gehirn auf psychosomatischer Ebene

Im Volksmund sprechen wir von einem »Kopfmenschen«, um jemanden zu bezeichnen, der sein Leben vom Verstand her gestaltet und dessen Entscheidungen vom Kopf gesteuert sind.

Unser Gehirn steht in erster Linie für bewusstes Wahrnehmen und Handeln, dafür, wie wir uns der Welt präsentieren und wie wir die Welt wahrnehmen. »Seinen Kopf durchsetzen« kann nur jemand, der genau weiß, was er will. Damit unterscheidet sich der Kopfmensch vom Bauchmenschen, der manchmal ohne klares Ziel »mit dem Kopf durch die Wand« will. Der kopfgesteuerte Mensch kann dann sehr »dickköpfig«, »starrsinnig« oder »hartnäckig« sein. Obwohl das Zentrum der Gefühlskoordination (im Limbischen System) sowie die Koordination der instinktiven Triebimpulse (im Reptiliengehirn) ihren Sitz in den jeweiligen Gehirnteilen haben, steht das Gehirn auf psychosomatischer Ebene in erster Linie für die analytische, intellektuelle, kontrollierende Seite des Menschen. Wenngleich man heute längst nachweisen kann, dass es keine rationalen Entscheidungen gibt, weil alles von Gefühl und früheren Erfahrungen beeinflusst wird, haben in unserer westlichen Kultur die rationale Intelligenz und die einseitig Wissenschaftsgläubigen immer noch ein Übergewicht.

Auf psychosomatischer Ebene deutet zum Beispiel ein Schlaganfall darauf hin, dass es um erstarrte Strukturen und Denkweisen geht. Ein Symptom bedeutet ja immer, dass in diesem Bereich des Körpers entweder Übererregung (wie bei einer Entzündung) oder mangelnde Energie (wie bei Problemen der Verhärtung, Verkalkung, Abbau von Körpersubstanzen) vorherrscht.

Ein weiteres Problem bei der Entstehung von Krankheiten im Bereich des Gehirns sind die unendlich vielen Gedanken und inneren Bilder, die in unserem Gehirn dauernd ablaufen. Gerade Menschen, die nach außen einen »kühlen Kopf« zeigen, werden oft aus ihrem Unbewussten mit Informationen überschwemmt, die ihnen Angst machen und die sie über lange Zeit erfolgreich verdrängen. Vor allem Menschen mit großer Verantwortung, die sich keine Zeit nehmen herauszufinden, was in ihrem Inneren vorgeht, stehen oft in dieser inneren Spannung. Der »Gehirnschlag« sagt ja schon, dass dieses überlastete Organ dann oft mit einem Schlag außer Gefecht gesetzt wird. Dieses Symptom zeigt sehr deutlich, dass eine Balance gefordert ist. Kreative Fähigkeiten müssen entwickelt und gepflegt werden, die Intuition sollte einen größeren Stellenwert bekommen und Glauben und Vertrauen in das Nicht-Sichtbare gestärkt werden. Je flexibler und offener wir auf allen Ebenen, auf der körperlichen, der seelischen und der geistigen Ebene, sind, umso mehr wird die Gehirnaktivität angeregt und um so besser sind wir geschützt vor Altersdemenz und Erstarrung.

Eine weitere Ursache von Krankheit kann die Überflutung mit Inhalten aus dem Unbewussten sein, die wir nicht ins Bewusstsein integrieren können und deshalb verdrängen. Ich denke nur an die vielen Konflikte im beruflichen und privaten Bereich, die verdrängt werden, weil kein Raum und keine Zeit für ihre Bearbeitung ist, die uns aber trotzdem nicht mehr ruhig schlafen lassen. Das »Meer des Unbewussten« ist unvorstellbar riesig, nicht nur persönliche Erinnerungen und – häufig verdrängte – Erfahrungen schlummern dort, sondern auch kollektives Wissen, das über Generationen zurückgehen kann. Die Analytische Psychotherapie nach C. G. Jung, die sich mit diesen verdrängten Seeleninhalten beschäftigt, welche sich in Form von Träumen äußern, bietet sich dafür besonders an. Auch die Imaginative Musiktherapie nach Helen Bonny leistet wertvolle Arbeit in der Aufdeckung von dem, was den Menschen unbewusst belastet und was sein Leben steuert, ohne dass er sich dessen bewusst ist.

Das Gehirn steht in erster Linie für den bewussten Umgang mit sich selbst und mit anderen. Es hat die Aufgabe, unsere instinktiven Impulse, unsere Wünsche und Abneigungen, unsere Vorstellungen vom Leben miteinander in Einklang zu bringen. Darüber hinaus muss es dafür sorgen, dass die richtige Balance entsteht zwischen dem eigenen Leben und dem der anderen und der Gesellschaft. Wir müssen Verantwortung übernehmen für unser Denken und die daraus entstehenden Gefühle, für unser eigenes Leben und für die Aufrechterhaltung einer funktionsfähigen Gesellschaft. Wir sind verantwortlich für die inneren Bilder, die wir kreieren und die sich verwirklichen wollen. Wir können einerseits ein Szenario entwickeln, bei dem eine Bombe die Welt zerstört, oder andererseits eine Weltvision geprägt von Gerechtigkeit und Achtung allen Lebens. Alles findet zunächst in unserem Gehirn statt.

Das Nervensystem auf körperlicher Ebene

Das Nervensystem besteht aus einem zentralen Teil, dem Gehirn und Rückenmark, und einem peripheren Teil, den im Körper verlaufenden Nerven. Alle Informationen des menschlichen Körpers laufen über das Nervensystem. Alle Organe werden durch dieses Netzwerk zu einer Einheit zusammengeschmiedet, jede Außenaktion, jede Reaktion auf die Umwelt erfolgt über das Nervensystem. Kein Gedanke, kein Gefühl wäre ohne die Nervenzelle (Neuron) möglich, die als Basisstation fungiert. Sie verfügt im Gegensatz zu anderen Körperzellen über eine sehr komplexe Struktur. Mit Hilfe eines langen Fortsatzes (Neurit) und der vielen kleinen stark verzweigten Ausläufer (Dendriten) leitet sie ihre Informationen weiter. Daneben gibt es die sogenannten Gliazellen, die wie eine Art Kleber zwischen den Nervenzellen wirken und diesen Halt und Festigkeit geben.

Das zentrale Nervensystem besteht aus Großhirn, Stammhirn, Kleinhirn und Rückenmark. Das periphere Nervensystem besteht aus 12 Paar Hirnnerven, die vom Gehirn aus in die Peripherie ziehen. Dazu kommen 31 bis 33 Paar Rückenmarksnerven, die den Wirbelkanal, in dem sich das Rückenmark befindet, durch kleine Öffnungen zwischen den Wirbeln verlassen. Sie besitzen Fasern, mit denen sie Signale von den Sinnesorganen, den Wärme-, Tast- und Bewegungsrezeptoren in der Haut, den Muskeln sowie den inneren Organen aufnehmen und ans Gehirn weiterleiten können, sowie Fasern, die Befehle von dort an die ausführenden Organe wie zum Beispiel an die Muskelzelle weitergeben können.

Eine weitere Unterteilung des Nervensystems erfolgt in willkürliches und autonomes Nervensystem. Das willkürliche können wir steuern. Indem wir uns zum Beispiel entscheiden, den Arm zu heben oder ein Lied zu singen, aktivieren wir über Nerven die entsprechenden Muskeln. Der Spielraum, der uns beim autonomen Nervensystem zur Verfügung steht, ist äußerst gering. So können wir die Tätigkeit vor allem der inneren Organe zwar in geringem Maße beeinflussen (etwa den Herzschlag verlangsamen durch Autogenes Training), aber die grundsätzliche Steuerung unterliegt nicht unserem Willen. Dieses autonome Nervensystem, das man auch als vegetatives bezeichnet, besteht aus zwei Gegenspielern, dem Sympathikus und dem Parasympathikus. Sie regeln die Arbeit von Organen, Drüsen und Blutgefäßen. Aktiviert werden sie unter anderem durch Hormone.

Das Nervensystem auf psychosomatischer Ebene

Das Nervensystem steht in erster Linie für Informations-übermittlung, für Reiz und Reizbeantwortung. Diese Reize werden durch die Sinnesorgane vermittelt und an das Gehirn weitergeleitet. Ein Rosendorn, der meinen Finger gestochen hat, führt in der Regel direkt zu dem Impuls, den Finger weg-zuziehen. Komplexere Reize werden durch das Gehirn er-kannt und beantwortet. Die Reaktion erfolgt wieder auf dem Nervenweg. Reize können mechanisch, chemisch oder ther-misch ausgelöst werden oder aus unseren eigenen Gedanken oder Gefühlen kommen. Sieht unser Auge zum Beispiel einen Stock, der aufgrund einer bestehenden Angst vor Schlangen für eine solche gehalten wird, vermittelt das Nervensystem den Muskeln der Beine sofort den Impuls wegzulaufen. Je unbewusster wir allen Impulsen von innen oder außen ausge-setzt sind, umso stärker wird unser Nervensystem gefordert und zum Teil überlastet. Die Überlastung unserer Nerven durch überhöhte Reizeinflüsse von außen oder innen führt zur so genannten Nervosität oder zu nervösen Störungen. Sie können sich im ganzen Körper als Symptome äußern. Dazu gehören Schlafstörungen, Menstruationsprobleme, Herz-stolpern oder Magenschmerzen. Am deutlichsten macht sich das Nervensystem durch Schmerz bemerkbar. So zeigen vor allem chronische Schmerzen immer eine Dauerüberlastung des Nervensystems, wie sie zum Beispiel durch unverarbei-tete Gefühle ausgelöst wird.

Körperlicher und seelischer Schmerz sind eng miteinander verbunden, auch wenn diese Verbindung nicht unbedingt erkennbar ist.

Der Kopf auf symbolischer Ebene

Das Symbol hat immer einen Bedeutungsüberschuss, sagt C.G. Jung. Wenn in vielen mittelalterlichen Darstellungen Maria auf dem Kopf der Schlange steht oder ihr – wie es in der Bibel heißt – den Kopf zertritt, bedeutet es mehr als das Kontrollieren oder Töten eines gefährlichen Tiers. Um die Bedeutung ganz zu verstehen, muss man allerdings die Geschichte kennen: Die Schlange war es, die mit List und Tücke den Menschen dazu verführte, vom Baum der Erkenntnis zu essen. Schlauerweise versprach sie ihm, dass er damit werde wie Gott. Maria steht ja bekanntlich für die Herzenergie, die in diesem Fall über den Kopf dominiert. Die vier Köpfe des Gottes Rama, die in alle Himmelsrichtungen schauen, stehen für die kosmische Intelligenz. Die ägyptische Göttin Silke wird mit sieben Skorpionen auf ihrem Kopf dargestellt.

Ein Symbol, das in eine ganz andere Richtung geht, ist der geschorene Kopf der Neonazis, der auch noch mit einem Hakenkreuz verziert wird. Symbolisiert wird ein faschistisches Denken, wie es sich bereits in dem Wort »fasces« zeigt. Es bedeutet ein Bündel (ursprünglich aus Ähren bestehend), das fest zusammengeschnürt ist. Keiner darf ausscheren, alle dienen dem gleichen Ziel. Lange Haare stehen schon in biblischen Geschichten für Freiheit und für den »eigenen Kopf«. So verliert Samson all seine Kraft, als ihm seine Geliebte heimlich die Haare abschneidet. Weitere Symbole, die für die Gefährlichkeit des Kopfes sprechen, sind der siebenköpfige Höllenhund oder der siebenköpfige Drache, dem der Held Siegfried gegenübersteht.

97

Die mit dem Kopf verbundenen Chakras sind das Vishud-dhachakra, der Ort der Lauterkeit oder Reinigung (siehe S. 49), und das Ajnachakra, bei dem es um Erkenntnis, Autorität und Macht geht (siehe S. 50). Das sechste Chakra liegt auf halber Strecke zwischen den Augen, etwas oberhalb. Es wird auch als »drittes Auge« bezeichnet.

Der Kopf in Märchen, Mythos und Literatur

Kopfmenschen zeichnen sich dadurch aus, dass sie planvoll vorgehen und ein Ziel verfolgen können. Im Märchen werden die Kopfmenschen oder Kopftiere deshalb meist als die Klugen dargestellt, die oft listenreich dem Guten oder der Wahrheit zum Ziel verhelfen.

Der gestiefelte Kater

Hier ist es ein kluger Kater, der über diese Fähigkeiten verfügt. Als der arme Müllerbursche als einziges Erbe einen Kater bekam, dachte er zuerst daran, sich aus dessen Fell warme Handschuhe machen zu lassen. Der Kater aber überzeugte ihn, dass er sein letztes Geld ausgeben solle, um ihm rote Stiefel anfertigen zu lassen. Aufrecht wie ein Mensch, ging er schließlich mit seinen roten Stiefeln und einem Sack auf dem Rücken davon. Als er hörte, dass der König so gerne Rebhühner aß, die scheuen Tiere aber kaum einzufangen waren, entwarf er einen Plan: Mit List fing er die Rebhühner und brachte sie dem König. Für das Geld, das er dafür bekam, kleidete er sich prächtig ein und wurde ein gern gesehener Gast auf dem Schloss. Als er eines Tages erfuhr, dass der König mit seiner schönen Tochter einen Ausflug plante, entwickelte er eine genaue Strategie, wie er dem Müllerburschen nicht nur zu Geld, sondern auch zur Hand der Prinzessin verhelfen konnte. Er befahl den Menschen, die in der Gegend lebten, dem König auf jede Frage, wem das schöne Land oder der schöne Wald gehöre, zu antworten: dem Grafen von Carrabas. Andernfalls würde er sie umbringen. Seinen Herrn hatte er angewiesen, in einem See, an dem die königliche Kutsche vorbeifuhr, zu baden. Sobald die Diener des Königs in Sicht wären, sollte er rufen: »Hilfe, man hat mir meine Kleider gestohlen!«, woraufhin der König dem vermeintlichen Grafen von Carrabas schnell edle Kleider holen ließ. Inzwischen lief der Kater in das Schloss des Zauberers, dem all dieser Reichtum gehörte. Er schmeichelte ihm mit der Frage, was er, der große Zauberer denn alles könne. »Ich kann mich in einen Elefanten verwandeln«, antwortete der und stand schon als riesiges Tier vor dem kleinen Kater. Darauf folgte ein Löwe und schließlich stand wieder der mächtige Zauberer vor ihm. Der Kater zeigte sich beeindruckt und sagte: »Das ist ja kaum zu glauben, aber sicher kannst du dich nicht in eine klitzekleine Maus verwandeln.« Der Zauberer, in seiner Ehre angegriffen, verwandelte sich sofort in das kleine Tier – und wurde augenblicklich vom Kater gefressen. Jetzt konnte er seinen Herrn zusammen mit König und Prinzessin ins Schloss führen. Natürlich bekam der Müllerbursche die Königstochter und den Thron. Seinen schlauen Kater behielt er als Minister.

Dass es neben Logik und Intellekt auch noch eine andere Intelligenz gibt, mit der man es weit bringen kann, zeigt das folgende, wenig bekannte Märchen der Gebrüder Grimm:

Die drei Sprachen

Ein alter Graf hatte einen einzigen Sohn, der war dumm, und nichts wollte so recht in seinen Kopf. Der Vater schickte den Sohn an einen fremden Hof. Dort sollte er ein Jahr bleiben und von einem Meister lernen. Neugierig fragte ihn der Alte nach seiner Rückkehr, was er denn gelernt habe. Der Sohn antwortete: »Ich habe gelernt zu verstehen, was die Hunde bellen.« Der Vater war entsetzt und suchte einen neuen Platz für seinen Sohn. Auch diesmal kam der Junge nach einem Jahr zurück und antwortete auf die Frage, was er denn gelernt habe: »Ich habe gelernt zu verstehen, was die Frösche quaken.« Diesmal war der Vater wirklich wütend, hatte er doch viel Geld und Mühe investiert, um ihn studieren zu lassen. »Wenn du beim dritten Mal wieder mit einer solchen Antwort kommst, will ich dich auf immer verstoßen«, sagte der Vater. Aber auch diesmal ging es nicht viel besser aus. Der Junge hatte nach einem Jahr lediglich gelernt zu verstehen, was die Vögel sprechen. Der Vater entschied sich, ihn umbringen zu lassen. Wie so oft im Märchen, hatten die gedungenen Mörder aber Mitleid und ließen ihn entkommen.

Der Jüngling wanderte fort und kam nach einiger Zeit zu einer Burg, wo er um Nachtlager bat. Der Burgherr bot ihm einen alten Turm an, in dem schreckliche Hunde hausten, die von Zeit zu Zeit ein Menschenopfer forderten und die ganze Gegend in Angst und Schrecken versetzten. Der junge Mann ging ohne Angst dorthin, er verstand ja die Tiere und konnte dazu beitragen, dass sie freigelassen wurden und damit auch kein Unheil mehr anrichteten. Auf seiner Wanderung kam er schließlich nach Rom, wo die Bischöfe gerade Ausschau nach einem neuen Papst hielten. Sie wollten sehen, ob der Himmel ihnen ein Zeichen gäbe. Genau in diesem Moment betrat der junge Graf die Kirche, und zwei Tauben setzten sich auf seine Schultern. Die Bischöfe sahen das als das ersehnte Zeichen an und baten ihn, Papst zu werden. Als er zögerte, flüsterten ihm die Tauben zu, er solle ruhig Ja dazu sagen. »Haben die Frösche also doch recht gehabt, als sie kürzlich quakten, dass ich Papst werden würde«, dachte der Junge bei sich, als er das Amt annahm. Er wurde gesalbt und geweiht und musste ein Amt übernehmen, von dem er so recht keine Ahnung hatte. Aber immer saßen auf seinen Schultern zwei Tauben und sagten ihm alles ins Ohr.

Allerdings gibt es auch viele Geschichten, die zeigen, wie der Kopfmensch daran scheitert, dass er sich zu sehr darauf verlässt und alle anderen Anteile vernachlässigt. Im Märchen wird diese Seite meist durch die älteren Brüder symbolisiert.

Im Tarot, in dem auf symbolische Weise das Wissen der Menschheit zusammengefasst wurde, repräsentiert die Karte XVI, »Der Turm«, die Menschheit, die sich ein Gebäude aus Illusionen aufgebaut hat und dabei egoistisch von der eigenen Überlegenheit überzeugt ist. Die Naturgebundenheit wird dabei genauso verdrängt wie die Erkenntnis des Eingebundenseins in ein großes Ganzes. Diese einseitige Kopfsteuerung, der Glaube an die rationale Kontrolle und an das eigene Ego, führt schließlich zum Einsturz des ganzen Gebäudes, das sich der Mensch aufgebaut hat.

Die einseitige Kopfsteuerung, die einen Gegenpol heraufbeschwört, ist auch der Inhalt des Romans von Heinrich Mann:

Professor Unrat und Faust

Mit Professor Raat, den seine Schüler Unrat nennen, hat Heinrich Mann einen Menschen dargestellt, der an seiner Überheblichkeit und Menschenverachtung scheitert. Professor Unrat vertrat hohe Ideale, hatte eine scharfe, gehässige Zunge und war beseelt von völkischen Ideen wie den Rassenidealen, die er sich in seinem Kopf zusammengesponnen hatte. In der Bar »Zum blauen Engel« lernte er eine junge Frau kennen, in die er sich sofort verliebte und in deren Bann er immer mehr geriet. Schließlich heiratete er sie, und damit verlor er seine bürgerliche Existenz. Immer mehr geriet er in den Sog niedriger Instinkte, verwickelte sich in Betrügereien und wurde schließlich überwältigt von Gier und Hass. Sein endgültiger Niedergang war besiegelt, als er feststellen musste, dass sich seine Frau, von der er seit der ersten Begegnung abhängig war, ausgerechnet mit einem seiner verhasstesten Schüler eingelassen hatte.

Heinrich Mann fasste in der Figur des Professors viele der Eigenschaften und Verhaltensweisen zusammen, die die geistigen Grundlagen für den bald aufkommenden Nationalsozialismus widerspiegeln. Die Ideen der Nationalsozialisten von Reinheit und Rasse, vom arischen Menschen, von der scharfen Trennung zwischen Gut und Böse und der Notwendigkeit, das Böse auszurotten, waren auch die Grundmaximen seines Hauptakteurs. Sieht man von dem historischen Kontext ab, findet man den Typ des sich für überlegen haltenden Menschen, der glaubt, durch seinen Intellekt andere manipulieren zu können und die Macht für sich gepachtet zu haben. Das gilt auch für Gefühlsverwicklungen oder sexuelle Bedürfnisse, die meist zuerst heimlich erfüllt werden, aber doch irgendwann an die Öffentlichkeit dringen und die makellose Weste des scheinbar Überlegenen beflecken. Der Volksmund hat dafür das Sprichwort »Hochmut kommt vor dem Fall« geprägt. Nach oben kommen, Hochmut, überheblich sein – all das beschreibt das Obere, den klugen Kopf im Gegensatz zum »dummen« Bauch. Das Hohe steht hier per definitionem über dem Tiefen.

Auch der ewig suchende Dr. Faustus, der von Goethe unsterblich gemacht wurde, erlebte, was geschieht, wenn wir uns zu lange und zu weit in die eine Richtung bewegen. Er ist der stets unzufriedene Kopfmensch, der hinter alle Geheimnisse des Lebens kommen möchte und dafür sogar bereit ist, seine Seele zu verkaufen. Die Begegnung mit Gretchen könnte ihn heilen, zu ihr ist er in Leidenschaft entbrannt. Mit Gretchen und dem Kind, das aus dieser Verbindung entsteht, verrät er auch seine eigene weibliche Seite, die ihn lieben lehren könnte. Der Teufel zieht ihn weg vom Kerker des verwirrten Mädchens. Es braucht noch viele Erfahrungen und Erkenntnisse, bis er am Ende doch erlöst wird und sich die Aufgabe des Teufels als eine letztlich erlösende erweist. »Ich bin ein Teil von jener Kraft, die stets das Böse will, und stets das Gute schafft.«

Nibelungensage

In der Nibelungensage ist es der listige Hagen, der als Gegenspieler der emotionalen Kriemhild auftritt. Er wusste, dass es nicht so leicht sein würde, Gunther und seine Mannen für seinen Plan, Siegfried zu vernichten, zu gewinnen. So säte er zunächst einmal Zwietracht, in dem er Gunther überzeugte, dass durch die Beleidigung seiner Gemahlin Brunhild auch seine eigene Macht untergraben wurde. Der nächste Schritt war ein Plan, wie er hinter Siegfrieds Geheimnis der Unverletzlichkeit kommen könnte. Er gewann Kriemhilds Vertrauen, indem er Sorge um ihren Mann heuchelte. Wie sie bereits im Konflikt mit Brunhild gezeigt hatte, war sie sehr von ihren Gefühlen bestimmt, und so dachte sie auch diesmal nicht über mögliche Konsequenzen nach. So erfuhr Hagen, dass sich beim Bad im Drachenblut, durch das Siegfried unverletzbar geworden war, ein Blatt auf eine Stelle seines Rückens gelegt hatte. Diese Stelle also war es, die er treffen musste und die ihm Kriemhild im arglosen Vertrauen markierte.

Der Kopf in seiner Grundfunktion

Die unterschiedlichen Qualitäten der Kopfenergie können anhand der physischen Beschaffenheit und Aktivität sowie anhand der Bedeutung der Chakras in diesem Bereich dargestellt werden. Darüber hinaus gibt C. G. Jung in seiner Typenlehre eine Darstellung der Grundfunktion Denken, die ich hierbei einbezogen habe.

Die Grundfunktion bezogen auf das Gehirn

Denken, logische Zuordnung und Verknüpfung von inneren und äußeren Wahrnehmungen
Kopfmenschen zeichnen sich dadurch aus, dass sie planvoll vorgehen und ein Ziel verfolgen können.

Durch die logische Zuordnung der inneren und äußeren

Wahrnehmung schafft das Gehirn erst einmal eine gewisse Übersicht, mit deren Hilfe es die Welt ordnet. Um dem Chaos entgegenzuwirken, das durch die Vielfältigkeit der äußeren und inneren Welt auf den Menschen einstürmt, bedient sich das Gehirn eines wichtigen Werkzeugs: der Analyse. Um den Dingen auf die Spur zu kommen, muss man zerteilen und die kleinsten Teile erforschen. Erst dann kann man das Ding einer Gruppe zuordnen und das Ganze in ein System bringen. Bäume werden in der Sparte Pflanzen und Mäuse in der Sparte Tiere eingeordnet. Hat man erkannt, welche Art Baum es ist, kann der Verstand aufgrund der Erfahrungen der Vergangenheit und der Notwendigkeit, die die Zukunft erfordert, Pläne erstellen, wie man Baumkulturen anlegt, wann die Bäume gefällt und wozu sie verarbeitet werden sollen.

Polaritäten erkennen, Trennung von Subjekt und Objekt

Das Gehirn schafft eine klare Distanz zwischen dem Ich, das die Dinge sieht, und den Dingen selbst. Ich analysiere den Baum, das Objekt. Das Objekt ist in diesem Fall auch der andere Mensch, den ich betrachte, bewerte und einordne. Auf diesem Weg schafft das Gehirn Bezugspunkte, was brauchbar oder ungefährlich ist und was unbrauchbar oder gefährlich ist. Die Welt wird in Nützlich, Real, Ungefährlich oder Unnütz, Irreal, Gefährlich eingestuft, um nur einige Gegensätze zu nennen. Die Aufklärung hat zum Beispiel mit Hilfe der Wissenschaft viele Ängste entmystifiziert. Der Donner, der für den Menschen früher ein Hinweis auf ein magisches Geschehen, auf einen grollenden Donnergott, war, konnte jetzt mit Hilfe der Wissenschaft bis ins Detail erklärt werden.

Somit hat der Mensch die Angst davor weitgehend verloren, nur kleine Kinder und Tiere erschrecken noch genauso wie der Mensch der Urzeit. Im Yoga wird häufig das Bild des Seils gebraucht, das der Mensch zunächst fälschlich für eine Schlange hält. Die Angst lässt Unruhe entstehen, die zu deutlichen körperlichen Symptomen wie Schwitzen, Herzrasen usw. führt. Die Aufgabe des Yoga-Weges oder auch der Wissenschaft ist es, uns Seile als solche erkennen zu lassen, um unseren Verstand zu schulen und immer mehr die Angst zu verlieren. Allerdings gelingt das durch wissenschaftliche Aufklärung alleine nicht. Wie wir täglich erleben, verlagert sich die Angst auf immer neue Bereiche. Die Erkenntnis, die der Yoga-Weg anbietet, soll dagegen tiefer führen zu den Ursachen der Angst, die in unserer Unkenntnis unserer geistigen Herkunft liegen. Dennoch hat uns die Naturwissenschaft viele wichtige Erkenntnisse gebracht. Mit Hilfe der Fähigkeit, zu analysieren und komplexe Zusammenhänge zu erkennen, lassen sich Vor- und Nachteile abwägen und Gefahren erkennen. Der Zuwachs an Erkenntnis ist immer auch ein Zuwachs an Macht. Das Sprichwort »Wissen ist Macht« gibt es wohl deshalb auch in ähnlicher Weise in allen Sprachen.

Bewegung in Raum und Zeit

Das Gehirn bewegt sich in Raum und Zeit, es kann über die Vergangenheit nachdenken und sie bewerten. Das Gedächtnis ist eine der wichtigen Leistungen des Gehirns. Mit seiner Hilfe vermeiden wir manchmal, dass vor allem jede schmerzliche Erfahrung immer wieder neu gemacht wird. Auf den Erkenntnissen der Vergangenheit können wir aufbauen und Entwürfe in die Zukunft »werfen«. Wir können Pläne machen, bei denen wir mit vielen »Unbekannten« spekulieren. Dabei hilft uns die Grundfunktion

Abstraktion

Das Gehirn ist nicht allein auf die sinnlich wahrnehmbaren Eindrücke angewiesen. Es kann sich an solche Eindrücke erinnern und sie in der Vorstellung konstruieren. Das Haus, das ein Architekt plant, entsteht erst einmal in seinem Kopf. Natürlich kennt er viele reale Häuser, aber er ist in der Lage, verschiedene Aspekte dieser Bauwerke zu etwas Neuem zu verknüpfen, das jetzt in seinem Gehirn entsteht. Damit das Haus aber wirklich entstehen kann, braucht er die Fähigkeit der

Planung

In seiner Vorstellung kann der Gehirnbenutzer alle notwendig aufeinanderfolgenden Schritte planen, die zum Bau des Hauses führen. Dazu muss er das ganze Projekt in seinem Kopf zerteilen, und zwar in kleinste Einheiten: Was muss zuerst und was kann zuletzt gemacht werden? Er kann mögliche Probleme ahnen und sich schon in der Planung darauf einstellen. Da das Gehirn die Fähigkeit hat, nicht nur den Raum, sondern auch die Zeit zu strukturieren, kann diese Planung auch noch in einen genauen zeitlichen Rahmen eingepasst werden. Und es kann

Prioritäten setzen

Mit Hilfe der differenzierten Fähigkeiten des Gehirns können nicht nur die einzelnen Schritte geplant, sondern innerhalb dieser auch Prioritäten gesetzt werden, die zielführend sind. Würden wir nur aus der Bauchenergie heraus handeln, wären die Ziele kurzfristig auf das momentane Überleben ausgerichtet. Das Gehirn, das über die Fähigkeit verfügt, sich die Zukunft vorzustellen, kann dem Menschen die Notwendigkeit deutlich machen, andere Prioritäten zu setzen.

Sprache
Wenn wir »etwas in Worte fassen«, machen wir es fassbar, greifbar, verstehbar. Die Sprache ist eine Funktion des Gehirns, um Bewusstsein in Form, in eine Fassung zu bringen.

Das Ich überschreiten
Obwohl sich das Ich als eine Art Steuerungszentrale des Bewusstseins versteht, ist es gleichzeitig in der Lage, diese Instanz zu überschreiten. Das Gehirn vermag etwas zu denken, was über den betreffenden Menschen selbst hinausgeht. Die großen Philosophen und Theologen haben sich auf geistige Höhenflüge begeben, die uns oft kaum fassbar sind. Zum Erfahren dieser Dimension reicht allerdings die Gehirnfunktion alleine sicher nicht aus, da ist der ganze Mensch gefragt mit seiner Fähigkeit zur Intuition und Transzendenz.

Die Grundfunktion bezogen auf das Nervensystem

Dies ist in erster Linie das Vermitteln und Weiterleiten von Informationen. Die Kombination von Gehirn und Nervensystem könnte man zum Beispiel auf der Analogieebene in der Entwicklung des Internets sehen. Das logische und analytische Denken hat zur Entwicklung von Computern und Programmen, von Hardware und Software geführt. Die Verbindungswege und die Informationsvermittlung über Kontinente hinweg entsprechen der Tätigkeit des Nervensystems, das Reize wahrnimmt, beantwortet und weiterleitet.

Der Kopf im alltäglichen Leben

Die Grundfunktion des Zerteilens und Analysierens zeigt sich beim Kopfmenschen oft durch seine »messerscharfe« Kritik. Schon der Volksmund spricht vom »scharfen« Verstand, mit dem er – nicht wie der Bauchmensch einfach nur wahrnimmt und instinktiv reagiert, sondern – wahrnimmt und wertet. Da jeder Mensch die Welt erst einmal aus Sicht seiner eigenen Dominanz beurteilt, wird der Kopfmensch in erster Linie beim anderen die Schwächen erkennen, die sich in diesem Bereich befinden. Unlogik hasst er meist sogar, und wenn das Gegenüber in Tränen ausbricht, kann es sein, dass das beim Kopfmenschen genau das Gegenteil von Mitgefühl hervorruft. Er denkt darüber nach, was der oder die andere bezwecken will, ob das Gefühl echt oder gespielt ist, bevor er sich überhaupt in sein Herz begibt. Die Kritik wird entweder gut begründet geäußert, oder man behält sie für sich, zieht sich in sein Inneres zurück, beobachtet und zieht seine Schlüsse. Kopfmenschen sind als Ratgeber beliebt, weil sie eine Situation sehr rasch »auf den Punkt« bringen können. Im negativen Fall können sie Entscheidungen treffen, die einem anderen schaden, und dabei völlig unberührt wirken. Diese Form der Intelligenz ist die bestechendste, aber auch die gefährlichste. Man spricht von einer intelligenten Kriegsführung oder von intelligenten Waffen, einem sauberen Krieg, bei dem punktuelle Ziele getroffen werden können, von »Operationen«, Manövern, Einsatzkommandos usw., ohne dass Worte wie Leid, Blut, Verlust, Verzweiflung, Tod, Einsamkeit fallen.

Die Aggression und Wut im Bauch könnte ohne die Intelligenz des Kopfes niemals ganze Völker ausrotten. »Gefährlich ist's, den Leu zu wecken, verderblich ist des Tigers Zahn, jedoch der schrecklichste der Schrecken, ist der Mensch in seinem Wahn.« Dieses Zitat aus Schillers »Glocke« hat mich schon in meiner Schulzeit erschüttert. Und das erst recht, als ich mich dann intensiver mit dem Dritten Reich auseinandersetzte. Die so genannten Schreibtischtäter, die eiskalt planten und damit Kopfmenschen waren, haben sich geschickt der Bauchmenschen bedient, um ihre Pläne umzusetzen. Zwar ist das nur die eine Seite der Medaille, aber ich meine, gerade diese Seite wird bei der Verherrlichung der menschlichen Intelligenz manchmal übersehen. Die Gefahr für den Kopfmenschen dabei ist sein Hochmut. Damit wird er sich irgendwann von seinen Mitmenschen isolieren. Kopfmenschen neigen im Alter zur Verhärtung auf allen Ebenen. Wenn sie ihre Macht nicht mehr in einem Beruf ausleben können, neigen sie zum Nörgeln und Kritisieren, entdecken Fehler, wohin sie kommen, und sehen in allem die Unvollkommenheit, das berühmte Haar in der Suppe.

Der Kopfmensch kann sich gut konzentrieren, er lässt sich nicht sehr leicht ablenken. Dabei nimmt er nicht unbedingt die Befindlichkeit des anderen Menschen wahr und ist nicht so abhängig von Harmonie wie der Herzmensch. Kopfmenschen wollen die Welt verstehen und Erklärungen finden. Dahinter stecken oft Zweifel und Ängste und ein mangelndes Urvertrauen ins Leben.

Allerdings kann sich, wie das nachfolgend zitierte Interview zeigt, Kopfdominanz auch einmal ganz anders zeigen. Gute Sportler haben in der Regel eine ausgeprägt gute Bauch- und Körperintelligenz. Ein Abfahrtsläufer muss natürlich planvoll vorgehen, die Strecke kennen, seine Kräfte einteilen, ein gutes Vorstellungsvermögen haben. Aber er braucht vor allem ein gutes Bauchgefühl, das ihn im Bruchteil einer Sekunde richtig handeln lässt. Ein Spiegel-Interview mit dem Neurologen Dr. Hans-Peter Thier, Direktor des Hertie-Instituts für klinische Hirnforschung in Tübingen, (»Der Spiegel« 26/2007) bringt interessante Informationen über diese Körper-Kopf-Zusammenarbeit. Auf die Frage, ob Fußballspiele im Kopf entschieden werden, antwortete er: »Im Wesentlichen, ja. Was Fußball ausmacht, basiert auf einem riesigen Blumenstrauß von Hirnfunktionen.« Auf die Frage, welche Leistungen das sind, antwortete Thier: »Die Leistung, die dem Gehirn beim Fußball abverlangt wird, ist größer als beim Schach. Schach fordert Logik und Kombinationsgabe. Fußball ist vielschichtiger: Motorik ist gefragt, Orientierung, Koordination, Aufmerksamkeit, Interaktion.« Weiter führt er aus, dass ein Computer im Schach gegen einen Menschen gewinnen kann, aber ein Fußballroboter ist selbst gegen einen Achtjährigen chancenlos.

Jedenfalls verstehe ich jetzt, warum ich so gerne Fußballspiele anschaue, denn am Ende des Interviews heißt es: »Die koordinative Leistung eines Kickers ist nur noch mit der eines Konzertpianisten vergleichbar.« Also passen Musik und Fußball doch gut zusammen!

Eine andere Form, wie sich Kopfdominanz im alltäglichen Leben äußert, hängt eher mit dem Nervensystem und seinen Aufgaben zusammen. Hier geht es um schnellen Informationsaustausch, ohne dass man lange beim Einzelnen verweilt. So wie das Nervensystem ständig mit Reizaufnahme, -übermittlung und -beantwortung beschäftigt ist, verfügt auch dieser Mensch über Schnelligkeit im Denken und Aufnehmen. Er neigt weniger zum Kritisieren als zum Übertreiben.

Oft wirkt er chaotisch und sprunghaft, und er ist immer mit neuen Ideen beschäftigt. Seine rasche Auffassungs- und Kombinationsgabe lässt ihn schnell das Wesentliche erkennen, die Tiefe des Denkens ist nicht seine Leidenschaft. Er vermittelt und vernetzt, bringt Menschen miteinander in Kontakt, indem er schnell erkennt, wer zu wem passt. Häufig wirkt er etwas oberflächlich und wankelmütig. So wie er andere leicht ansteckt mit seinen Ideen, lässt er sich auch von anderen mitreißen, meist um dann wieder unterwegs »auszusteigen«. Der Mangel an Standvermögen, der schnelle Wechsel von Überzeugungen, was der Volksmund »das Fähnchen in den Wind hängen« nennt, gehören zu diesem Typ. Für jeden neuen Standpunkt findet er in seinem Kopf genügend Gründe. Deshalb scheut dieser Mensch auch das Sich-Einlassen, denn er braucht die Unverbindlichkeit und die Möglichkeit, sich in seinem Kopf die jeweilige Situation neu zu konstruieren. Die Realität braucht Klarheit und Verlässlichkeit, und genau die ist ihm eher unangenehm. In diesem Fall fehlt dem scharfen Intellekt die Verankerung in einer stabilen Persönlichkeit. So kann er jede Gestalt annehmen und auch jede Theorie vertreten, ohne dabei in moralische Schwierigkeiten zu geraten. In der Archetypenlehre wird dieser Typ als »Trickster« bezeichnet. Niemand ist ihm wirklich böse, aber irgendwann nimmt ihn auch niemand mehr ernst.

Denken wir an den medizinischen Fortschritt, an die Erleichterung der schweren körperlichen Arbeit durch eine Vielzahl von Maschinen und an zahlreiche andere Errungenschaften, dann erkennen wir natürlich die großartigen Leistungen für die menschliche Entwicklung, die von den Kopfmenschen ausging – wenn ich nur daran denke, wie angenehm es ist, nach einer schlaflosen Nacht, die durch einen vereiterten Zahn ausgelöst wurde, sich den wunderbaren Errungenschaften der Zahnmedizin anvertrauen zu können. Nie vergesse ich die besonderen Erfahrungen, die ich mit Menschen anderer Kulturen machen durfte und die nur durch Fortbewegungsmittel wie Flugzeuge oder Züge möglich waren.

Die Leistungen der menschlichen Intelligenz sind unbeschreiblich groß. Dennoch sind sie immer noch klein im Vergleich zu der Intelligenz, die hinter dem Universum, dem Leben auf der Erde oder hinter unserem Gehirn selbst steht. Eine Erkenntnis, die übrigens besonders intelligente Menschen, wie zum Beispiel berühmte Physiker, immer wieder betonten.

Der kühle Kopf als Rettung

Der »kühle Kopf« und das damit symbolisierte klare Denken sind ein wertvolles Instrumentarium, das es sich lohnt zu entwickeln und zu pflegen. Selten habe ich dessen Vorzüge so hilfreich erlebt, wie bei einer Yoga-Reise vor mehreren Jahren nach Griechenland. Nach einer mehr als 10-stündigen Anfahrt kam ich mit einer Yoga-Gruppe nachts an einem entlegenen Platz der Insel Tassos an. Zu unserem Entsetzen gab es dort weder die gebuchte und bezahlte Anzahl von Zimmern noch den angepriesenen Yoga-Raum. Ein ziemlich mürrischer Grieche wies uns einige Zimmer zu, die wir zum Teil zu dritt oder zu viert teilen mussten. Nach seiner Aussage sollten wir froh sein, dass wir überhaupt einen Platz zum Übernachten hatten, denn angeblich hatte er die Überweisung des Münchner Reisebüros nicht bekommen. Und schließlich, fügte er an, habe er netterweise sogar sein Wohnzimmer ausgeräumt, das er uns als Gruppenraum zur Verfügung stellen wollte. Tatsächlich war der Raum bis auf ein riesiges undefinierbares Geweih an der Wand und eine Couchgarnitur leer, allerdings bot er nur Platz für 3 bis 4 Yogamatten – und ich war mit 18 Personen unterwegs. Wir brauchten alle Yoga-Disziplin, um nicht in völlige Panik zu geraten bei der Vorstellung, dass wir unter diesen Umständen eine Woche bis zu unserem geplanten Rückflug bleiben sollten. Jetzt traten die Kopfmenschen aus unserer Gruppe auf den Plan. Während eine Yoga-Teilnehmerin einen Rheumaschub bekam und ich alle meine heilpraktischen Kenntnisse aufbieten musste, setzten sie sich zusammen, analysierten die Situation und entwarfen Pläne, wie man sie ändern könnte. Inzwischen war es zwölf Uhr nachts, und wir liefen am Strand entlang. Da entdeckten wir eine Bar, deren freundliche Besitzer bereit waren, uns etwas zum Essen zuzubereiten. Der Abend endete schließlich um drei Uhr morgens am Strand, wo wir mit den Griechen gemeinsam tanzten. So konnten wir die Spannungen abbauen, die der Ärger und die Enttäuschung ausgelöst hatten, und der Kopf konnte frei werden. Am Mittag des folgenden Tages war dann der Plan geboren, alle Möglichkeiten waren genügend beleuchtet und die Entscheidung getroffen. Eine kleine Abordnung kam irgendwie in die einzige Stadt. Sie wandten sich an die richtigen Leute und fanden, auch mit etwas Glück, ein Hotel auf der eigentlich völlig ausgebuchten Insel. Ein Teilnehmer schickte ein Fax an das heimische Reisebüro. Geistesgegenwärtig wies er auf den Tourismusmanager für Mazedonien als Zeugen für den ganzen Vorgang hin, den unsere kleine Gruppe in der Bar kennen gelernt hatte. Anschließend wurde der Umzug mit zwei Kleinwagen generalstabsmäßig organisiert. Aufgeschreckt kam prompt ein Fax des Reisebüros an die Bar zurück, in dem die Rückerstattung des ganzen Betrages bestätigt wurde. So stand einer wunderbaren Yoga-Woche, die wohl keiner von uns vergessen wird, nichts mehr im Wege. Beeindruckend war für mich dabei, wie schnell es den Menschen, die über eine relativ ausgeprägte Kopfdominanz verfügen, gelang, die anderen zu beruhigen und ihnen klarzumachen, dass alles kein Problem sei und man natürlich eine Lösung finden werde. Die Überzeugungskraft oder auch Überredungskunst gehört zu den Stärken der Kopfenergie, die man eben im positiven und im negativen Sinn einsetzen kann.

Besonders beeindruckend finde ich die Geschichte von Viktor Frankl, dem jüdischen Wiener Arzt, der mit seiner ganzen Familie ins KZ gebracht wurde und dort unvorstellbarer Grausamkeit und schrecklichen Erlebnissen ausgesetzt war. Er war der Einzige aus der Familie, der überlebte. Später begründete er eine neue Richtung in der Psychologie, die er Logotherapie nannte. Diese Therapie beschäftigt sich mit dem Sinn, dem Sinnhaften in allem, was uns widerfährt. Wie er selbst erzählte, hörte er auch unter den schlimmsten Umständen nie ganz auf nachzudenken, zu analysieren, zu verstehen oder sich einfach nur an Gedichte zu erinnern. Nur so konnte er vermeiden, nicht in Verzweiflung und Hoffnungslosigkeit zu verfallen. Ähnliches wird auch von dem evangelischen Pfarrer Dietrich Bonhoeffer berichtet, der während seiner ganzen KZ-Haft beeindruckende Texte schrieb und anderen Menschen mit Rat und Trost zur Seite stand. Wenige Tage vor Kriegsende wurde er ermordet, und angesichts des bevorstehenden Todes war er noch in der Lage, die nachfolgenden Zeilen zu formulieren: »Von guten

Mächten wunderbar geborgen, erwarten wir getrost, was kommen mag. Gott ist bei uns am Abend und am Morgen und ganz gewiss an jedem neuen Tag.«

Obwohl die Kopfdominanz in unserer Welt sehr geschätzt wird, haben es Kopfmenschen nicht immer leicht. Da der »kluge Mann vorbaut«, wie der Volksmund sagt, baut er auch vor sich Barrieren auf, die oft nur schwer zu durchdringen sind. Diese Menschen sind oft von Zweifeln geplagt, und ihre Selbstgespräche führen zu keinem Ergebnis. Die Zielstrebigkeit und Klarheit, die der Kopfmensch liebt, gehen dann völlig verloren, und Entscheidungen zu treffen wird für ihn zur Qual.

Dies gilt auch für eine Patientin, die mir in der ersten Stunde eigentlich nur erzählte, wie gut alles bei ihr lief. Äußerlich machte sie auch durchaus diesen Eindruck. Als promovierte Betriebswirtschaftlerin hatte sie einen sehr guten Job bei einer großen Bank, und ihre Partnerschaft schien auch sehr harmonisch zu sein. Auf meine Frage, warum sie eigentlich zu mir komme, antwortete sie: »Es ist eigentlich nur mein Kopf, der mir Probleme macht. Ich kann kaum mehr abschalten, meine Gedanken drehen sich ständig im Kreis. Ich weiß auch nicht, was eigentlich mit mir los ist, denn normalerweise kann ich mich gut konzentrieren und abschalten. Jetzt kann ich kaum noch schlafen, und auch meine Arbeit leidet unter diesem inneren Gedankenkarussell.« Ich bat sie, mir zu beschreiben, worum ihre Gedanken kreisten. Das sei einmal ihre allein lebende Mutter, um die sie sich Sorgen mache. Immer wieder gingen ihr diese Gedanken durch den Kopf, ob sie ihre Mutter in ein Wohnstift in ihrer Nähe holen sollte, obwohl die Mutter noch sehr gut im eigenen Haus lebte. In der Bank hatte man ihr einen tollen neuen Posten angeboten, und ihr Partner wünschte sich Kinder. Sie berichtete recht emotionslos, dass sie die einzelnen Themen bereits ausgiebig durchdacht, aber keine klare Antwort gefunden habe. Einmal war es die Karriere, die ihr als erstrebenswert erschien, an einem anderen Tag Familie und Kinder. Einmal dachte sie, es wäre gut, die Mutter in der Nähe zu haben, ein anderes Mal fand sie die Vorstellung schrecklich.

Ich bat sie, all ihre Themen und Probleme einzeln auf Zettel zu schreiben, die sie dann auf dem Boden auslegen sollte. In deren Mitte lag der Zettel »kreisende Gedanken«. Darum herum gruppierte sie die anderen mit der Aufschrift »Mutter«, »Ehemann«, »Kinderwunsch« und mit weiteren, eher unwichtigen Themen. Als sie die ausgelegten Zettel betrachtete, bestätigte sie die Richtigkeit der Reihenfolge. Wir vereinbarten für die nächste Stunde eine Musikreise, um vielleicht ihren unbewussten Wünschen mehr auf die Spur zu kommen. Schon nach kurzer Zeit tauchte – ausgelöst durch die Musik – in ihrem Inneren das Bild der Mutter auf, die ganz offensichtlich im Sterben lag. Erschreckt sagte sie zu ihr: »Nein, Mama, du darfst nicht sterben, bitte, bitte, du darfst nicht sterben.« Auf meine Nachfrage beschrieb sie die Mutter als völlig ruhig und gelassen. Die Mutter sagte zu ihr: »Nein, mein Kind, du musst mich loslassen. Das ist mein Weg.« Meine Klientin begann zu weinen und war nicht mehr in der Lage, weiter Musik zu hören. Nachdem sie sich etwas beruhigt hatte, erzählte sie mir, dass dieses verzweifelte Gefühl, das dieses Bild bei ihr ausgelöst hatte, eine Erinnerung an das Weggehen des geliebten Vaters heraufbeschworen habe. Damals war sie acht Jahre alt gewesen. Sie hatte geglaubt, sie würde es nicht überleben, als der Vater die Familie verließ und sie ihn lange Zeit nicht wiedersehen sollte. Es war ein solches Gefühl von Verlassenheit und Ohnmacht, dass sie sich wohl damals geschworen hatte, dieses Gefühl nie wieder zu erleben. Sie war immer schon ein kluges Mädchen gewesen, aber jetzt, um den Schmerz zu verdrängen, stürzte sie sich in ihre schulischen Pflichten und wurde eine Musterschülerin. Sie nahm ihr Leben in die Hand, ließ sich auf keine unkontrollierbaren Abenteuer ein und war mit sich sehr zufrieden. Ihre Promotion schloss sie mit einer Eins ab und wurde die Beste ihres Jahrgangs in ihrem Bundesland. Ihre natürlich vorhandene Kopfdominanz, die sie weiterentwickelt hatte, entpuppte sich als sehr verlässlich, bis zu dem Moment, als die vielen Entscheidungen auf sie zukamen. Jetzt sollte der arme Kopf, der bisher brav seine Aufgaben erfüllt hatte, entscheiden, ob ein Kind angesagt war oder nicht und ob es besser war, die Mutter in der Nähe zu haben oder nicht. Zu dieser Entscheidung brauchte sie ihr Gefühl, aber das gerade erschien ihr gefährlich. Nie mehr wollte sie so leiden wie in ihrer Kindheit.

In den folgenden Stunden erlebte sie noch sehr oft diesen tiefen Schmerz. Aber gleichzeitig wurde ihr bewusst, dass sie auch die Möglichkeiten hatte, damit umzugehen. Am Ende spürte sie sich selbst sehr klar. Sie wusste jetzt auch, dass der Kinderwunsch erst ein wirklicher Herzenswunsch werden musste. Sie führte einige Gespräche mit ihrer Mutter, berichtete ihr von den gemachten Erfahrungen und von der Ambivalenz und Angst, sie zu verlieren. Die Mutter verstand das sehr gut und gab ihr das Gefühl, dass sie im Moment noch sehr gut für sich selbst sorgen könne. Sie sagte ihr, dass sie sich im Haus sehr wohl fühle und es keinerlei Handlungsbedarf gebe. Die Themen waren zwar dieselben geblieben, aber sie konnte sie jetzt mit anderen Augen sehen. Sie fühlte sich sicherer und war voller Vertrauen, dass sie das Richtige tun würde. In unserer letzten Therapiestunde sagte sie lächelnd, dass sie jetzt sich und ihren Partner in die Mitte des Kreises legen würde, wenn ich sie noch einmal um eine »Familienaufstellung auf dem Papier« bitten würde. Nachdem sie in der Zwischenzeit einen Meditationskurs besucht hatte und daher einige Techniken beherrschte, mit denen sie die unruhige »Affenherde« im Kopf zur Ruhe bringen konnte, ließ ich sie guten Gewissens gehen. Nach einiger Zeit erhielt ich eine Karte, auf der sie mir mitteilte, dass sie schwanger sei und dass sie und ihr Partner sich beide sehr auf ihr Baby freuten.

Die Kopfkontrolle und ihr Verlust spielen auch bei Suchtproblemen eine dominante Rolle. Bei der Magersucht ist es nicht selten die Unfähigkeit, die eigenen Gefühle von Wut und Ärger auszudrücken oder sie wenigstens zu kontrollieren, was dazu führt, dass man dann extreme Kontrolle über sein Essverhalten ausübt. Auch die Raucher, die zum wiederholten Male beschließen, nicht mehr zu rauchen, kennen dieses Gefühl der totalen Machtlosigkeit, wenn sie den »Suchtdruck« spüren. Der Körper wird bei vielen Menschen mit Suchterkrankungen zum Feind, den man bekämpft, anstatt mit ihm friedlich zusammenzuleben. Vor allem Frauen mit Kopfdominanz geraten häufig in einen Kampf zwischen Kopf und Bauch und damit in die Falle der Essstörung. Deutlicher als der Mann erlebt die Frau durch den weiblichen Zyklus den bezwingenden Rhythmus des Körpers. Diesen Vorgang kann sie zwar durch die Pille steuern, aber nicht bis ins Letzte kontrollieren. Der Bauch wird in dieser Zeit etwas runder, sie spürt Spannung in den Brüsten oder hat Kopfschmerzen und ist nicht in der Lage, so zu funktionieren wie sonst. Auch ihre Stimmungsschwankungen hat sie nicht »im Griff«. Die Abwehr gegen diese körperlichen Veränderungen, vor allem gegen den etwas weicheren und runderen Bauch, kann nicht nur zu einer rigiden Kontrolle des Essverhaltens bzw. zur Essbrechsucht führen, die auf Dauer verheerende Auswirkungen auf die Gesundheit hat.

Diesen dramatischen Kampf habe ich bei einer schwangeren Frau miterlebt, die über viele Jahre unter Bulimie litt. Während der Bauch langsam ein wenig dicker wurde, wuchs auch das Bedürfnis nach Kontrolle. Trotz aller Mahnungen der Frauenärztin aß sie nur das Nötigste und erbrach immer wieder. Sie entwickelte täglich Horrorszenarien in ihrem Kopf, bis schließlich wie durch ein Wunder die Wende eintrat. Das Wunder war das Baby in ihrem Bauch, das sich plötzlich durch einen heftigen Tritt oder einen Boxschlag bemerkbar machte. Diese Bewegung war so heftig, dass der jungen Frau regelrecht die Luft wegblieb. Plötzlich realisierte sie ein eigenständiges Wesen in ihrem Bauch, mit dem sie nach einigen Tagen Mitgefühl entwickelte. Das Erbrechen hörte schlagartig auf, und sie brachte schließlich einen Jungen zur Welt, der sich, gemessen an der zarten Figur der Mutter, als sehr kräftig und lebenstüchtig erwies. Als ich sie nach der Geburt wiedersah, spürte ich deutlich mehr Herz- und Bauchenergie als in all den Jahren vorher.

Die Heilung der Angst

Sprichwörtliche Aussagen wie »den Kopf verlieren« oder »kopflos« herumlaufen, zeigen bereits die Angst, mit der sich der Kopfmensch auseinander setzen muss. Da man mit dem Kopf auch die »Nerven verliert«, ist gleich der ganze Überblick dahin, den man gewohnt ist von oben zu haben. Worauf soll man sich dann noch verlassen? Den Kopf zu verlieren, könnte bedeuten, seinen Trieben oder Gefühlen ausgeliefert zu sein, von ihnen überwältigt zu werden. Deshalb verdrängt der Kopfmensch sie, spaltet sie ab und bekämpft sie im Außen. Kontrolle und die Distanz geben ihm Sicherheit. So kommt ihm keiner mehr zu nahe und verletzt ihn womöglich. Vielleicht müsste er auch ein Stück »vom hohen Ross« steigen und sehen, dass wir trotz aller Kultur doch natürliche Wesen sind, die einander näher verbunden sind, als man als Individuum einsehen möchte. Vor den unberechenbaren Seiten seiner eigenen Natur hat er genauso viel Angst wie vor der der anderen. Deshalb rüstet er sich sicherheitshalber gut dagegen. Vision Quest, eine neue Form der Therapie-Erfahrung, bei der man sich tagelang allein in der Natur aufhalten muss, ohne Uhr, ohne Radio und Bücher, ist für den Kopfmenschen in der Regel eine beängstigende Vorstellung. Da unsere Ängste entweder aus der persönlichen oder der kollektiven Erfahrung von Verletzung oder Versagen herkommen, kann man davon ausgehen, dass der Machtverlust, der mit dem Kontrollverlust verbunden ist, eine tief sitzende Erfahrung des Kopfmenschen bedeutet. Diese Erfahrungen bringen wir entweder in unserer Matrix mit ins Leben und/oder wir erleben sie in unserer Kindheit (wieder). Fragen wir nicht nach dem »Warum«, sondern nach dem »Wozu«, erkennen wir schnell, dass wir an diesen Herausforderungen wachsen können. Da, wo die Angst ist, da geht es lang, sagen die Weisen, dort besteht die Möglichkeit zur Entwicklung.

Kontrolle loslassen, sich einlassen und sich seinen eigenen

gefährlichen Schattenseiten stellen, das ist die Zauberformel. Ralph Waldo Emerson schreibt in seinem Buch »Natur«, dass für den Menschen, der stark vom Kopf dominiert wird, die Einsamkeit eine heilsame Erfahrung ist. Das scheint paradox, denn Alleinsein kann der Kopfmensch. Es geht aber um eine Einsamkeit ohne Bücher, ohne Gedanken, ohne jede Ablenkung, nur – so sagt Emerson – dem gewaltigen Sternenhimmel ausgesetzt. So findet er zu dieser tiefen Verbindung mit allem, die der Kopfmensch theoretisch durchdringt, aber so selten wirklich erlebt.

Kopfdominanz mit Herz und Bauch in Einklang bringen

Die Sufis sagen: »Gott gibt uns alles, nur zwei Dinge müssen wir ihm zurückgeben: Dienstbereitschaft und Gehorsam.« Mit unserem Gehirn und der Fähigkeit zu denken, zu analysieren, zu erkennen, zu planen usw. haben wir ein enormes Gottesgeschenk erhalten, mit dem wir aus unserer Welt einen paradiesischen Garten machen könnten. Aber dafür muss der Kopf, unser Intellekt und unser Bewusstsein, lernen zu dienen und zu gehorchen. Dienen muss der Verstand dem Wohl des Ganzen, dem Wohl der ganzen Menschheit und nicht nur den kleinen egoistischen Zielen nach immer mehr Wissen, Geld und Macht. Dienen und gehorchen muss er auch der Natur und ihren Bedürfnissen, damit sie nicht erstickt in unserem Müll und unseren Abgasen. Der Verstand muss sich die Frage stellen, wem es dient, zum Beispiel Tiere nur noch als Ware zu betrachten. Wenn die Antwort lautet: dem immer größeren Wohlstand eines kleinen Teils der Welt, dann weiß der Mensch zumindest, dass er an der falschen Stelle dient.

Auch im persönlichen Leben muss der Intellekt dem Ganzen dienen. Er kann die Rahmenbedingungen schaffen, dass die Grundbedürfnisse befriedigt werden und ein gutes Miteinander möglich ist. Aber er darf nicht nur einem Aspekt des Menschen dienen, seiner Habgier und seinem Geltungsbedürfnis, der ihn schließlich selbst zerstört. Gehorcht der Verstand nur diesem Teil, lässt er sich missbrauchen und erfüllt nicht seinen Auftrag, zur Höherentwicklung des Menschen beizutragen.

Basisübung

– Setzen Sie sich aufrecht hin, die Füße stehen nebeneinander auf dem Boden, die Hände liegen auf den Oberschenkeln.

– Lenken Sie die Aufmerksamkeit auf den Atem, atmen Sie tief und gleichmäßig und entspannen Sie sich mit dem Ausatmen tiefer und tiefer.

– Stellen Sie sich vor Ihrem inneren Auge die Zahl 3 vor und projizieren Sie diese Zahl in Ihren Kopf. Stellen Sie sich die Zahl 2 vor und lassen Sie diese Zahl im Herzbereich erscheinen. Die Zahl 1 stellen Sie sich im Bauchbereich vor.

– Lenken Sie die Aufmerksamkeit auf Ihren Scheitel und stellen Sie sich dort die Zahl 10 vor, gehen Sie im Körper weiter nach unten, während Sie langsam zurückzählen bis zur Zahl 1. Jetzt sind Sie am untersten Punkt Ihres Rumpfes angelangt. Dabei haben Sie sich tiefer entspannt.

– Visualisieren Sie einen Schalter, mit dem Sie ein warmes und angenehmes rotes Licht in Ihrem Bauch- und Beckenraum einschalten können. Wenn Ihnen die Farbe nicht angenehm ist, schalten Sie einfach nur die Energie im Bauch- und Beckenraum mit dem entsprechenden Schalter ein. Nehmen Sie wahr, wie verstärkt Kraft in diesem Bereich des Körpers fließt. Gehen Sie weiter in Ihren Herzraum.

– Visualisieren Sie einen Schalter, mit dem Sie ein angenehmes grünes Licht in Ihrem Herzraum einschalten können. Wenn Ihnen die Farbe nicht angenehm ist, schalten Sie einfach nur die Energie im Herzraum mit dem entsprechenden Schalter ein. Nehmen Sie wahr, wie verstärkt Kraft in diesem Bereich des Körpers fließt. Gehen Sie weiter nach oben in den Kopf. Sie sollten sich den Schalter immer an der gleichen Stelle vorstellen, damit Sie ihn sofort finden, wenn Sie sich einen schnellen Zugang zur Kopfenergie wünschen.

– Stellen Sie sich im Kopf ein kühles Blau vor und spüren Sie die Kopfenergie als angenehm beruhigend und klar.

– Bitten Sie dort, wo Sie einen Energiemangel feststellen oder wo es Ihnen schwerfällt, den »Schalter« zu finden, um eine Botschaft, was Sie für diesen Bereich tun können. Achten Sie auf alle Signale, es können Bilder, Worte, Erinnerungen, Töne oder Farben sein, die in verschlüsselter Weise die entsprechende Nachricht enthalten (im Kapitel »Was Sie zum Umgang mit diesem Buch wissen müssen« finden Sie Näheres dazu).

– Jetzt sind alle drei Bereiche aktiv: Kopf, Herz und Bauch. Sie können Ihr volles Energiepotenzial nutzen. Bleiben Sie, solange es Ihnen angenehm ist, bei dieser Vorstellung.

– Beenden Sie die Übung, indem Sie langsam von 1 bis 10 zählen und von unten wieder nach oben kommen.

– Am Ende lassen Sie noch einmal die 3 im Kopf, die 2 im Herzen und die 1 im Bauch auftauchen.

– Strecken und dehnen Sie sich und spüren Sie einen Moment nach, wie Sie sich fühlen.

Einige Beispiele, wann Sie diese Basisübung durchführen sollten:
– wenn Sie Probleme mit Vorgesetzten, Kollegen, Freunden oder Partner bzw. Partnerin haben und mit Gesprächen, Erklärungen etc. nicht weiterkommen.
– wenn Sie sich nicht wohl fühlen, überanstrengt und gestresst sind.
– wenn Sie das Gefühl haben, nur noch zu funktionieren.
– wenn Sie unter Ängsten leiden und sich nicht von belastenden Gedanken lösen können.

Den Bauchanteil stärken

Übung: Lösen von Engpass-Stellen im Beckenraum

– Legen Sie sich auf den Bauch (wenn das nicht möglich ist, können Sie die Übung auch im Stehen durchführen), der Kopf liegt bequem entweder auf der Stirn oder seitlich, die Arme liegen neben dem Körper.
– Winkeln Sie das rechte Bein an, umfassen Sie den Fuß mit den Händen und ziehen Sie ihn so nah wie möglich an den Körper heran (wenn das nicht möglich ist, benutzen Sie ein Tuch oder ein Band, mit dessen Hilfe Sie den Fuß so weit als möglich heranziehen).
– Halten Sie den Fuß über mindestens 10 Atemzüge lang an den Körper herangedrückt und atmen Sie dabei tief in Ihr Becken hinein.
– Ausatmend legen Sie das Bein ab und wiederholen die Übung mit dem anderen Fuß.

— Abschließend führen Sie die Übung mit beiden Füßen gleichzeitig durch. Drücken Sie sie so nah wie möglich an das Gesäß heran.

— Strecken Sie dann beide Beine wieder aus und legen Sie den Kopf bequem auf die Hände. Lassen Sie sich ausreichend Zeit, um weiterhin tief zu atmen und die Berührung Ihres Bauchs mit dem Boden zu spüren.

Übung: Bewusstwerden des Atems

— Setzen oder legen Sie sich bequem hin. Lenken Sie Ihre Aufmerksamkeit auf den Atem. Lassen Sie den Atem langsamer und ruhiger werden.

— Nehmen Sie alle Gedanken, die kommen, einfach wahr, halten Sie sie nicht fest, denken Sie nicht darüber nach. Jeden Gedanken, der auftaucht, lassen Sie wieder gehen. Wiederstehen Sie dabei der Versuchung, zu dösen oder sich vom Fluss der Gedanken forttragen zu lassen.

— Sobald der Gedankenfluss etwas zur Ruhe gekommen ist, bleiben Sie mit Ihrer Aufmerksamkeit beim Atem. Nehmen Sie nur noch das Ein- und Ausatmen wahr. Sprechen Sie in Ihrem Inneren beim Einatmen »Ein« und beim Ausatmen »Aus«. Seien Sie nur noch das Einatmen und das Ausatmen. Stellen Sie sich vor, Sie sind ein Einzeller, der nur aus Ein- und Ausatmen besteht und bei dem es keine andere Bewegung gibt.

— Bleiben Sie solange es Ihnen möglich ist in dieser entspannenden Körpererfahrung, bevor Sie die Übung mit einem tiefen Einatmen beenden.

— Strecken und dehnen Sie sich und spüren Sie nach, wie Sie sich fühlen.

Vielleicht möchten Sie sich vorher ein Blatt Papier und

einen Stift zurechtlegen, um auftauchende Gedanken, die Sie nicht loslassen können, kurz aufzuschreiben. Sie können dann später darauf zurückkommen und sich so leichter wieder der Atembeobachtung widmen.

Den Herzanteil stärken

Übung: Demütige Haltung

Diese Yogastellung wird auch als »Haltung des Kindes« bezeichnet, weil wir durch sie die Bereitschaft entwickeln können, uns vertrauensvoll wie ein Kind der Erde zu überlassen, loszulassen von allen Gedanken und Vorstellungen und ganz mit uns eins zu sein.

- Kommen Sie in den Kniestand und lassen Sie die Fersen etwas auseinanderfallen, so dass sie eine Art Schale bilden. Setzen Sie sich dann auf Ihre Füße und richten Sie den Rücken gerade auf.
- Beugen Sie sich ausatmend nach vorne, bis Ihre Stirn den Boden berührt. Die Arme liegen nahe am Körper, die Hände zeigen zu den Füßen, die Handflächen nach oben. Sollte Ihnen diese Haltung unangenehm sein, legen Sie die Fäuste unter die Stirn.
- Atmen Sie tief und regelmäßig und lassen Sie sich vom Atem bewegen.

Sie können diese Übung mit einer Affirmation, also einer positiven Selbstbestätigung unterstützen wie etwa: »Ich lasse los von meinen Gedanken und Vorstellungen und überlasse mich dem Fluss des Lebens.«

Übung: Mitgefühlmeditation

— Setzen oder legen Sie sich bequem hin, schließen Sie die Augen und lenken Sie Ihre Aufmerksamkeit in Ihr Herz.

— Atmen Sie langsam und gleichmäßig und lassen Sie Ihren Herzraum weiter und weiter werden.

— Lassen Sie in diesem Raum das kleine Mädchen oder den kleinen Jungen erscheinen, das oder der Sie einmal waren.

— Nennen Sie sich innerlich beim Vornamen und sagen Sie diesen Namen so liebevoll wie möglich.

— Erinnern Sie sich daran, wie Sie den Namen als kleines Kind empfunden haben. Erinnern Sie sich, wie Ihre Mutter oder Ihr Vater diesen Namen ausgesprochen hat.

— Erinnern Sie sich jetzt, wie ein geliebter Mensch diesen Namen ausspricht oder ihn ausgesprochen hat.

— Sprechen Sie sich innerlich oder, wenn Sie mögen, auch laut mit dem Vornamen an und sagen Sie sich selbst, dass Sie sich gern haben, mögen oder lieben. Finden Sie die Formulierung, die Ihnen im Moment am meisten entspricht.

— Wenn das Kind fröhlich ist, freuen Sie sich mit ihm. Wenn es traurig und einsam ist, entwickeln Sie Mitgefühl und teilen Sie das Ihrem inneren Kind mit. Nehmen Sie es vielleicht sogar in den Arm.

— Bleiben Sie, solange es Ihnen angenehm ist, verabschieden Sie sich und kommen Sie in die Alltagsrealität zurück.

— Öffnen Sie die Augen und atmen Sie ein paar Mal tief durch.

Musik

Musik ist ein ideales Medium, um den Kopf zu entspannen.

– Singen Sie so oft wie möglich, holen Sie alte Kinderlieder aus Ihrem Gedächtnis hervor; sie sind meistens auch mit Gefühlen verbunden und können Ihnen helfen, Ihr Herz zu spüren.

– Wählen Sie auch einmal Musik, die Sie normalerweise als zu emotional abtun würden.

– Hören Sie Musik, die Ihnen sehr vertraut ist, einmal anders: mit dem Bauch, indem Sie sich von der Musik in Bewegung bringen lassen; mit dem Herzen, indem Sie sich ganz auf Ihre Gefühle konzentrieren.

– Die Musikinstrumente, die dem Kopfbereich entsprechen, sind Blasinstrumente, die ebenfalls wie die anderen Instrumente aber immer auch die Verbindung zum anderen Bereich herstellen. Besonders deutlich ist das bei der Oboe, die ganz offensichtlich auch das Herz berührt.

Meine Empfehlung

Antonín Dvořák: Sinfonie aus der Neuen Welt (besonders der zweite Satz).

Der Böhme Dvořák wurde 1841 in einem kleinen Städtchen am Moldauufer geboren. Frühzeitig zog es ihn zur Musik, ein entsprechendes Studium war ihm aber nicht möglich. Nach eigenen Worten ging er »bei den Vögeln, den Blumen, bei Gott und bei mir selbst« in die Lehre. Von der Musik seiner tschechischen Landsleute und von der böhmischen Volkskunst ließ er sich zeitlebens inspirieren. 1892 ging Dvořák nach Nordamerika, um die Leitung des größten New Yorker Konservatoriums zu übernehmen. Er war von Amerika begeistert, litt aber gleichzeitig sehr stark unter Heimweh. In dieser Zeit entstand die »Sinfonie aus der Neuen Welt«. Vor allem im zweiten Satz spürt man das Sehnen nach seiner Heimat, die er im folgenden Satz aufleben lässt. Dvořák starb 1904 in Prag.

Johann Sebastian Bach: Matthäuspassion, vor allem der erste Teil.
Mit Bach (geboren 1685 im thüringischen Eisenach) begann die Blütezeit der mitteleuropäischen Musik, die bis ins 19. Jahrhundert dauerte. Seine Musik verkörpert in besonderer Weise die Verbindung von mathematisch strenger Struktur und Auflösung der Struktur hinein in eine besondere Form der Geistigkeit. Er widmete seine Musik dem höchsten Schöpfer und nahm sein schwieriges und auch durch den Tod seiner Ehefrau und seiner Kinder leidvolles Leben mit großer Stärke und Akzeptanz als sein Schicksal an. Sein Genie wurde zu seinen Lebzeiten nur von wenigen wirklich erkannt. Wir verdanken es Mendelssohn, der ihn wiederentdeckte, dass wir heute so vieles von diesem großen Meister hören können. Bach starb 1750 und hinterließ begabte Musikersöhne und ein großes Lebenswerk.

Tipps für den Alltag und Schlüsselfragen

Beachten Sie dies im Alltag:
- Legen Sie Arbeitspausen ein und widmen Sie diese Zeit Ihrem Körper. Lenken Sie die Aufmerksamkeit auf den Atem und lassen Sie ihn ins Herz und in den Bauch fließen.
- Nehmen Sie so oft wie möglich mit all Ihren Sinnen wahr,

riechen Sie an jeder Rose, berühren Sie einen Baum oder schmecken Sie bewusst einen Apfel.

- Suchen Sie die Nähe von Herzmenschen, die menschen- oder tierlieb sind.
- Lernen Sie, auch Ihrem spirituellen Teil einen Platz ein- zuräumen, hören Sie auf Ihre innere Stimme und folgen Sie ihr öfter einmal.
- Üben Sie, öfter mal den »Balken im eigenen Auge« zu er- kennen, bevor Sie den Splitter im Auge der anderen sehen, werten Sie weniger und konzentrieren Sie sich mehr auf das Schöne und Liebenswerte und weniger auf das Un- vollkommene.

Folgende Schlüsselfragen helfen Ihnen weiter:
- Können Sie gut planen und strategisch denken?
- Zeigen Sie wenig von Ihrer emotionalen Befindlichkeit und werden Sie deshalb von anderen eher als kühl oder zurückhaltend eingeschätzt?
- Sind Sie sehr kritisch und erkennen schnell die Fehler und Schwächen anderer?
- Können Sie sich geschickt aus Situationen herausmanöv- rieren, weil Sie zum Beispiel gut reden können?
- Ist es Ihnen wichtig, die Kontrolle und damit auch die Macht zu behalten, zum Beispiel aus Unsicherheit oder aus Angst vor der Ohnmacht?
- Fällt es Ihnen leicht, Prioritäten zu setzen?
- Bilden Sie sich gern Ihr eigenes Urteil?

Mythos Herz

Himmelhoch jauchzend, zum Tode betrübt;
Glücklich allein ist die Seele, die liebt.

Goethe, Egmont

Das Herz auf körperlicher und psychosomatischer Ebene

Das Herz auf körperlicher Ebene

Das Herz ist etwa so groß wie die eigene Faust und liegt zu zwei Dritteln auf der linken Seite der Brustmittellinie. Umhüllt vom Herzbeutel, ist es vollständig von den Lungenflügeln eingefasst und ruht auf dem Zwerchfell. Linke und rechte Herzseite sind durch eine Scheidewand getrennt, auf jeder Seite gibt es einen Vorhof als Empfangsstation für die Blutaufnahme und eine dahinter liegende Kammer. Aus der rechten Herzhälfte wird das Blut zur Lunge transportiert, wo es mit frischem Sauerstoff angereichert wird, bevor es in die linke Herzhälfte zurückkehrt. Von hier aus wird das mit Nährstoffen und Sauerstoff beladene Blut im ganzen Körper verteilt. Das verbrauchte Blut wird dann wieder zurücktransportiert zur rechten Herzhälfte. Der Herzschlag entsteht durch das abrupte Zusammenziehen der Herzkammermus-

Die Herzenergie im Überblick

Ein Mensch mit Herzdominanz

- nimmt die Welt gefühlsmäßig wahr.
- kann das Wesentliche gefühlsmäßig erfassen.
- erlebt das Wahrgenommene als Lust oder Unlust, als angenehm oder unangenehm.
- handelt oft spontan aus einem subjektiven Gefühl heraus, kann es aber nicht begründen.
- neigt zur Irrationalität und Subjektivität.
- hat die Fähigkeit, überall Verbindungen zu schaffen.
- ist offen und empfänglich.
- ist fähig mitzuempfinden.
- kann sich gut in andere hineinversetzen und sie verstehen.
- ist abhängig von der Resonanz von außen.
- gerät dadurch in Gefahr, beeinflusst zu werden.
- neigt zur gefühlsmäßigen Manipulation, wenn er sich schwach fühlt.
- ist sehr anpassungsfähig.
- sucht und schafft Harmonie.
- ist immer in Gefahr, beeinflusst zu werden (vor allem, wenn er »everybody's darling« sein will).
- kann sich schwer abgrenzen und Nein sagen.
- neigt dazu, wenn er sich schwach fühlt, andere zu manipulieren.
- hat ein Bedürfnis nach seelischer Nähe.
- fürchtet sich vor der Einsamkeit.

Natürlich müssen nicht alle diese Punkte zutreffen, manchmal sind es sogar nur zwei oder drei der aufgeführten Eigenschaften oder Verhaltensweisen, die aber dafür oft sehr ausgeprägt sind.

kulatur, wodurch das Blut aus dem Herzen herausgepresst wird. Vier starke und strapazierfähige Herzklappen zwischen Vorhöfen und Kammern sowie zwischen den Kammern und den großen Schlagadern sorgen dafür, dass das Blut in die richtige Richtung transportiert wird.

Das Herz ist das Zentrum des Blutkreislaufes, einem Netz von Blutgefäßen, durch das das Blut kreist. Mit Hilfe der Gefäße wird jede Körperzelle mit dem versorgt, was sie benötigt: Sauerstoff, Hormonen, der Körperabwehr dienenden Substanzen und den Bausteinen der Nahrung. Auf dem gleichen Weg werden auch Stoffwechselschlacken und Kohlendioxid abtransportiert.

Das Blut selbst besteht aus dem flüssig durchscheinenden Blutplasma und den Blutkörperchen, wobei jeder Tropfen Blut etwa 250 Millionen Blutkörperchen enthält. Den Großteil davon stellen die roten Blutkörperchen, einen kleineren Teil machen die Blutplättchen und die weißen Blutkörperchen aus, die der Körperabwehr dienen.

Das Herz auf psychosomatischer Ebene

Viele Sprichwörter weisen auf die große Bedeutung hin, die wir dem Herzen auf seelischer Ebene zumessen: »Das Herz am rechten Fleck haben« weist uns als mitfühlend aus, während wir uns als Angsthasen zeigen, wenn uns »das Herz in die Hosen fällt«. In Extremsituationen kann das Herz »bis zum Hals schlagen« oder »vor Schreck stillstehen«. Schon die Erwartung eines freudigen Geschehens kann unser Herz »höher schlagen« oder »vor Freude fast zerspringen« lassen. »Mit ganzem Herzen bei der Sache zu sein« oder jemandem »von ganzem Herzen« Glück zu wünschen, meint, dass wir es aus ganzer Überzeugung tun und nicht »halbherzig«. Der durch das »gebrochene Herz« ausgelöste Herzschmerz zeigt die Verletzbarkeit des Herzens. Herzprobleme haben nach meiner Erfahrung immer mit seelischen Verletzungen, Kummer, Angst, Trauer oder innerem Druck zu tun, wie er durch Dauerstress ausgelöst wird. »Das Herz will der König sein.« Diese Botschaft hatte der ehrgeizige junge amerikanische Arzt Alexander Lowen nach einem Herzinfarkt von seinem Herzen erhalten. Er nahm sie ernst, veränderte sein Leben, und anstatt nur noch wie ein Roboter zu arbeiten, baute er viele seiner Verpflichtungen ab und widmete sich der Frage, was seine wirkliche Aufgabe in dieser Welt sei. Von seiner eigenen Erfahrung motiviert, suchte er danach, was die Lebenskraft blockiert und behindert und unser Herz immer mehr einengt. So entwickelte er schließlich seine Körper-Psychotherapie, die Bioenergetik.

Den Zusammenhang zwischen unterdrückten und geleugneten Gefühlen mit entsprechenden Krankheiten beschreibt neben der psychosomatischen Medizin auch die Psychoneuroimmunologie, die sich mit dem Zusammenwirken von Psyche, Nervensystem und Immunsystem beschäftigt. Zu den immunschwächenden Gefühlen gehören Wut, Ärger, Zorn und Trauer, vor allem dann, wenn sie nicht ausgedrückt werden können. Abhängigkeitsgefühle, das Bedürfnis nach Selbstaufopferung sowie eine innere Haltung, die das Neinsagen verbietet, auch wenn es zur Selbstzerstörung führt, finden sich ebenfalls weit oben auf der Liste der krankmachenden Faktoren.

Herzgefühle als Powermix für das Immunsystem

Dagegen wirkt die Liebe in all ihren Facetten enorm immunstärkend. Verliebte Menschen haben mehr Endorphine (Neuropeptide), ein so genanntes körpereigenes Morphium. Der

Körper bildet eine opiumähnliche Substanz, die Schmerzen lindert und ein Wohlgefühl vermittelt. Sie hemmt an den Synapsen der zuleitenden Nervenfasern die Weiterleitung der schmerzvermittelnden Impulse. Das Limbische System spielt hierbei eine Schlüsselrolle, es ist Zentrum der Gefühle, Bindeglied – zusammen mit der Hypophyse – zwischen Körper und Geist. Von hier aus werden Äußerungen der Psyche durch Nerven und Hormone an die Organe übertragen. Limbus heißt Saum. Wie ein Saum umgibt das Limbische System den Balken zwischen rechter und linker Großhirnhemisphäre. Es ist ein komplexes Gebilde aus mehreren Strukturen, die wichtigsten sind die Amygdala (Mandel) und der Hippocampus (Seepferdchen). Dieses Gebilde ist dem Hypothalamus übergeordnet, dessen Anhang wiederum die Hypophyse ist. Amygdala und Hippocampus sind auch an der Gewichtung der Gedächtnisinhalte beteiligt. Deshalb kann man sich zum Beispiel bei negativem Stress viel weniger merken. Stark gefühlsbetonte Inhalte bleiben aus diesem Grund mehr im Gedächtnis (Geruchssinn etwa geht direkt ins Limbische System, man könnte sich also positive Gerüche zunutze machen, um die Gedächtnisunterstützung zu aktivieren).

Kindliches Knochenwachstum reduziert sich bei ungeliebten Kindern. Bei einem Kind, das gestreichelt wird, so heißt es im Bericht der jährlichen Psychoneuroimmunologie-Tagung, erhöht sich das Knochenwachstum schneller. Diese liebevolle Zuwendung wird im Körper mittels chemischer Substanzen transportiert.

Wir haben ungefähr 60 bekannte Peptidmoleküle, zum Beispiel Interleukine, Endorphine und Interferone, die die Verbindung zwischen Körper und Geist herstellen. Durch diese Peptidmoleküle werden Gefühle zu etwas Chemischem und beeinflussen die Verbindung Körper–Geist–Seele. Diese Botenmoleküle transportieren Informationen und ermöglichen dem Menschen den Übergang einer Wahrnehmung, eines Gedankens oder eines Gefühls im Kopf zu Botschaften, die vom Gehirn weitergegeben werden zu Hormonsekreten und schließlich zu zellulären Vorgängen im Körper und dann in einer Feedbackschleife wieder zurück zu Geist und Gehirn. Im Hypothalamus liegt der Punkt, an dem sich Körper und Geist begegnen, dort gibt es dichte Ballungen von Rezeptoren, in die die Peptide passen wie ein Schlüssel ins Schloss. Weitere Ballungszentren sind die Innenwände im Darm und im Magen. Vielleicht nimmt man deshalb Gefühle dort besonders deutlich wahr.

Quantenphysiker wie David Bohm behaupten, dass wir uns atomar verändern, wenn wir bestimmte Gefühle erleben. Danach soll Angst die Elektronen beeinflussen, ja sogar durch die Elektronen ausgedrückt werden, während sich Liebe durch Photonen ausdrückt.

Besonders positiv reagiert unser Immunsystem auf Gedanken und innere Bilder, die es stärken. Diese heilende Wirkung der Imagination haben berühmte Ärzte wie C. O. Simonton, Bernie Siegel oder Jeanne Achterberg mit ihren langjährigen Forschungsarbeiten bewiesen. Ihnen ist es zu verdanken, dass sich diese Erkenntnisse auf breiter Basis durchgesetzt haben. Dr. Jeanne Achterberg, Professorin an der University of Texas (mit vielen Ehrentiteln), schreibt dazu: »Meine eigenen Patienten haben es mir immer wieder klar gemacht. Der Arzt ist allmächtig, wenn es um das Erzeugen von inneren Bildern geht. Völlig unabhängig von medizinischen Eingriffen kann er über Leben und Tod entscheiden, und es ist eigentlich überflüssig zu betonen, dass die Verantwortung hierfür nicht leichtgenommen werden darf.« Anschließend beschreibt sie verschiedene Beispiele von Menschen mit der Prognose »Sie haben noch drei Monate zu leben«. Während einige sich genau daran hielten, genasen andere, weil sie einen Therapeuten fanden, der ihren Lebensmut stärken konnte. Ich möchte nur auf das Beispiel Dr. Edward Bach verweisen, der, gerade 30-jährig und erfolgreich als Arzt tätig, die Diagnose erhalten hatte, dass ihm noch etwa drei Monate Lebenszeit verblieben. Aber er gab nicht auf. Beseelt durch seine Aufgabe, die er bis zum letzten Atemzug erfüllen wollte, beschloss er, seine Forschungsarbeiten vom Bett aus weiterzuführen. Er überlebte diese Krankheit nicht nur um 19 Jahre, sondern fand in dieser Zeit die Blüten, die heute als »Bach-Blüten« in der ganzen Welt bekannt sind.

Auf der anderen Seite habe ich selbst in der Praxis ein Beispiel erlebt, bei dem Gedanken und Gefühle genau die gegenteilige Wirkung erzielten. Eine Frau Mitte 40 kam begleitend zu ihrer Krebstherapie zu mir. Die Prognose war gut, der Arzt, der sie behandelte, sagte mir, dass es sich um keinen besonders aggressiven Tumor gehandelt habe und er sicher sei, dass die Krankheit besiegt sei. So sah es auch in den ersten zwei Jahren nach der Operation aus. Dennoch wurde sie die Angst nicht los, dass der Krebs wiederkehren könnte, und suchte verschiedene Therapeutinnen und Therapeuten auf, um sich immer wieder zu vergewissern. Als ihr ein Naturheilarzt sagte, er habe in ihrem Blut Mikrometastasen entdeckt, verfiel die attraktive und blühende Frau zusehends. Sie war jetzt noch weniger bereit, die notwendigen Veränderungsschritte in ihrem Leben zu tun, und sagte mir wörtlich: »Das kann ich nicht, da sterbe ich lieber.« Erst ganz am Ende ihres Lebens fing sie an zu kämpfen und zu erkennen, dass sie in Wirklichkeit leben wollte, aber nicht den Mut dazu gefunden hatte.

Obwohl der Schluss, positives Denken besiege Krebs, zu einfach wäre, ist doch die Chance, mit schweren Erkrankungen fertig zu werden, damit deutlich größer. Aber letztlich wissen wir nie, wie der innere Weg eines Menschen aussieht.

Abschließend möchte ich noch den großen Arzt Theophrastus Bombastus von Hohenheim, genannt Paracelsus, zitieren, der bereits vor 500 Jahren sagte: »Fürchtet ein Kranker, dass er bösen Einflüssen ausgesetzt ist, so kann er mit Hilfe von Bildern seinen Geist von allen Angriffen befreien und damit beruhigen. Eine Art unsichtbarer Schutzschirm entsteht, der es Krankheitskeimen unmöglich macht, sich einzunisten.«

Herzblut ist Lebenskraft

Ähnlich wie das Herz hat auch das Blut eine große symbolische Bedeutung. Blut zu verlieren, steht für den Verlust von Lebenskraft, aber auch für den Verlust der Individualität, die ebenfalls an das Blut gebunden zu sein scheint. Der Grund für diese Verbindung ist das Wissen, dass jeder Tropfen dieses kostbaren Lebenssafts alle wichtigen Informationen über den Menschen enthält und den Menschen unverwechselbar macht. Blutsbrüderschaft ist deshalb eine besonders intensive Art und Weise, sich mit jemand anderem zu verbinden.

Der Rhythmus, in dem das Herz das Blut durch den Körper pumpt, steht auch für unseren eigenen Lebensrhythmus, mit dem wir unser Leben gestalten. Störungen des Herzkreislaufsystems gehören vor allem in den Industrienationen zu den häufigsten Krankheits- und Todesursachen. Die Balance zwischen Anspannung und Entspannung, wie sie sich im Blutdruck spiegelt, wird nur noch schwer gefunden. Entweder sitzt der Mensch ständig auf einem inneren »Pulverfass«, wird bestimmt von Angst, Spannung und Leistungsdruck, oder er verdrängt seine vitalen Lebensimpulse, ist zaghaft, schwach und depressiv. Das Herz scheint eben nicht der König zu sein und muss sich vor allem den Vorgaben des Kopfes beugen, der alles für machbar und steuerbar hält.

Die Zweiteilung des Herzens, die zwei Kammern und Vorhöfe, die durch eine Herzscheidewand getrennt sind, stehen für Polarität, für Trennung von Subjekt und Objekt. Dieser Polarität sind wir ein Leben lang ausgesetzt, zwischen Schlaf und Wachen, Anspannung und Entspannung, Ja und Nein usw. In der Herzspitze sind diese beiden Seiten zusammengefasst. Sie repräsentiert damit die Zusammenfassung und Überwindung der Polarität, sie symbolisiert die Einheit.

Eng verbunden mit dem Herzen ist die Lunge, die sich ebenfalls im mittleren Brustbereich befindet. Zusammen mit dem Herzen bildet sie die Verbindung zwischen Bauch und Kopf. Deshalb möchte ich ganz kurz darauf eingehen, obwohl sie im strengen Sinn nicht zum Herzen, aber doch zum Herzbereich gehört.

Die Lunge auf körperlicher Ebene

Die Lunge befindet sich im Brustraum oberhalb des Zwerchfells. Zwei Lungenflügel umschließen das Herz, wobei der rechte aus drei Lungenlappen, der linke aus zwei besteht. Geschützt werden die Lungen von Rippen, Brustbein und

Wirbelsäule. Die Lungen bewegen das Zwerchfell und das Herz mit und sind mit der umgebenden Muskulatur und dabei besonders der Rippenmuskulatur verbunden. Beim Einatmen wölbt sich das Zwerchfell nach unten, die Rippen heben sich, und der Brustraum weitet sich. Auch der Gasaustausch und der Transport des sauerstoffreichen Blutes in den Körper und des kohlendioxidreichen Blutes aus dem Körper heraus findet in enger Verbindung von Lunge und Herz statt. Dabei wird der lebensnotwendige Sauerstoff über winzige Lungenbläschen ins Blut abgegeben. Von hier aus wird der Sauerstoff in die linke Herzkammer und weiter zu den Organen transportiert. Umgekehrt fließt sauerstoffarmes kohlendioxidhaltiges Blut aus der rechten Herzkammer in die Lunge. Das Zwerchfell erschlafft, die Rippen senken sich, der Brustkorb wird enger. Bei der damit verbundenen Ausatmung wird die mit Kohlendioxid angereicherte Luft nach außen abgegeben. Dieser Atemvorgang wiederholt sich durchschnittlich etwa 14-mal pro Minute. Bei jedem Atemzug wird durchschnittlich ein halber Liter Luft ein- oder ausgeatmet. Es ist wichtig, sich die enorme Leistung unseres Körpers vor Augen zu halten und sie vor allem wertzuschätzen.

Die Lunge auf psychosomatischer Ebene

Das zentrale Geschehen der Atmung ist ähnlich wie beim Herzen der Austausch, die Verbindung von Polaritäten, ein dauerndes Geben und Nehmen. Das Wort »Atem« ist dem indischen Sanskritwort »Atman« verwandt, das den göttlichen Kern im Menschen bezeichnet. Atem, Seele und Herz sind in allen Sprachen und Kulturen eng verwandt. Der Atem steht für die Verbindung zu Pflanzen, Tieren und Menschen, die alle die gleiche Luft atmen. Lungen- und Bronchienprobleme weisen immer auf Störungen in der Kommunikation oder zum Beispiel auf eine zu enge Verbindung mit einem anderen Menschen hin. Wie der Volksmund sagt, kann es sein, dass uns jemand »die Luft zum Atmen nimmt« oder »wir den anderen brauchen wie die Luft zum Atmen«. Wir gönnen uns zu wenig »Atempausen« und werden dadurch »atemlos«. Können wir uns nicht anders bemerkbar machen, unseren Ärger oder unsere Trauer nicht ausdrücken, »husten wir dem anderen etwas«.

Das Herz auf symbolischer Ebene

Wenn Sie ein kleines Kind fragen, wer die tolle Burg gebaut hat, wird es sagen: »Na, ich!« und dabei auf seine Brust bzw. auf sein Herz deuten. Das Herz gilt als Sitz des Ich genauso wie als Sitz der Seele. Die Griechen zum Beispiel gingen von einer sterblichen Seele aus, die ihren Sitz im Herzen, und einer unsterblichen, die ihren Sitz im Kopf hatte. Damit entspricht auch hier das Herz dem Zentrum der Gefühle und seelischen Empfindungen.

Wenn man sich fragt, warum das Herz für unser Gefühl steht, muss man sich nur an das Gefühl von Verliebtsein erinnern, an ekstatischen Liebeskummer oder an tiefe Trauer. Der Herzschmerz, dem so viele Gedichte und Lieder gewidmet sind, ist deutlich körperlich zu fühlen. Während die schnell entflammbare Wut im Bauch, in den Armen oder im Kopf wahrgenommen wird, spüren wir tiefer gehende Gefühle wie Liebe oder Trauer im Herzen. Und da kein Symbol in Kunst, Literatur oder Musik so häufig auftaucht wie das

Herz, zusammen mit den damit verbundenen Liebes- oder Schmerzgefühlen, scheint dieses Thema den Menschen sehr zu bewegen. Mit dem Herzen als Symbol lässt sich selbst in einer »coolen« Gesellschaft viel Geld verdienen, zum Beispiel in der Musikbranche, die Herz-Schmerz-Schnulzen am laufenden Band produziert. Am Mutter- oder Valentinstag erhöht das Herz-Symbol den Umsatz in der Süßigkeiten- und Blumenbranche, eingeritzt in Bäume und Bänke soll es noch nach Jahren an die große Liebe erinnern. In der U-Bahn zeigt es den Platz an, an dem sich ein Notfallgerät, der Defibrillator befindet, mit dem man einen Herzinfarkt abwenden kann. Auf Zeitschriften finden wir es, wenn auf eine Märchenhochzeit hingewiesen wird. Viele legen ihre Hand aufs Herz, wenn sie die Nationalhymne singen. Viele große Dramen der Weltliteratur drehen sich um dieses Herz, das die immerwährende Suche nach Liebe symbolisiert.

Auf den Bildern der Nazarener, wie sich eine Gruppe von Malern des 19. Jahrhunderts nannte, ist sehr häufig das blutende Herz der Maria dargestellt, das mit einem Schwert durchbohrt ist. In der religiösen Kunst steht das Herz oft für die mystische Christusliebe, der sogar sein Leben, sein Herzblut, gab aus Liebe zu den Menschen.

Ähnlich wie im alten Ägypten wurden auch in unserer Kultur die Herzen der Mächtigen an besonderen Kultplätzen aufbewahrt (zum Beispiel die Herzen der Wittelsbacher oder Habsburger).

Das Herz steht also für alle Formen der Liebe, für die persönliche und die transpersonale, göttliche Liebe. Der Mythenforscher Joseph Campbell nennt in seinem Buch »Mythen der Menschheit« fünf Formen der Liebe, die er bei seinen Mythenforschungen immer wieder beschrieben fand:

- Die früheste, niedrigste und einfachste Stufe ist die Liebe zwischen Diener und Herrn. Das Zusammenleben wird durch Gesetze geregelt.
- Die zweite Form der Liebe ist die zwischen Freunden, sie wird zum Beispiel in dem indischen Volksepos Mahabharata oder in der Edda oder der Nibelungensage hoch gepriesen. In unserer Kultur ist es die Liebe der Jünger zu Christus.
- Die dritte Form ist die Liebe, die Eltern für ihr Kind empfinden. Im Christentum finden wir dazu als Vorbild die Liebe Marias zu ihrem göttlichen Sohn, in Indien die Liebe der Mutter zu dem kleinen Krishna. Das, so Campbell, symbolisiert die Geburt des spirituellen Lebens in unserem Herzen. Eine Geschichte, die man von dem großen indischen Heiligen Ramakrishna erzählt, illustriert das. Einmal kam eine Frau zu Ramakrishna und sagte: »Ich sehe, dass ich Gott nicht liebe. Die Vorstellung eines Gottes berührt mich nicht.« Ramakrishna wollte wissen, ob es niemanden auf der Welt gab, den sie liebte. Sie antwortete: »Doch, meinen kleinen Neffen.« Darauf antwortete er: »Da ist er doch.«
- Die vierte Form der Liebe ist die der Vermählten.
- Die fünfte Form der Liebe ist die reine Liebe – wo nichts als Liebe ist. Campbell beschreibt diese Liebe als einen Durchbruch in das Transzendente, deren entsprechende Erfahrung es sei, einen anderen unter Einsatz des eigenen Lebens zu retten. Diese letzte und größte Liebe beschreibt Hermann Hesse sehr eindrücklich in seinem »Glasperlenspiel«, wo sich am Ende der wahre Meister darin zeigt, dass er sich einlässt, und sein Leben lässt, um einem anderen das Leben zu retten.

Das Herzchakra liegt auf Höhe des Herzens und der mittleren Brustwirbelsäule (Näheres zum Herzchakra siehe S. 48 f.). Es wird vom Luftelement regiert. Damit wird bereits das Wesen der Herzenergie ausgedrückt: die Verbindung mit allem, was existiert. Dieser Austausch ist lebensnotwendig. Die Luft, die wir ausatmen, nehmen die Pflanzen auf und reichern sie mit Sauerstoff an, den wir mit der Luft wieder einatmen. Jeder erhält das Lebensnotwendige. Die Bewegung zwischen Pflanze und Mensch, die so entsteht, erzeugt eine Schwingung, dessen Ton nur der Herzmensch hören kann. Unsere Schöpfungsgeschichte beginnt damit, dass Gott uns seinen Atem einhaucht – auch eine Art Liebesgeschichte zwischen Mensch und Gott, die damit beginnt und an die wir mit jedem Atemzug erinnert werden.

Das Herz in Märchen und Mythos

Herzmenschen haben im Märchen oft die Rolle des Tölpels, der dann aber am Ende doch einen Gewinn davonträgt, wie im Märchen von Hans Christian Andersen.

Wie's der Alte macht, ist's immer recht

Es waren einmal zwei alte Leute, die in einem recht alten, ärmlichen Bauernhaus lebten. Außer dem Allernötigsten besaßen sie ein Pferd, auf dem der Bauer manchmal zur Stadt ritt oder das er gegen ein kleines Entgelt den Nachbarn auslieh. Eines Tages entschieden sich die beiden, das Pferd zu verkaufen oder einen guten Tausch zu machen. Auf dem Weg in die Stadt tauschte der Bauer das Pferd zunächst für eine

Kuh, weil sie »so schön war, wie eine Kuh nur sein kann«. Anstatt mit seinem wertvollen Tauschobjekt umzukehren, setzte er seinen Weg fort. Ohne lange nachzudenken, tauschte er seine Kuh gegen ein Schaf und schließlich gegen eine Gans, die ihm so fett und wohlgenährt schien, dass er sie unbedingt haben wollte. Dann traf er auf einen, der ein kluges Huhn an einem Band führte, damit es sich im Gedränge des Marktes nicht verlief. Er tauschte die Gans gegen das Huhn und nahm es mit ins Wirtshaus, wo eben der Knecht einen gefüllten Sack verkrüppelter Äpfel zur Tür hereinbrachte. Ein ganzer Sack voll Äpfel schien unserem Bäuerlein nun doch um ein Vielfaches mehr wert als ein Huhn, also tauschte er wieder.

Im Gasthaus hielten sich unter anderem zwei Engländer auf, deren Taschen vor Goldstücken strotzten, so dass sie fast platzten. Nachdem sie den Tausch beobachtet hatten, wollten sie nun doch die ganze Geschichte hören. Am Ende meinten sie lachend, dass der Bauer von seiner Frau wohl sehr geknufft würde, wenn sie von seinem Geschäft erfahre.

»Was, knuffen?«, sagte der Alte, »küssen wird sie mich und sagen: Wie's der Alte macht, ist's immer recht«. »Wollen wir wetten?«, sagten die Engländer. »Gemünztes Gold tonnenweise?« »Ein Scheffel genügt«, sagte der Bauer und nahm die Wette an.

Zu Hause angekommen, berichtete der Bauer getreulich von seinem Weg und den einzelnen Tauschgeschäften, die von seiner Frau jedes Mal mit Wohlwollen kommentiert wurden. Als er von seinem letzten Tausch berichtete, bei dem das Huhn einem Sack voll verkrüppelter Äpfel weichen musste, rief die Frau: »Nein, jetzt muss ich dich erst recht küssen! Als ich heute die Schulmeisterfrau bat, mir etwas Schnittlauch zu leihen, antwortete sie: ›Leihen? Nichts, gar nichts wächst in unserem Garten, nicht einmal ein verkrüppelter Apfel, nicht einmal einen solchen Apfel kann ich ihr leihen, liebe Frau.‹ Jetzt kann ich ihr zehn Äpfel, ja einen ganzen Sack leihen!« Dabei küsste sie ihn herzhaft.

»Das gefällt mir!«, riefen die Engländer wie aus einem Mund. Und sie zahlten an den Bauern, der nicht geknufft, sondern geküsst wurde, ein Schiffspfund Goldmünzen.

Zugegeben, nicht immer zahlt sich eine solche Herzlichkeit und Akzeptanz des Partners in Goldmünzen aus. Aber für viele Frauen, die sich nur über ihre Partner beklagen und denen der andere es nie wirklich recht machen kann, ist diese Geschichte doch nachdenkenswert.

Lancelot

Wer die wahre Liebe erringen will, muss im Mythos viele Prüfungen bestehen, so wie Lancelot, der Ritter der Tafelrunde, als er den Zauberer besiegen wollte, der seine Geliebte Guinevere entführt hatte und in einer Burg gefangen hielt. Die letzte von vielen Prüfungen, die er zu bestehen hatte, war die Schwertbrücke, die in Form einer scharfen Klinge über einen reißenden Fluss führte. Er musste sich im wahrsten Sinne auf Messers Schneide bewegen und durfte sich nicht aus dem Gleichgewicht bringen lassen, denn dann wäre er in den reißenden Strom seiner Emotionen, seiner Ungeduld und seines Verlangens gefallen und untergegangen. Lancelot bewies trotz aller Liebe einen klaren Kopf und hatte es damit schließlich geschafft, seine Liebste zu erringen.

Orpheus und Eurydike

Anders dagegen Orpheus. Er ist im letzten Moment an dieser Aufgabe gescheitert. Orpheus, der griechische Held und Liebling des Gottes Apoll war untröstlich, als er seine Geliebte Eurydike durch einen tödlichen Schlangenbiss verlor. Die Liebe schien ihn zu verzehren, und so hatten die Götter ein Einsehen und lenkten seinen Weg dorthin, wo sich die Angebetete befand, nämlich in die Unterwelt. Mit Hilfe der göttlichen Musik und seines Gesangs bestand er alle Gefahren und betörte am Ende auch die Herrscher der Unterwelt. Eurydike durfte ihm auf dem Weg nach oben folgen. Die einzige Bedingung dabei war, dass sie hinter ihm ging und nicht mit ihm sprach. Er wiederum durfte sich nicht nach ihr umblicken. Das erschien Orpheus zunächst ganz einfach, war er doch überglücklich, seine Geliebte wieder bei sich zu haben. Aber schon nach kurzer Zeit wurde er unsicher und fragte sich, warum sie nicht sprach, ob sie wohl überhaupt noch da sei, ob sie ihn wohl noch liebe. Gedanken und Zweifel, die uns allen sehr vertraut sind. Orpheus bat Eurydike verzweifelt um ein Zeichen, aber es kam keine Antwort. Seine Zweifel wurden zur Verzweiflung, und plötzlich war er sich sogar ihrer Liebe nicht mehr sicher. Schließlich drehte er sich – wie aus einem inneren Zwang – nach ihr um. Er sah sie ein letztes Mal, und dann wurde sie ihm für immer entrissen. Am Ende wird er verrückt und schließlich von den Todesgöttinnen zerrissen, nach einer anderen Version wird er zum Heiler und Priester des Gottes Apoll.

Nibelungenlied

Darin gelingt Kriemhild dieser Weg auf Messers Schneide ebenfalls nicht, so verliert sie Siegfried, die Liebe ihres Lebens. Diese Liebe konnte nicht verhindern, dass Kriemhild in den Strudel ihrer Emotionen geriet. Eifersucht, gekränkte Eitelkeit und Hochmut plagten sie und ließen der wahren, reinen Liebe keinen Raum mehr. Damit beschwor sie eine Katastrophe herauf, bei der am Ende alle Beteiligten auf grausame Art und Weise ihr Leben verloren. Es begann damit, dass sie ihre Eifersucht auf Brunhild nicht bezähmen konnte. Siegfried hatte Brunhild mit Hilfe seiner Tarnkappe im Kampf besiegt und so für König Gunther gefreit. Nach der Hochzeit besiegte er sie mit Hilfe seiner Tarnkappe ein zweites Mal, indem er Gunther im Schlafzimmer Beistand leistete, um den Zauber Brunhilds, der sie unbesiegbar gemacht hatte, endgültig zu brechen. Dabei zog er ihr einen Ring vom Finger, den er dann Kriemhild überließ, um ihre Eifersucht zu besänftigen. Als Kriemhild beim morgendlichen Kirchgang von Brunhild gedemütigt und auf den zweiten Platz hinter sich verwiesen wurde, schleuderte sie ihr die Wahrheit des nächtlichen Geschehens ins Gesicht. Brunhild war tödlich beleidigt und wandte sich in ihrer Wut an Gunthers treuesten Gefolgsmann, Hagen von Tronje. In der Version von Richard Wagner ist Hagen der Halbbruder Gunthers, entstanden aus einem Seitensprung der Mutter mit dem Zwerg Alberich. Damit wird das Motiv Hagens noch deutlicher: Er hasste alles, was licht und edel war, vor allem die Liebe, die sein Vater Alberich in dramatischer Weise verflucht hatte. Hagen ergriff deshalb nur zu gern die Gelegenheit, die Königin zu rächen und sich des verhassten Siegfried zu entledigen. Geschickt erschlich er sich das Vertrauen von Kriemhild, indem er vorgab, Siegfried im Kampf beschützen zu wollen. Vertrauensvoll erzählte sie ihm von der einen Stelle an Siegfrieds Körper, die verwundbar war. In ihrer blinden Liebe und Sorge um ihren Gemahl erklärte sie sich bereit, die verletzbare Stelle zu kennzeichnen, um Hagen die Möglichkeit zu geben, diese Stelle zu schützen. Als Kriemhild ihren toten Gemahl fand, schwor sie ewige Rache. In der nordischen Sage setzte Brunhild aus Verzweiflung darüber, den Tod des heimlich geliebten Siegfried mit verursacht zu haben, ihrem Leben ein Ende.

Kriemhild versank völlig in ihrem Kummer, bis ein Brautwerber des Königs Etzel auftauchte, der ihr in Aussicht stellte, den Tod des Geliebten zu rächen. König Etzel gab schließlich dem Wunsch Kriemhilds nach und lud die Burgunderfürsten auf sein Schloss ein, um sie zu vernichten. Er tat es nicht ungern, hoffte er doch, damit den Nibelungenschatz an sich reißen zu können. Doch am Ende überlebte niemand das Gemetzel.

Anders als im Faust könnte man über Kriemhild sagen: Ich bin ein Teil von jener Kraft, die das Gute will und doch das Böse schafft.

Wenn ich mit Menschen- und mit Engelszungen redete und hätte die Liebe nicht, so wäre ich ein tönendes Erz oder eine klingende Schelle. Und wenn ich weissagen könnte und wüsste alle Geheimnisse und alle Erkenntnis und hätte allen Glauben, so dass ich Berge versetzen könnte, und hätte die Liebe nicht, so wäre ich nichts. Und wenn ich alle meine Habe den Armen gäbe und ließe meinen Leib verbrennen und hätte die Liebe nicht, so wäre mir's nichts nütze.
    1. Korinther 13, 1–3

Diese Erfahrung, dass nichts außer der Liebe zählt, die Paulus da im »Hohelied der Liebe« (im Brief an die Korinther) beschreibt, muss auch die Hauptfigur im nachfolgenden Märchen von Wilhelm Hauff machen:

Das kalte Herz

Der junge Köhler Peter Munk, der bereits im Alter von 16 Jahren seinen Vater verloren hatte, empfand sein Leben als schwarzer, einsamer Kohlenbrenner elend und nutzlos. Mit Neid schaute er auf all die anderen, die Uhrmacher, Glasmänner oder Flößer, die reichlich Geld in der Tasche hatten. Vor allem den dicken Ezechiel, den Holzbaron, beneidete er, der auf rätselhafte Weise steinreich geworden war. Als Peter Munk kurz davor war, diesem nutzlosen Leben ein Ende zu setzen, erinnerte er sich an das »Glasmännlein«, das schon vielen Verzweifelten geholfen hatte. Der gute zwergenhafte Geist rettete ihn auf sein Bitten hin nicht nur aus den Fängen des übermächtigen Holländer-Michels, sondern versprach ihm die Erfüllung von drei Wünschen. Die ersten zwei Wünsche gingen auch prompt in Erfüllung: Peter Munk wurde reich, aber er konnte mit dem Reichtum nicht umgehen und verspielte und vertrank ihn in kürzester Zeit. Jetzt wendete er sich in seiner Verzweiflung doch noch an den Holländer-Michel, von dem es hieß, dass er mit teuflischen Mächten im Bund sei. Der Holländer-Michel machte ihm deutlich, dass er alles in der Welt erreichen könnte, wenn nur dieses dumme Herz nicht wäre, das ihn immer wieder zittern machte. »Hat es dir im Magen wehgetan, als der Amtmann kam, dich aus dem Haus zu werfen?«, fragte er ihn. »Was, sag an, was hat dir wehgetan?« Peter antwortete: »Mein Herz.«

»Das Herz, immer nur das Herz ist es, das uns leiden macht«, lässt Hauff seinen Peter sagen. Mit der Aussicht, bald Millionär zu werden, tauschte Peter sein lebendiges Herz gegen ein steinernes. Alles, was der Holländer-Michel ihm versprochen hatte, trat ein. Peter Munk wurde reich, aber er konnte sich an nichts mehr freuen. Als er flehentlich um die Rückgabe seines Herzens bat, erntete er nur Spott und bekam vom Holländer-Michel stattdessen noch einmal hunderttausend Gulden.

Peter begann zu betrügen und trieb Wucher mit den Armen. Keine Tränen konnten ihn erweichen, er hatte ja kein Herz mehr. Schließlich heiratete er Lisbeth, das schönste und lieblichste Mädchen aus dem Tal. Aber auch ihr gelang es nicht, Peter zu berühren. Als seine Frau einem kleinen buckligen Männchen anstatt Wasser Wein zu trinken und gutes Roggenbrot zu essen gab, schlug Peter in ohnmächtiger Wut auf sie ein, so dass sie wie tot zu Boden sank. Das Männlein gab sich als Glasmännlein zu erkennen und warf Peter vor, seine Frau getötet zu haben. Als ihn auch das noch nicht berührte, verwandelte sich das Glasmännlein in eine schreckliche Gestalt, die Peter seinen eigenen Tod vor Augen führte. In seiner Angst suchte Peter den reichen Ezechiel auf, der ebenfalls ein Herz aus Stein in der Brust hatte. Dieser erzählte ihm, dass nach dem Tode die Herzen gewogen würden; die leichtesten stiegen auf, die schweren sänken hinab. »Ich denke, unsere Steine werden ein gutes Gewicht haben«, sagte er dem verängstigten Peter.

Jetzt flehte er das Glasmännlein um Hilfe an und erinnerte es daran, dass er ja noch einen Wunsch frei hatte. Das Glasmännlein hielt sein Wort und verriet ihm, wie er dem Holländer-Michel das Herz wieder abluchsen könnte. »Du bist nicht der Mann dazu, der einem das Herz so unbemerkt aus der Brust reißen kann«, sagte Peter zu ihm, »da müsstest du schon zaubern können.« So in seiner Ehre gekränkt, wollte der Holländer-Michel dem Peter noch einmal den Vorgang demonstrieren und setzte ihm sein altes Herz wieder ein. Mit Hilfe des Zaubers, den ihm das Glasmännlein verraten hatte, konnte er verhindern, dass ihm das Herz noch einmal entrissen wurde. Das gab der Peter nun nicht mehr her, weil er doch längst erkannt hatte, dass ein Herz – auch wenn es manchmal schmerzt – durch nichts zu ersetzen ist. So lebte er denn mit seiner Lisbeth noch lange in Freuden.

Wahrscheinlich kannte Wilhelm Hauff den Mythos um den ägyptischen Totengott Anubis, der das Herz der Verstorbenen wiegt und damit über deren Zukunft entscheidet, wenn er Ezechiel sagen lässt, dass die Steine wohl ein ziemliches Gewicht hätten. Im ägyptischen Mythos darf nur derjenige die Schranke zum Jenseits passieren, dessen Herz leichter als eine Feder ist. Im Buddhismus heißt es, dass unser Herz so leicht und durchlässig werden muss, dass es das Gewicht eines Vogels spüren kann, der sich daraufsetzt.

Parzival

Einen ähnlich langen Weg zu seinem Herzen hatte auch Parzival zurückzulegen. Ende des 12. Jahrhunderts tauchte diese Geschichte das erste Mal auf in einem Roman von Chrétien de Troyes. Die vielen verschiedenen Varianten, die daraufhin entstanden, zeigen das große Interesse an diesem keltischen Mythos. Richard Wagner hat Parzival, den einfältigsten der Gralsritter, mit seiner Oper endgültig unsterblich gemacht.

153

Parzival war ein Außenseiter, wie der Tölpel im Märchen war er zwar gutmütig, aber er begriff nichts. Nachdem er seiner Mutter Herzeloyde bei seinem Weggang das Herz gebrochen hatte, stolperte er von einem Abenteuer ins andere; eines davon endete in einer Heirat. Die nächste Station auf seinem Weg war die Begegnung mit dem Weisen Gurnemanz, der beschloss, den jungen, ungelenken Mann zu erziehen. Schließlich machte er sich auf zur wichtigsten Begegnung seines Lebens: Ein Fischer, den er nach einem Nachtquartier fragte, wies ihm den Weg zur stolzen Burg Montsalvat. Dort wurde Parzival freudig begrüßt und erlebte, wie am Abend der Heilige Gral hereingetragen wurde. Der greise Fischer, so stellte sich heraus, war niemand anderer als der Gralskönig Amfortas selbst, der an einer alten, unheilbaren Wunde litt. Parzival beobachtete die Zeremonie, war aber nicht in der Lage, Fragen zu stellen, die seinem Mitgefühl Ausdruck verliehen hätten. Er blieb stumm und außenstehend. Am anderen Morgen war die Burg verschwunden. Als er zum Tor hinausritt, ertönte hinter ihm eine Stimme, die ihn als herzlosen Tölpel verhöhnte. Lange irrte er im Wald herum und fragte sich immer wieder, wo er schuldig geworden sei. Kundry, die Gralsbotin, verfluchte ihn obendrein, und so fand er keine Ruhe. Schließlich landete er an einem Karfreitag mitten in einem frommen Pilgerzug und hörte die Botschaft von der Liebe Gottes, der seinen Sohn an diesem Tag für die Menschen geopfert hatte. Obwohl diese Botschaft seine Ablehnung und seinen Trotz gegen Gott zunächst verstärkte, blieb er bei dem Klausner und absolvierte erneut eine Lehrzeit in Sachen Glauben und Liebe, die ihn schließlich in einen liebenden Menschen verwandelte.

Am Ende fand er die Burg wieder und auf dem Weg dorthin

sogar seinen schwarz-weiß gestreiften Halbbruder Feirefiz. Vereint mit ihm und seiner Gemahlin betrat er den Saal, in dem Amfortas lag. Jetzt stellte er aus tiefstem Herzen heraus die erlösende Frage: »Sag, was ist es, was dir solche Schmerzen bereitet?« Die Antwort erfahren wir nicht mehr, nur so viel: Amfortas konnte endlich erlöst sterben, und Parzival wurde der neue Gralskönig. Um das Glück perfekt zu machen, präsentierte ihm seine Gattin auch noch die inzwischen geborenen Zwillinge, von denen einer, Lohengrin, einmal sein Nachfolger werden sollte.

Nicht nur die Mythen und Märchen, auch das Alte und das Neue Testament sind voller Herzensgeschichten, die es lohnt zu lesen. Die Botschaft des Christentums ist ja in erster Linie eine Botschaft der Liebe. Immer wieder wird ihre Vorrangstellung gegenüber allem anderen betont. Da ist die Frau, die im Haus des Pharisäers die Füße des Meisters mit ihren Tränen benetzt und mit ihren Haaren trocknet, die von den Kopfmenschen des Hauses verwiesen wird. Jesus nimmt nicht nur Partei für sie, er stellt sie sogar über seine Gastgeber, wenn er sagt: »Sie hat viel geliebt«, und gleichzeitig fragt: »Was habt ihr mir im Vergleich dazu gegeben?«

Die so genannte Johannes-Minne, bei der Johannes, der Lieblingsjünger, seinen Kopf in Liebe und Hingabe auf Jesus' Schulter legt, ist ein beliebtes Thema mittelalterlicher Kunst. Die Hingabe, die durch die Haltung, den Gesichtsausdruck und sogar durch den Fall des Gewandes, dessen Falten sich zu Jesus neigen, ausgedrückt wird, ist eine vollkommene.

Auch in der Geschichte von Martha und Maria gibt Jesus der Liebe und Hingabe einen wichtigeren Stellenwert als dem Tätigsein, wenn er auf Marthas Klage, dass sie die ganze

Hausarbeit machen muss, sagt: »Martha, deine Schwester hat den besseren Teil gewählt.« Damit meint er sicher nicht, dass die Haushaltpflichten grundsätzlich unwichtig wären und nicht erledigt werden müssten. Aber manchmal ist es eben wichtiger, dem Herzen zu folgen, als eine äußere Pflicht zu erfüllen.

Das Herz in seiner Grundfunktion

Dem Herzen ordnen wir Emotionen und Gefühle zu. Sie sind lebenswichtig, mit ihrer Hilfe machen wir unvergessliche Erfahrungen. Sie tragen damit wesentlich zur menschlichen Entwicklung bei, sie sind die Chemie, mit deren Hilfe eine Erfahrung neurologisch verstärkt wird. Wir erinnern uns viel deutlicher an Situationen, bei denen wir eine starke Emotion erlebt haben. Situationen, die eher emotionslos aufgenommen wurden, verschwinden schneller und sind weniger leicht wiederzubeleben. Ähnliches wissen wir aus der Lernpsychologie: Alles, was mit Emotionen verbunden ist, prägt sich leichter ein. Wenn ein Schüler englische Wörter lernt, weil er mit seinen Freunden eine gemeinsame Englandreise plant oder sich in eine amerikanische Austauschschülerin verliebt hat, bleiben die Wörter deutlich schneller im Gedächtnis haften.

Das Herz steht für das Zentrum des Menschen, zur Grundfunktion dieser Energie gehören:

Fühlen

Gefühle sind wesentlich, um die Welt und sich darin zu erleben. Sie dienen zur Bewusstwerdung des Ichs in Beziehung zu anderen Menschen.

Der Begriff Gefühle umfasst ein breites Spektrum und bedarf deshalb einer genaueren Beschreibung. Analog zu den Chakras kann man eine Unterscheidung vornehmen zwischen Emotionen, wie sie dem dritten Chakra, dem Solarplexus, zugeordnet werden, und den tiefen Gefühlen, die ihren Ausdruck im Herzen finden. Emotionen entstehen in erster Linie aus körperlichen Impulsen und Gedanken. In der Regel sind sie sehr schnell wechselnd und können sich leicht in ihr jeweiliges Gegenteil verwandeln. Emotionen bewegen uns – wie der Name schon sagt – meistens von uns weg, so dass wir nicht selten »außer uns« geraten. Sie sind stark an das Bild und die Vorstellungen, die wir von uns haben, gebunden. Wenn zum Beispiel die erwartete Zuwendung des anderen nicht eintritt, sind wir gekränkt, traurig oder wütend. Wenn die Emotionen dominieren, gelingt es nur sehr schwer, innere Ruhe und Gelassenheit zu finden. Erst wenn wir in diese innere Balance kommen, können wir im nächsten Schritt echte Gefühle entwickeln.

Das Wort Gefühl kommt von »fühlen«. Hier wird ein anderer Vorgang beschrieben, kein Sich-Bewegen, sondern ein Dableiben und Wahrnehmen. Fühlen braucht Zeit, ist nicht wechselhaft wie der Wind. Fühlen heißt in einer tiefen Verbindung mit dem sein, was gefühlt wird. Es setzt Achtsamkeit und die Bereitschaft, sich einzulassen, voraus.

Zum Spektrum der echten Herzgefühle gehören: Freude, Glücksgefühle, Dankbarkeit, Wertschätzung, Anerkennung, Demut und Mut und vor allem Liebe.

Subjektivität

Da Gefühle immer vom Ich ausgehen, also von meiner persönlichen Wahrnehmung, erleben wir sie als persönliche

Vorlieben und Abneigungen. Entscheidungen, die beim Kopfmenschen nach einer Zeit des Nachdenkens, Analysierens und Vergleichens von Informationen getroffen werden, erfolgen beim Herzmenschen oft treffsicher und spontan aus dem Gefühl heraus, im Bruchteil einer Sekunde. Dabei geht es dem Gefühlsmenschen weniger darum, ob es sich rechnet und sein Überleben sichert, sondern ob er es mag oder nicht mag.

Zwar weiß man inzwischen, dass es keine wirklichen Kopfentscheidungen gibt, sondern die Gefühle eine viel größere Rolle spielen, als wir glauben, aber dennoch gibt es Unterschiede in der gefühlsmäßigen Steuerung zwischen Kopf- und Herzmenschen.

Offenheit

ist eine weitere Grundqualität der Herzenergie. Sie ermöglicht Mitgefühl, ein Verbundensein mit anderen Menschen. So wie man nur in eine offene Hand etwas hineinlegen kann, kann ein Herz offen oder verschlossen sein.

Schnelle Anpassung an die jeweilige Situation

Vor allem Emotionen können sehr schnell wechseln und erfordern deshalb die Fähigkeit der Anpassung an die jeweilige veränderte Situation. Herzmenschen sind deshalb meist anpassungsfähig und können ihre Gefühle manchmal in kürzester Zeit um 180 Grad verändern. Die Gefahr ist eine leichte Beeinflussbarkeit und Manipulierbarkeit sowie Launenhaftigkeit.

Ausgleich zwischen Bauch und Kopf

Schon anatomisch liegen der Raum der Lungen und des Herzens zwischen Bauch und Kopf. Ebenso wirken sie in ihrer

Tätigkeit vermittelnd: Das Herz als zentrales Organ pumpt das Blut in den ganzen Körper, in jede kleinste Zelle der Zehen genauso wie in die haarfeinen Gefäße des Gehirns. Sauerstoff und Kohlendioxid, die durch die Lungen aufgenommen und ausgeschieden werden, benutzen ebenfalls das Blut als Transportmittel nach oben und unten. Diese Grundfunktion haben Herz und Lungen auch auf der ganzheitlichen Ebene: Sie sorgen dafür, dass eine Verbindung hergestellt und die Bauch- und Kopfebene ausgeglichen wird.

Verbindung schaffen und Gegensätze integrieren
Gefühle stellen Verbindung her, zwischen dem Menschen und der ihn umgebenden Welt, sie sind auf etwas bezogen: auf einen Menschen, ein Tier, eine Pflanze, eine Sache. Immer wird zum jeweiligen Objekt eine Verbindung hergestellt. In den mystischen Wegen aller Religionen sind die tiefen Gefühle die Verbindung zu Gott.

Das Herz kann das Entweder-oder überwinden, was dem Kopf sehr schwer fällt, und zu einem Sowohl-als-auch finden. Diese Überbrückung der Gegensätze, die Überwindung der scheinbaren Logik, entsteht in erster Linie durch echte Liebe, die eigentlich mehr eine Haltung dem Leben gegenüber als ein Gefühl darstellt. Aus dieser Haltung der Liebe heraus können Spannungen ausgehalten und überbrückt werden.

Das Herz im alltäglichen Leben

Eine besondere Fähigkeit des Herzens ist es, echtes Mitgefühl zu entwickeln. Wenn wir uns öffnen, spüren wir den Schmerz des anderen, wir sind mit ihm auf einer Ebene, wir sind verbunden. Wenn der andere mich als »verwandte Seele« empfindet, wird er durch mein Mitgefühl auch ein Stück getröstet werden. Mitleidig sein bedeutet von außen oder von oben zu reden bzw. zu handeln. »Die armen Kinder ohne Eltern sollen auch eine kleine Spende bekommen.« Mitleid erfordert kein echtes Einlassen auf den anderen. Damit ist es auch »ungefährlicher« als Mitgefühl, denn dabei gerate ich in Gefahr, meinen eigenen Schmerz und meine eigene Verzweiflung zu spüren. Es ist ein Gefühl von Hilflosigkeit dem anderen gegenüber, wenn man ihm keine Lösung anbieten, keine wirklich aufmunternden Worte sagen kann. Aber genau das ist es, was der trauernde oder ängstliche Mensch manchmal braucht, keine Ratschläge und klugen Worte, sondern einfach jemanden, der da ist und zuhört.

Eine eigene Geschichte ist mir in diesem Zusammenhang in guter Erinnerung: Wieder einmal war die Zeit mehr als knapp geworden, die ich eingeplant hatte, um mich auf einen Vortrag in Musiktherapie in Bologna vorzubereiten. Eine deutsch-italienische Gesellschaft hatte mich in Zusammenarbeit mit dem Goethe-Institut dazu eingeladen. Ich war doch etwas nervös und wollte die Bahnfahrt dazu nutzen, mich noch einmal intensiv mit meinem Konzept auseinanderzusetzen. Dafür hatte ich mir einen Platz in der ersten Klasse reserviert, um möglichst viel Ruhe zu haben.

Genüsslich breitete ich mich im leeren Zugabteil aus und hoffte inständig, dass es so still bleiben würde. Kurz vor der Abfahrt erschien ein älteres amerikanisches Ehepaar mit sehr vielen Koffern und Taschen. Freundlich half ich ihnen, alles zu verstauen. Dabei erzählten sie mir, dass sie einige Tage in München waren. Mehr aus Höflichkeit als aus Interesse fragte ich, ob ihnen der Aufenthalt gefallen habe. Meine einzige Frage wurde mit vielen Gegenfragen beantwortet: Wo ich hinfahre, wie in Italien das Wetter sei, ob ich auch schon einmal in Rom gewesen sei, dorthin seien sie jetzt unterwegs … Ich wurde immer einsilbiger und schielte auf mein Konzept. Etwas zerstreut folgte ich trotzdem den Reiseschilderungen und Plänen, aber so langsam merkte ich, wie sich verschiedene Emotionen bemerkbar machten. Ich wurde ungeduldig, bekam Panik, dass ich mich nun doch nicht mehr vorbereiten könnte, war ärgerlich, dass die beiden nicht merkten, dass ich meine Ruhe wollte. Gleichzeitig mochte ich sie gut leiden. Mit anderen Worten, es war ein ziemliches Gemisch von Emotionen. Als die Frau plötzlich erzählte, dass sie auch im KZ in Dachau gewesen seien, schaute ich sie zum ersten Mal aufmerksam an. Ich sah das alte kleine Gesicht, hörte ihren betroffenen Ton und merkte, dass sie Tränen unterdrückte. Sie konnte ja nicht wissen, dass sie damit ein Thema ansprach, mit dem ich mich viele Jahre beschäftigt hatte – mit der Aufarbeitung dieses besonderen Teils unserer Geschichte. Aber sofort beschloss mein Kopf: Nein, heute nicht, ich *muss* mich vorbereiten! Die Frau fuhr fort in ihrer Erzählung und sprach dabei mehr zu sich als zu mir. Der größte Teil ihrer Familie war im KZ umgekommen, sie war damals zehn Jahre alt gewesen. Als einziges überlebendes Kind kam sie nach einer längeren Irrfahrt endlich nach Amerika. Dort fand sie Ersatzeltern und eine Ersatzheimat. Jetzt liefen ihr die Tränen in kleinen Bächen über das Gesicht. Dies war für sie, die polnische Jüdin, die erste Reise nach Deutschland seit dem Krieg. Ihr Mann tätschelte ihr beruhigend die Hand, während sie mich immer hilfesuchend anschaute. Resigniert legte ich mein Konzept zur Seite, denn ich spürte, dass diese Begegnung jetzt wichtig war. Kurz vor Bologna beendeten wir unser Gespräch, ich hatte den beiden von meiner Familie und meiner Geschichte erzählt, sie hatten mir viel von sich erzählt. Die Emotionen von vorher waren einem einzigen Gefühl gewichen: dem Mit-Gefühl. Am Ende umarmten wir uns lange und herzlich. Natürlich wurde ich eingeladen, bei meinem nächsten USA-Aufenthalt doch unbedingt ihr Gast zu sein.

Mir verblieben noch ganze dreieinhalb Stunden. Meine italienische Freundin, die alles für mich organisiert hatte, holte mich ab. Sie umsorgte und beruhigte mich, dass alles gut laufen würde. Ich schickte ein Gebet nach oben mit der Bitte um Unterstützung, denn natürlich wollte ich es gut machen und den Zuhörern so viel wie möglich über die Kraft der Musik mitteilen. Als ich den bis auf den letzten Stuhl gefüllten Saal in dem wunderbaren Barockpalais in Bologna sah, dachte ich ganz kurz daran, dass ich vielleicht doch die Zeit zur Vorbereitung hätte nutzen müssen. Da hörte ich klar und deutlich meine innere Stimme sagen: »Du hast alles richtig gemacht, du hast auf dein Herz gehört, und das wirst du auch heute Abend tun.« Da wusste ich, die Begeisterung für meine Arbeit, die tiefe Verehrung für die Musik und die Liebe zu meinen Klienten würde die Menschen überzeugen. Und obwohl die Technik zunächst nicht funktionierte und die Übersetzerin etwas nervös war, blieb ich ganz gelassen. Ich spürte, wie stark und klar man sich fühlt, wenn man mit seinem Herzen, mit seinem tiefsten Wesen in Kontakt ist. Der englische Ausdruck »core« zeigt diese Verbindung deutlich. Zum einen bedeutet er »Herzstück« oder auch »Seele«, zum anderen Kern oder das Innerste (zum Beispiel einer Sache). Am Ende waren alle zufrieden, meine Freundin meinte, sie habe mich noch nie so strahlend gesehen. Dass einer der Zuhörer beim anschließenden Stehempfang meine Klangschale als Aschenbecher benutzte, brachte mich dann doch schnell wieder auf den Boden. Im Fall des amerikanischen Ehepaars war es wichtiger gewesen, die Abgrenzung aufzugeben, in einem anderen Fall wäre es sicher gut gewesen, ein klares Nein zu formulieren, um sich auf das Eigene konzentrieren zu können. Die Kunst der Unterscheidung ist gerade, wenn es um das Herz geht, schwierig zu erlernen.

Die Fähigkeit, das Unechte vom Echten zu unterscheiden, ist besonders gefragt, wenn es um das Thema Liebe geht. Auf der einen Seite suggeriert uns die Werbung, dass es dieses Auto ist, das wir lieben werden, auf der anderen Seite wird die »Liebe als Himmelsmacht« besungen. Fast jeder Schlager dreht sich um die Liebe. Sie füllt die Kinokassen und die Praxen der Psychotherapeuten. Der geistige Lehrer und Autor Reshad Feild schreibt in seinem Buch »Die Alchemie des Herzens« dazu: »Liebe ist die größte Macht im Universum und die Ursache aller Schöpfung. Wir sind hier auf diesem Planeten, um die Liebe kennen zu lernen, um Wissende der Liebe zu werden. Und wir sind hier, um diese Liebe im Alltag zum Ausdruck zu bringen.«

Allerdings reicht es nicht, dies in Form eines Schlagers zu tun. Sie muss spürbar sein, wenn sie wirken soll.

Diese Form der Liebe, die wirkt, stellt allerdings große Anforderungen an uns. In diesem Zusammenhang lohnt es sich, noch einmal aus dem »Hohelied der Liebe« zu zitieren.

Die Liebe ist langmütig und freundlich, die Liebe eifert nicht, die Liebe treibt nicht Mutwillen, sie bläht sich nicht auf, sie verhält sich nicht ungebörig, sie sucht nicht das Ihre, sie lässt sich nicht erbittern, sie rechnet das Böse nicht zu, sie freut sich nicht über die Ungerechtigkeit, sie freut sich aber an der Wahrheit; sie erträgt alles, sie glaubt alles, sie hofft alles, sie duldet alles.

Die Liebe hört niemals auf, wo doch das prophetische Reden aufhören wird und das Zungenreden aufhören wird und die Erkenntnis aufhören wird. Denn unser Wissen ist Stückwerk, und unser prophetisches Reden ist Stückwerk. Wenn aber kommen wird das Vollkommene, so wird das Stückwerk aufhören. ...

Nun aber bleiben Glaube, Hoffnung, Liebe, diese drei; aber die Liebe ist die größte unter ihnen.

1. Korinther 13, 4–13.

Die Liebe lässt sich nicht erbittern, sie erträgt alles, sie glaubt alles, sie hofft alles, sie duldet alles. Dazu sagte eine Patientin einmal spontan: »Mit anderen Worten, ein ziemlicher Trottel, der hier beschrieben wird.« Diese verbitterte Antwort war das Ergebnis einer jahrelangen schwierigen Beziehung, in der sie sich gedemütigt und beleidigt gefühlt hatte. In der sie immer wieder nachgegeben hatte und immer wieder enttäuscht wurde. Im anschließenden Gespräch fanden wir gemeinsam heraus, dass sie zwar sehr wohl ein Herzmensch war, aber noch viel mehr ein Bauchmensch mit passiv unterdrückten aggressiven Gefühlen. Ihr Partner hatte trotz ihrer duldenden Haltung diese unterdrückte Aggression gespürt und sie immer wieder provoziert. Trotzdem konnte sie ihre Opferhaltung nicht aufgeben. Mehrere Stunden sprachen wir über die Liebe, von der Paulus spricht. Es ist Stärke und nicht Schwäche oder Feigheit, die dahinter steht. Es ist nicht die Unfähigkeit, den anderen in seine Grenzen zu weisen, nicht das Bedürfnis »everybody's darling« zu sein, das zu dieser Haltung führt. In diesem Text wird die Liebe als eine Einstellung dem Leben gegenüber beschrieben, nicht als wechselhaftes Gefühl, das von der Reaktion eines anderen Menschen abhängig ist. In der jüdischen Mystik, der Kabbala, wird ein solches Verhalten als »proaktiv« bezeichnet im Gegensatz zum »reaktiven« Verhalten. Nur ein starker Mensch mit einem gut entwickelten Ich kann die Entscheidung treffen, die Haltung der Liebe dem Leben gegenüber einzunehmen.

In den nächsten Wochen begleiteten diese Gedanken meine Patientin sehr intensiv. Sie machte neue Erfahrungen und erlebte sich sehr viel weniger als Opfer. Vor allem achtete sie darauf, wie oft sie sich eigentlich ärgerte. Sie war erstaunt, wie viel öfter das vorkam, als sie gedacht hätte. Sie lernte nach und nach mit diesem Ärger konstruktiv umzugehen, ihn in angemessener Weise auszudrücken und sich besser abzugrenzen. Je mehr ihr dies gelang, umso öfter spürte sie ein Gefühl von Liebe in sich. Es äußerte sich darin, dass sie andere Menschen mehr akzeptierte und wertschätzte und weniger darauf achtete, was ihr entgegengebracht wurde. Sie fühlte sich deutlich freier und stellte sich ihrer Angst, verletzt zu werden. Die Erkenntnis der eigenen Aggression nahm ihr das Gefühl, immer nur das Opfer zu sein. Am Ende fasste sie selbst das Ergebnis unserer Arbeit so zusammen: »Das Herz braucht die Stärke des Bauchs, um sich sicher zu fühlen, und die Intelligenz des Kopfes, um sich zu entfalten.«

Menschen mit einer einseitig ausgeprägten Herzdominanz werden leicht etwas belächelt und haben es auch manchmal in unserer Gesellschaft nicht leicht. In einem kleinen Dorf, in dem ich mehrere Jahre meine Ferien verbrachte, gibt es einen Handwerker, der mir von Anfang an durch seine Herzlichkeit auffiel. Immer hilfsbereit und freundlich lachte er mich an, wenn ich an seinem kleinen Laden vorbeikam oder seine Hilfe brauchte. Wenn ich diese besondere Freundlichkeit anderen im Dorf gegenüber erwähnte, reagierten die Menschen fast etwas mitleidig. »Ja, ja«, meinten sie, und ich merkte, dass es ihnen auf der Zunge lag, zu sagen: »Aber sonst kriegt er bei aller Begabung nichts so recht auf die Reihe.« Dass er ein guter Handwerker war, davon konnte ich mich überzeugen, allerdings vergaß er, die Rechnung zu schreiben, und als ich ihn daran erinnerte, sagte er: »Das passt schon so, das gleicht sich wieder aus.« Als ich darauf bestand, zu bezahlen, war es ihm fast unangenehm, weil er »doch nur eine Kleinigkeit« gemacht hatte. Meine Einladung zu Kaffee und Kuchen nahm er dagegen freudig an. Dabei erzählte er mir seine Lebensgeschichte und sagte am Ende: »Ich bin halt ein Lapp.« Befragt, was man darunter verstehe, antwortete er: »Ja, eben ein gutmütiger Lapp.« Dabei schaute er mich mit seinen klaren, blauen Augen an. Die Art, wie er das sagte, berührte mich so sehr, dass ich fast Herzschmerzen bekam, wenn ich daran dachte, wie abfällig wohl andere über ihn redeten. »Aber«, so fuhr er fort, »ich bin ein glücklicher Mensch. Meine Arbeit macht mir Freude, ich lebe an einem wunderbaren Platz, und jetzt habe ich auch noch eine Freundin gefunden.«

Der »Geist der Unterscheidung« wird als eine der sieben Gaben des Heiligen Geistes bezeichnet. Auf ihn vertraute auch Selvarajan Yesudian, der indische Yoga-Lehrer, der meinen Yoga-Weg stark geprägt hat. Von Werbung halte er nicht allzu viel, sagte er einmal in einer Fragestunde. So wie die Bienen den Honig finden und die Ameisen nach kürzester Zeit eine eigene Straße zu ihrer Nahrungsquelle anlegen, findet auch der Mensch das Echte und das, was für ihn gut ist. Allerdings glaube ich, dass nicht alle Menschen so sicher sind im Vertrauen auf das Richtige. Deshalb ist es ausgesprochen wichtig, Bauch und Kopf hinzuzuziehen, um nicht dem Falschen »auf den Leim« zu gehen.

Die Geschichte einer Kollegin ist dafür ein gutes Beispiel:

Obwohl sie meist gute Erfahrungen damit macht, sich auf ihr Herz zu verlassen, wurde sie in diesem Fall mit dem Gegenteil konfrontiert. Eine neue Patientin nahm sie über einige Wochen völlig in Beschlag, sie rief fast täglich an und weinte am Telefon. Da sie sich als Familientherapeutin ausgab, appellierte sie nicht nur an die Therapeutin, sondern auch an die Kollegin. Nur so erklärt es sich, dass meine Bekannte ihr keine Grenzen setzte und sie nicht auf die Telefonzeiten verwies, was sich später als Fehler erweisen sollte. Aber gerade indem sie an das kollegiale Mitgefühl appellierte, war es der Patientin gelungen, die Herzebene meiner Bekannten zu berühren und sie die anderen Bereiche, nämlich Bauch und Kopf, vergessen zu lassen. Als meine Kollegin der Patientin nach einiger Zeit die erste Rechnung schickte, erhielt sie dafür keine Bezahlung. Auf Nachfragen gab die Patientin an, sie habe das Geld noch nicht von der Kasse erhalten, werde es aber baldmöglichst überweisen. Und da sie neben ihrem emotionalen Kummer auch noch über Geldsorgen klagte, war klar, dass sie das Geld nicht vorschießen konnte. Als dann weitere Rechnungen für viele Beratungsstunden dazukamen und meine Bekannte nach Monaten das Geld einforderte, kamen alle Mahnungen zurück, und die Patientin ließ sich am Telefon verleugnen oder sagte schnippisch: »Sie können es ja auf einen Prozess ankommen lassen, ich habe sowieso schon mehrere laufen.« Besonders bitter war es dann auch noch zu erfahren, dass die Dame sehr wohl über Geld verfügte und offensichtlich die Therapeutin bereits von vornherein in betrügerischer Absicht aufgesucht hatte. Ich erzählte meiner Kollegin von meinem Buchprojekt und fragte sie, welche Ebene sie wohl am meisten vernachlässigt habe. Spontan antwortete sie: »Zuerst die Bauchebene und dann die Kopfebene.« Sie erläuterte diese Aussage und erzählte mir, dass sie bereits in der ersten Stunde instinktiv gefühlt habe, dass etwas nicht stimmte und dass sie eine Weiterführung der Therapie ablehnen sollte. In einer der folgenden Stunden hatte sich die Patientin in so viele Widersprüche verwickelt, dass sie bei klarem Nachdenken hätte erkennen müssen, dass die Frau ein falsches Spiel spielte.

Eine andere Gefahr, der Herzmenschen ausgesetzt sind, ist die Neigung zu romantischen Gefühlen. Solche unechten Gefühle werden in unserer Gesellschaft als Ware produziert und konsumiert. Danach bleiben meistens Leere und Einsamkeit zurück. Suchtprobleme haben in dieser immer ungestillten Sehnsucht ihre Wurzeln.

Auch falsche Idealisierung ist eine Gefahr des Herzmenschen. Vor nicht allzu langer Zeit ist ein Buch über Hitler und die Frauen erschienen. Seine offensichtliche, bezwingende Ausstrahlung, die Überhöhung der Frau als Mutter, die in der Verleihung des Mutterkreuzes gipfelte, machten ihn offensichtlich zu einem gottgleichen Führer. Waschkörbeweise habe Hitler Liebesbriefe erhalten, berichteten die wenigen Menschen aus seiner Umgebung, die überlebten. Die Frauen, die ihn bedrängten, dass sie sich ein Kind von ihm wünschten, ließ er zum Teil ins KZ bringen, weil ihm diese Nähe, selbst in Form von Briefen, verhasst war. Die Beispiele zeigen, wie Frauen ihren Kopf, aber auch ihr echtes Bauchgefühl völlig ausgeschaltet haben.

Die Geschichte einer Klientin zeigt, wie gut es ist, wenn

diese Zusammenarbeit funktioniert. An diesem Beispiel kann man außerdem gut erkennen, wie das Herz seine vermittelnde Funktion zwischen Bauch und Kopf erfüllt. Die Frau erzählte mir, dass sie auf einer Reise in Guatemala ein eindrückliches Erlebnis hatte. Sie saß in einem überfüllten Bus ziemlich weit vorne. So konnte sie den Fahrer beobachten, der einen nervösen Eindruck machte. Er bremste hektisch, schimpfte vor sich hin, spuckte plötzlich auf den Boden. Sie registrierte, dass sich im ganzen Bus eine merkwürdige Hektik verbreitete, ohne dass es einen ersichtlichen Grund gegeben hätte. Bis dahin sammelte sie alle Eindrücke nur. Plötzlich spürte sie Angst, ein beklemmendes Gefühl in der Herzgegend. Eigentlich war sie kein ängstlicher Mensch, deshalb war sie überrascht über die Intensität des Gefühls. Sie schaltete ihren Kopf ein und überlegte. Spontan kam ihr die Idee, auszusteigen. Sie dachte nach, ob das sinnvoll sei, und rekonstruierte in ihrem Kopf die Route. Da fiel ihr ein, dass sie eine Karte im Rucksack hatte. Der nächste Ort, der eigentlich nicht ihr Ziel war, konnte nicht mehr weit weg sein. Schon nach wenigen Minuten tauchten die ersten Häuser auf. Sie stand auf und bedeutete dem Fahrer unmissverständlich, dass sie aussteigen wolle. Mürrisch bremste er und ließ sie aussteigen. Er rief ihr noch etwas nach, was sie nicht verstand. Als sie allein auf der Straße stand, war sie doch etwas unsicher, ob sie das Richtige getan hatte. Am nächsten Tag gelangte sie auf einem anderen Weg zu ihrem Zielort. Dort erfuhr sie von einem Touristen, dass es ein großes Busunglück auf der Strecke gegeben habe, die sie ursprünglich hatte nehmen wollen. Sie ließ sich den Bus schildern und war danach ziemlich sicher, dass es derjenige war, den sie verlassen hatte. Der Bauch hatte aufmerksam wahrgenommen, das Gefühl hatte sie in Bewegung gebracht, und der Kopf hatte den Weg gewiesen. Eine wunderbare Zusammenarbeit, die ihr vielleicht das Leben gerettet hat.

Ich glaube nicht, dass alle Menschen so sicher im Umgang mit ihren Gefühlen sind. Doch die Liebe in ihrer tiefsten und reinsten Form scheint eine unwiderstehliche Anziehungskraft zu haben, die man sofort spürt und zu der man sich hingezogen fühlt, ohne etwas Genaueres zu wissen. Die Inderin Amma, die Menschen durch ihre liebevolle Art der Umarmung zu Tausenden in ihre Nähe zieht, ist dafür ein gutes Beispiel. Ich kenne Menschen, die erzählen, dass ihnen noch nach Wochen im wahrsten Sinne des Wortes »das Herz aufgeht«, wenn sie an diese Begegnung denken. Sicher ist Ihnen das Gefühl vertraut, wie es ist, wenn man in der Gegenwart von Herzmenschen ist, die ihre Liebesfähigkeit schon weit entwickelt haben. Es geht eine Wärme und ein Gefühl der Geborgenheit von ihnen aus, die einen sofort ruhig werden lässt. Es ist eine Qualität, die wir heute so dringend benötigen und die zu entwickeln sich lohnt. Denn erst sie lässt uns innerlich zur Ruhe kommen und zufrieden sein.

Die Heilung der Angst

»Herzensmenschen laufen immer mit der Nabelschnur in der Hand herum auf der Suche nach jemandem, dem sie sie in die Tasche stecken können.« Diese Aussage, die ich kürzlich in einem Buch las, fand ich zunächst erschreckend. Im Grunde beschreibt sie aber doch die Angst des Menschen mit einer Herzdominanz, der diese Dominanz nicht positiv, sondern in Form von Romantiksucht oder Depression lebt. Die Nabelschnur steht für die enge Verbindung von

Mutter und Kind in einer Zeit, in der noch keine Konflikte und Auseinandersetzungen stattfinden und noch keine Abgrenzung gefordert ist. In dieser Suche verirrt sich der Herzmensch nicht selten, er verfällt romantischen Gefühlen, folgt den falschen Menschen, nur weil er sich ein bisschen Zuneigung erhofft. Gleichzeitig flieht er vor den Menschen, die ihm echte Gefühle entgegenbringen. Denn echte Gefühle verlangen Mut und Klarheit. Dazu gehört, den eigenen und den Standpunkt des anderen als unterschiedlich zu sehen und den Schmerz auszuhalten, dass die Einheit nicht ununterbrochen aufrechterhalten werden kann. Vor dem Neinsagen und der notwendigen Abgrenzung scheut sich der Herzmensch in der Regel. Da er ja stark auf Verbindung ausgerichtet ist, macht ihm die Trennung, die das Nein bedeutet, Angst. Dabei ist eine gesunde Abgrenzung der wichtigste Schritt zur Heilung dieser alten Wunde des Nicht-Verbundenseins. Wie oben beschrieben, ist die Grundfunktion der Herzenergie Verbindung herzustellen, Polaritäten zu überwinden, Getrenntes zu vereinen. Die Waage, die sich in der Balance befindet, weil auf beiden Seiten das gleiche Gewicht liegt, ist ein gutes Bild für die Verbindung von zwei Polen. Aber das Wesentliche ist die starke Stütze in der Mitte, auf der sie steht, bzw. der starke Haken, an dem sie aufgehängt ist. Will der Herzmensch seine Aufgabe des Verbindens und Vereinens wirklich erfüllen, muss er gut auf eigenen Beinen stehen und seine Sehnsucht erst einmal im eigenen Herzen stillen. Mit Hilfe der Nabelschnur verbindet er sich mit seinem eigenen inneren Selbst. Gelingt dies, ist der Herzmensch die kraftvollste Persönlichkeit, weil bekanntlich die Liebe »größer ist als alle Vernunft«.

Herzdominanz mit Kopf und Bauch in Einklang bringen

Auch wenn die Herzdominanz scheinbar die positivste von den dreien ist, braucht sie doch genauso die Verbindung zu den anderen. Gerade ein Herzmensch braucht eine gute Erdung, Vertrauen in sich selbst und die Fähigkeit, sich im richtigen Maße abzugrenzen. Er muss erkennen, dass es nicht seine Aufgabe ist, »lieb« zu sein, sondern an den Fluss der Liebesenergie angeschlossen zu bleiben und sie aus seinem Herzen nach außen fließen zu lassen.

Aus meiner Praxisarbeit kenne ich viele Fälle von Menschen, die krank geworden sind, weil sie die Bedürfnisse anderer grundsätzlich mehr achten als die eigenen und ständig über ihre Grenzen gehen. Der Ausspruch Jesu »Liebe deinen Nächsten wie dich selbst« bringt diesen notwendigen Ausgleich auf die einfachste Formel. Der Herzmensch sollte deshalb, bevor er handelt, seinen Kopf einschalten und in seiner Vorstellung Distanz herstellen, zwischen sich und dem anderen, mit dem er gerade zu tun hat, aber auch zwischen sich und der Sache, um die es geht.

Basisübung

- Setzen Sie sich aufrecht hin, die Füße stehen nebeneinander auf dem Boden, die Hände liegen auf den Oberschenkeln. Schließen Sie die Augen.
- Lenken Sie die Aufmerksamkeit auf den Atem, atmen Sie tief und gleichmäßig und entspannen Sie sich mit dem Ausatmen tiefer und tiefer.
- Stellen Sie sich vor Ihrem inneren Auge die Zahl 3 vor, projizieren Sie diese Zahl in Ihren Kopf. Stellen Sie sich

die Zahl 2 vor und lassen Sie diese Zahl im Herzbereich erscheinen. Die Zahl 1 stellen Sie sich im Bauchbereich vor.

– Lenken Sie die Aufmerksamkeit auf Ihren Scheitel und stellen Sie sich dort die Zahl 10 vor, gehen Sie im Körper weiter nach unten, während Sie langsam zurückzählen bis zur Zahl 1. Jetzt sind Sie am untersten Punkt Ihres Rumpfes angelangt. Dabei haben Sie sich immer tiefer entspannt.

– Visualisieren Sie einen Schalter, mit dem Sie ein warmes und angenehmes rotes Licht in Ihrem Bauch- und Beckenraum einschalten können. Wenn Ihnen die Farbe nicht angenehm ist, schalten Sie einfach nur die Energie im Bauch- und Beckenraum mit dem entsprechenden Schalter ein. Nehmen Sie wahr, wie verstärkt Kraft in diesem Bereich des Körpers fließt.

– Gehen Sie weiter nach oben in den Herzraum. Sie können sich mit dem Einschalten des Schalters in diesem Raum eine angenehme grüne Farbe vorstellen.

– Nun schalten Sie den Kopf ein, während Sie kühle blaue Farbe visualisieren oder sich einfach einen verstärkten Energiefluss vorstellen. Sie sollten sich den Schalter immer an der gleichen Stelle vorstellen, damit Sie ihn sofort finden, wenn Sie sich einen schnellen Zugang zur Kopfenergie wünschen.

– Bitten Sie dort, wo Sie einen Energiemangel feststellen oder wo es Ihnen schwer fällt, den Schalter zu finden, um eine Botschaft, was Sie für diesen Bereich tun können. Achten Sie auf alle Signale, es können Bilder, Worte, Erinnerungen, Töne oder Farben sein, die in verschlüsselter Weise die entsprechende Nachricht enthalten (im Kapitel

»Was Sie zum Umgang mit dem Buch wissen müssen« finden Sie Beispiele dazu).

– Jetzt sind alle drei Bereiche aktiv: Kopf, Herz und Bauch. Sie können Ihr volles Energiepotenzial nutzen. Bleiben Sie, solange es Ihnen angenehm ist, bei dieser Vorstellung.

– Beenden Sie die Übung, indem Sie langsam von 1 bis 10 zählen und von unten wieder nach oben kommen.

– Am Ende lassen Sie noch einmal die 3 im Kopf, die 2 im Herzen und die 1 im Bauch auftauchen.

– Strecken und dehnen Sie sich und spüren Sie einen Moment nach, wie Sie sich fühlen.

Einige Beispiele, wann Sie diese Übung durchführen sollten:

– wenn Sie sich einsam und von aller Welt verlassen fühlen,

– wenn Sie sich in einem Gefühlschaos befinden,

– wenn Sie sich in einer schwierigen Situation mit Kollegen, Freunden oder Partner(in) spüren, aber nicht genau wissen, woran es liegt,

– wenn Sie eine Aufgabe zu bewältigen haben, bei der es notwendig ist, ihre Gefühle zurückzustellen und sich ganz auf die Sache zu konzentrieren.

Den Bauchanteil stärken

Übung: Haltung des Kriegers

Gerade für den Herzmenschen ist es wichtig, »Kriegerqualitäten« zu entwickeln: Standfestigkeit, Widerstandskraft, Abgrenzung und die Bereitschaft, für seine Ziele und Überzeugungen einzustehen.

Stellen Sie sich aufrecht hin, die Füße so weit auseinander, dass eine Faust dazwischen passt.

– Gehen Sie in eine weite Grätsche, richten Sie den Rücken gerade auf und dehnen Sie den Nacken lang.

– Drehen Sie den rechten Fuß 90 Grad nach außen, drehen Sie den Körper ebenfalls nach rechts, so dass sich die Mittellinie des Körpers und das rechte Bein in einer Linie befinden.

– Winkeln Sie das rechte Knie an. Das linke Bein bleibt gestreckt, die Außenkante des linken Fußes ist fest zum Boden gedrückt.

– Strecken Sie beide Arme auf Schulterhöhe nach vorne und ziehen Sie den linken Arm auf Schulterhöhe zurück, als würden Sie einen Bogen spannen.

– Blicken Sie über den rechten Mittelfinger nach vorne, als würden Sie ein Ziel fixieren.

– Bleiben Sie mehrere Atemzüge in dieser Stellung, lösen Sie sie dann auf und spüren Sie kurz nach, bevor Sie die Übung zur anderen Seite wiederholen.

Sie können diese Übung mit einer Affirmation, einer positiven Selbstbestätigung, bestärken, wie zum Beispiel: »Meine Widerstandskraft wächst von Moment zu Moment.« Oder: »Ich bin mutig, ich bin kraftvoll, ich stelle mich dem Leben.«

Übung: Mula Bandha – Der Wurzelverschluss

Mula heißt Wurzel; Mula Bandha ist ein Wurzelverschluss; der untere Beckenraum sowie der Beckenboden werden auch Wurzelraum genannt, hier in diesem Bereich ist der Mensch verwurzelt (das ist gut zu spüren, wenn wir sitzen).

Man versteht unter dem Wurzelverschluss das Schließen des Perineums (Damm, zwischen After und den äußeren Geschlechtsorganen). Mula Bandha verhindert, dass die

Energie nach unten entweichen kann. Es wird während der Einatmung »gesetzt« und während einer folgenden kurzen Atempause gehalten. Während der Ausatmung lassen Sie die Muskelspannung wieder los. Über einen längeren Zeitraum (täglich bis zu fünf Minuten) geübt, bringt Mula Bandha eine Vielzahl von positiven Wirkungen: Auf der körperlichen Ebene kräftigt es den Beckenboden und damit die Basis unseres Rumpfes, auf der die inneren Organe fest und sicher ruhen. Auf der psychischen Ebene vermittelt es Kraft, Sicherheit und Vertrauen in die Stabilität des eigenen Körpers, Vertrauen in die eigene Mitte.

Fortgeschrittene Übende können die Spannung auch längere Zeit halten und Mula Bandha während der Ein- und Ausatmung praktizieren.

– Setzen Sie sich mit gekreuzten Beinen aufrecht hin (auf ein Meditationskissen oder eine zusammengefaltete Decke, so dass das Becken etwas höher ist als die Knie).

– Winkeln Sie ein Bein an und ziehen Sie die Ferse so weit als möglich an den Damm heran.

– Winkeln Sie das andere Bein heran und legen Sie die Fersen übereinander oder voreinander.

– Atmen Sie ein und ziehen Sie am Ende der Einatmung den ringförmigen Aftermuskel kraftvoll zusammen und etwas nach vorne, das führt zu einer Kontraktion der gesamten Beckenbodenmuskulatur. Der Beckenboden scheint sich dabei zu heben.

– Halten Sie die Spannung mit vollen Lungen während der Atempause und lösen Sie sie in der letzten Phase des Ausatmens.

– Die Gesäßmuskeln sollten dabei ganz locker bleiben, um den Energiefluss nicht zu behindern. Dazu brauchen Sie etwas Geduld, denn anfangs spannen sich alle Muskeln gleichzeitig an, und es dauert etwas, bis dies isoliert erfolgen kann.

— Entspannen Sie und wiederholen Sie die Übung.

Achtung: Diese Übung nicht während der Schwangerschaft ausführen und nicht bei akuten Entzündungen im Unterleib.

Übung: Mula Bandha verbunden mit Energielenkung im Körper

— Bleiben Sie weiterhin aufrecht sitzen, der Nacken ist lang, der Rücken gerade aufgerichtet.
— Stellen Sie sich die Energie in Ihrem Becken wie eine leuchtende silberne oder goldene Kugel vor.
— Lassen Sie diese Kugel vom Damm aus mit dem Einatmen durch den Wirbelkanal an der Rückseite Ihres Körpers nach oben steigen bis zum Scheitel und mit dem Ausatmen an der Vorderseite des Körpers wieder nach unten sinken bis zum Damm.

Setzen Sie Mula Bandha oder auch andere Beckenboden-Übungen möglichst oft in Ihrem alltäglichen Leben ein. Sie werden erleben, dass Sie sich sofort als mehr geerdet und sicherer empfinden.

Den Kopfanteil stärken

Übung: Gehirnjogging

So wie jeder Körpermuskel in Aktion sein muss, um stark zu bleiben, müssen auch unser Gehirn und unser Denken trainiert werden. Nehmen Sie sich täglich eine Aufgabe für Ihren Kopf vor.

– Lernen Sie ein Gedicht auswendig, das Ihnen gefällt. Vielleicht können Sie es bei Gelegenheit auch einmal vortragen, aber in jedem Fall wird es Ihnen selbst Spaß machen. Lernen Sie das Gedicht zeilenweise und versuchen Sie beim täglichen Wiederholen immer mehr herauszuhören, was das Gedicht eigentlich sagen soll.

– Schreiben Sie sich selbst Vokabelkärtchen in einer Sprache, die Sie schon lange lernen oder vertiefen wollten. Nehmen Sie sich täglich 10 Kärtchen vor, entwickeln Sie ein eigenes Wiederholungssystem. Holen Sie sich eine DVD in dieser Sprache und erarbeiten Sie sich so neues Wissen.

– Nehmen Sie sich vor, in emotional besetzten Situationen erst einmal Ihren Kopf einzuschalten, und stellen Sie sich eine Distanz zwischen sich und der Situation vor. Lernen Sie kritisch wahrzunehmen, auch wenn letztlich bei Ihrer Entscheidung das Gefühl überwiegt. So ersparen Sie sich viele Enttäuschungen, unter denen gerade der Herzmensch so oft zu leiden hat. Finden Sie jeweils zwei Kritikpunkte, zwei Schattenanteile, die Sie bewusst wahrnehmen und in Ihre Überlegung oder Entscheidung mit einbeziehen.

Übung: Auf den inneren Ton konzentrieren

– Setzen Sie sich aufrecht hin, die Füße stehen fest auf dem Boden, die Hände liegen auf den Oberschenkeln mit den Handflächen nach unten. Natürlich können Sie diese Übung auch in einem anderen Meditationssitz durchführen.

– Legen Sie die Spitzen der Zeigefinger in die Beugung des obersten Daumenglieds und die Daumen auf die Nägel der Zeigefinger, die übrigen Finger sind locker. Schließen Sie die Augen und richten Sie in Ihrer Vorstellung die Augen nach innen.

- Zählen Sie langsam von 10 bis 1 und stellen Sie sich vor, dass Sie dabei eine Treppe nach unten gehen. So können Sie sich noch tiefer entspannen.
- Stellen Sie sich die völlig ruhige und klare Oberfläche eines Teichs oder eines Sees vor. Das Wasser ist spiegelglatt. Alles ist ganz still. Da taucht in der Mitte eine Blase auf, sie kommt aus der Tiefe des Teichs und durchbricht die klare Wasseroberfläche. Es entstehen Kreise um die Blase herum, die sich in sanften Wellen über den ganzen Teich ausbreiten.
- Stellen Sie sich vor, dass die See-Oberfläche Ihr Bewusstsein ist. Konzentrieren Sie sich auf die Stelle, an der die Blase auftaucht. Stellen Sie sich vor, dass die Luftblase mit einem Ton verbunden ist, einem Vokal oder dem OM.
- Lassen Sie Ihr Bewusstsein im Zentrum des Tons ruhen, an dem Platz, an dem der Ton zuerst die Oberfläche des Bewusstseins erreicht hat. Die Wellen des Tons breiten sich in Ihrem Bewusstsein aus – Sie schließen sich weder diesen Wellen an noch dem Kommen und Gehen Ihrer Gedanken.
- Wenn dieses Bild ganz klar ist, können Sie es gehen lassen und nur noch im Zentrum dieses Tons ruhen.
- Wenn Sie die Übung beenden wollen, zählen Sie langsam von 1 bis 10 und kommen auf der Treppe wieder nach oben.
- Strecken und dehnen Sie sich und nehmen Sie wahr, wie Sie sich fühlen.

Musik

— Nutzen Sie die Kraft der Musik, um Ihre Gefühlsstimmungen auszugleichen.

— Finden Sie selbst heraus, welche Musik Ihnen in welcher Stimmung gut tut.

— Bewegen Sie sich zur Musik, das bringt auch Ihre Gefühle in Fluss.

— Hören Sie Musik von Mozart, Tschaikowsky oder zum Beispiel von Grieg, der es meisterlich versteht, Stimmungen auszudrücken.

— Streich- und Zupfinstrumente und dabei vor allem die Harfe entsprechen der Herzebene und sollten zu Ihrem Musikreservoir gehören.

— Hören Sie Musik mit Ihrem Körper und lassen Sie sich in Bewegung bringen. Analysieren Sie auch einmal ein Musikstück. Achten Sie auf verwendete Instrumente oder, wenn Sie Noten lesen können, hören Sie Musik und verfolgen Sie den Verlauf mit der Partitur.

Meine Empfehlung

Georg Friedrich Händel: Halleluja aus dem Messias.

Händel wurde 1685 als Sohn eines Wundarztes und Hofchirurgen in Halle geboren, er starb 1759 in London. Er hatte es nicht leicht, sich gegen den Willen des Vaters durchzusetzen, der seine Neigung zur Musik nicht unterstützte und für ihn eine andere Karriere vorgesehen hatte. Sein Leben ist geprägt von einer ehrgeizigen und willensstarken Lebenseinstellung. Fehlschläge nahm er nicht mit Resignation hin, sondern sah sie als Aufforderung, weiterzugehen und an sich zu arbeiten. Vor allem in seinem »Halleluja« offenbart sich

Händel als Meister, der aus den Tiefen der Seele schöpft und dessen Musik zutiefst berührt.

Wolfgang Amadeus Mozart: Die Zauberflöte.
Mozart wurde 1756 in Salzburg geboren und starb 1791 in Wien. In seiner Musik stehen Leben, Liebe, Schönheit und Harmonie im Mittelpunkt, ohne die Tiefe und das Leid zu vergessen oder zu vernachlässigen. W. F. Veltmann schreibt in seinem Buch »Menschentypen«: »In Mozarts Musik ist auch saturnische Tiefe vorhanden, aber man hat den Eindruck, dass er nicht mittels Gedankenkraft, sondern durch vollkommene seelische Hingabe aus dem Urquell schöpfte und damit ein idealer ›Mittler‹ war, durch den die tiefsten Weltgeheimnisse an die Oberfläche gelangten.« Tatsächlich ist Mozart ein universelles Genie, überall auf der Welt wird seine Musik geliebt und gespielt. Nicht nur in der Zauberflöte spielt die Liebe als heilende und schöpferische Kraft bei Mozart eine wesentliche Rolle.

Tipps für den Alltag und Schlüsselfragen

Beachten Sie dies im Alltag:
– Sorgen Sie gut für sich, nehmen Sie sich Zeit für die Dinge, die Sie gerne tun.
– Sagen Sie nicht sofort Ja, wenn jemand eine Bitte äußert oder eine Anforderung an Sie stellt, sondern erbitten Sie sich Bedenkzeit, in der Sie Ihren Kopf einschalten können.
– Fühlen Sie sich nicht immer gleich verantwortlich oder sogar schuldig. Klären Sie die Situation, bevor Sie entscheiden, was zu tun ist.

– Lernen Sie, allein zu sein und es zu genießen.
– Vergessen Sie nicht, der Kopf kann Sie aus jeder gefühls-
mäßigen Verstrickung befreien und Ihnen Wege und
Alternativen aufzeigen.

Folgende Schlüsselfragen helfen Ihnen weiter:
– Fällt es Ihnen schwer, bei sich und Ihren Gefühlen und
Wahrnehmungen zu bleiben, wenn Sie mit anderen Men-
schen zusammen sind?
– Möchten Sie in erster Linie von anderen geliebt werden,
auch wenn das bedeutet, dass Sie sich dabei »verbiegen«
müssen?
– Sind Sie konfliktscheu und umgehen Sie es, Probleme
kritisch anzusprechen?
– Sind Sie in einem Helferberuf tätig oder haben Sie in
Ihrem privaten Umfeld häufig das Gefühl, helfen und ret-
ten zu müssen?
– Kennen Sie das Gefühl, ohnmächtig und vor allem abhän-
gig von anderen zu sein?
– Sind Sie sehr anpassungsfähig?
– Fällt es Ihnen schwer, eine Sache objektiv zu betrachten?

Mythos Bauch

Die Bauchenergie im Überblick

Ein Mensch mit Bauchdominanz

- nimmt die Welt mit den Sinnen wahr, er braucht Körperkontakt.
- hat gute instinktive Antennen und handelt oft spontan aus dem Instinkt heraus richtig.
- verfügt über einen starken Antrieb zur Tat.
- kann sehr kreativ sein.
- handelt häufig impulsiv und, wenn er gereizt wird, auch aggressiv.
- legt großen Wert auf materielle Güter, deshalb neigt er dazu, zu horten und Besitz anzuhäufen (den er aber durchaus genießen kann).
- übernimmt Verantwortung und hat einen Willen zur Macht.
- kann Grenzen spüren und Grenzen setzen (zum Teil auch passiv, indem er sich zurückzieht).
- ist mit der Natur verbunden.
- braucht die Gruppe und sorgt gut für sie, vor allem, wenn seine Autorität anerkannt wird.

Bei einem Menschen mit Bauchdominanz müssen nicht alle Punkte zutreffen, manchmal sind es nur einige, die dafür aber sehr ausgeprägt sind.

Praktischer Teil

Der Bauch auf körperlicher und psychosomatischer Ebene

Als Bauch bezeichnet man den Raum, der durch das Zwerchfell vom Brustraum abgeteilt wird. Er umfasst mehrere Organbereiche:

Die Verdauungsorgane auf körperlicher Ebene

Die Verdauungsorgane Magen, Leber, Gallenblase, Bauchspeicheldrüse, Dünn- und Dickdarm beschäftigen sich mit der Aufnahme, Umwandlung und Auswertung von Nahrung. Die Alchimisten nannten den Bauch die »innere Küche« oder das »innere Labor«. Im Verdauungstrakt wird ein Großteil der notwendigen Körperenergie produziert und das Unverwertbare ausgeschieden. Die Nahrung muss dabei einen langen Weg zurücklegen, vom Mund über die Speiseröhre bis zum Magen, in dem die Nahrung zunächst einmal gesammelt wird. Die Eiweißverdauung beginnt hier, während die Kohlehydratverdauung ihren Anfang schon im Mund genommen hat. Die Leber, unser vielseitiges chemisches Labor, ist ebenfalls maßgeblich an der Verdauung beteiligt. Sie liegt auf der rechten Körperseite und ist die Entgiftungszentrale unseres Organismus. Daneben hat sie viele andere Aufgaben, wie die Kontrolle des Fettstoffwechsels und die Produktion der Galleflüssigkeit, die in der Gallenblase gespeichert wird. Das basische Sekret der Bauchspeicheldrüse, die hinter dem Magen auf der linken Körperseite liegt, zerlegt Eiweiße in Aminosäuren und Kohlehydrate in Glucose und hat ebenfalls eine wichtige Funktion bei der Verdauung. Außerdem produziert die Bauchspeicheldrüse Insulin, mit dessen Hilfe der notwendige Zucker in die Zelle transportiert wird. Der Dünndarm, der in etwa 600 Ringfalten gelegt ist, ist mit Tausenden von Schleimhautzotten ausgestattet, mit deren Hilfe die Nahrungsbestandteile ins Blut aufgenommen werden können. Im Dickdarm wird dann schließlich entschieden, was zurückresorbiert und was ausgeschieden werden soll. Hier ist das Arbeitsfeld der zahlreichen verschiedenen Darmbakterien, die in der Darmflora enthalten sind. Sie bauen die Nahrungsbestandteile durch Gärungs- und Fäulnisprozesse weiter ab, damit sie der Körper verwerten kann. Kaum vorstellbar, dass in einem Gramm Darminhalt etwa 50 Milliarden Darmbakterien am Werk sind, die zum Teil aus den Ballaststoffen Energie für ihren Stoffwechsel gewinnen. Die unverdaulichen Fasern dienen aber auch zur Reinigung des Dickdarms und sind so für eine gesunde Verdauung unerlässlich.

Mit der Stuhlentleerung endet dieser langwierige, bis zu 12 Stunden dauernde Prozess, der mit hohem Energieaufwand betrieben wird. Die Arbeit geschieht im Dunklen, ohne dass wir uns dessen bewusst sind, da wir ja nur die Auswirkungen wie Wohlbefinden durch gutes Essen, Energie, Ausscheidung wahrnehmen.

Die Verdauungsorgane auf psychosomatischer Ebene

Magen

Das Aufnehmen von Nahrung findet auch auf psychischer Ebene statt. Den Begriff »satt sein« verwenden wir dementsprechend auch für eine emotionale Sättigung. Nahrungsaufnahme ist neben dem rein körperlichen Genuss mit einem emotionalen Lustempfinden verbunden. Die erste diesbezügliche Erfahrung macht der Säugling an der mütterlichen Brust. Sie gibt nicht nur Nahrung, sondern vermittelt Wärme, Geborgenheit und Sicherheit.

Alles, was aufgenommen und geschluckt wird, muss zuerst einmal der Magen aufnehmen. In der engen körperlichen Beziehung zur Mutter macht der Säugling die erste Erfahrung, dass »Liebe durch den Magen geht«. Der Magen wird deshalb auf der psychosomatischen Ebene mit emotionaler Sicherheit und Geborgenheit in Verbindung gebracht.

Wenn allerdings – auf körperlicher oder seelischer Ebene – das Falsche geschluckt wird, wenn Sorgen und Grübeln überhand nehmen, ist der Magen und damit der ganze Mensch »verstimmt«. Da ist es schon besser, wenn man frühzeitig erkennt, dass man das »nicht schlucken möchte oder nicht schlucken kann«. Das »Durchbeißen«, das dazu führen kann, dass man sich an etwas »festbeißt«, ist nicht immer der richtige Weg. Kleine Kinder wissen schon, dass Ausspucken manchmal sehr hilfreich ist, soll etwas nicht zu lange »im Magen liegen«. Aber auch die »Süße des Lebens«, die man sich durch Süßigkeiten verschaffen möchte, ist für den Magen nicht das Angenehmste, und er reagiert ziemlich »sauer« auf diese Ersatzbefriedigung. Der Volksmund verfügt über eine Fülle von Sprichwörtern, die sich mit dem unbewussten Vorgang der Verdauung beschäftigen. Sie führen uns klar zur Psyche, zu unseren Stimmungen und Gefühlen, die damit verbunden sind.

Bauchspeicheldrüse

Diabetes ist die bekannteste Störung der Bauchspeicheldrüse. Ein lebenswichtiges Hormon, das Insulin, wird dabei nur noch in geringen Mengen oder gar nicht mehr produziert.

Der Zucker kann nicht mehr aufgenommen werden. Schocksituationen können zum Beispiel dazu führen, dass die Insulinproduktion völlig eingestellt wird. Bevor man in der Lage war, künstliches Insulin herzustellen, führte diese Krankheit in kurzer Zeit zum Tode. Zucker steht in Beziehung zu unseren Gefühlen, vor allem zu den süßen und liebevollen. Werden sie ersetzt durch künstliche Süßigkeiten, führt dies unweigerlich zu einer Schwächung dieses sensiblen Organs. Das Symptom weist demnach darauf hin, sich mit den süßen Gefühlen des Lebens auseinanderzusetzen und sie zum Beispiel nicht nur dem Pflichtgefühl unterzuordnen.

Leber und Galle

Leber und Leben sind sprachlich verwandt. Deshalb ordnet man die Leber der vitalen Lebensenergie zu. Sie zeigt sich in Willens- und Tatkraft und in der Fähigkeit, Entscheidungen zu treffen. Schon die uralte chinesische Medizin ordnet die Emotionen Wut und Ärger der Leber zu; werden sie unterdrückt bzw. sind sie unstrukturiert, so schwächen sie dieses Organ. Läuft einem anfangs nur »eine Laus über die Leber«, kann sich das durchaus zu »Gift-und-Galle-Spucken« auswachsen oder zu einem Schlaganfall. Der wird nach der Vorstellung dieser alten Medizinlehre einer überschießenden Leberenergie zugeordnet.

Dünndarm

Er leistet die Hauptarbeit bei der Aufspaltung der Nahrung in die einzelnen Bestandteile. Hier muss entschieden werden, was verwertbar ist und was zur Ausscheidung weitergeleitet werden kann.

In gewisser Weise hat der Darm auf stofflicher Ebene eine

ähnliche Funktion wie das Gehirn, das diese Unterscheidung auf geistiger Ebene treffen muss. Sogar die vielen Windungen von Darm und Gehirn haben eine gewisse Ähnlichkeit. Man spricht deshalb auch von einem »Bauchgehirn«, einem Zentrum, in dem oft noch vor der Entscheidung des Großhirns eine instinktive Wahl getroffen wird. Wenn wir »auf den Bauch hören« oder etwas »aus dem Bauch heraus tun«, ist das meist nicht das Schlechteste.

Dickdarm
Er wird mit den eher als unangenehm empfundenen Ausscheidungen in Beziehung gebracht. Im Darm finden die Gärungs- und Fäulnisprozesse statt; was herauskommt, sieht nicht so besonders gut aus und riecht auch in der Regel nicht gut. Kleinkinder sehen das zunächst anders, sie sind stolz auf das, was sie produziert haben, und untersuchen es auch deshalb gern erst einmal genauer, meist nicht zur Freude ihres Umfeldes. Mit den Sprichwörtern aus diesem Bereich zeigt uns der Volksmund, wie wenig positiv dieser Bereich gesehen wird. Wer möchte schon gern »Schiss haben« oder als »Hosenscheißer« oder »Arsch« bezeichnet werden?

Der berühmte Prüfungsdurchfall zeigt die Beziehung zu der Angst »durchzufallen« deutlich. Das Festhalten, das »Auf-dem-Geld-Sitzen«, wird ebenfalls mit dem Dickdarm verbunden. Der Grund dafür ist wohl die Tatsache, dass der Dickdarm mit Fäulnis, Gärung und Ausscheidung der »toten«, unverdaulichen Stoffe zu tun hat. Zur unverdaulichen Materie gehört auch das Geld, auf dem man eben sitzen kann oder das man ohne große Anstrengung produzieren kann, wie der »Geldscheißer«, den man im Mittelalter sogar in

Silber und Gold darstellte. Der Goldesel aus dem Märchen gehört ebenfalls in diesen Bereich.

Nieren und Blase auf körperlicher Ebene

Auch diese gehören zum unteren Körperbereich. Ihre Hauptfunktion ist die Filterung, Resorption und Ausscheidung der Körperflüssigkeit. Täglich werden etwa 1500 Liter Blut durch die paarig angelegten Nieren gepumpt und dort Giftstoffe und Abfallprodukte herausgefiltert.

Die Nieren liegen gut gepolstert auf Höhe der Taille links und rechts neben der Wirbelsäule. Die Harnleiter entspringen im Nierenbecken, verlaufen seitlich der Wirbelsäule entlang der hinteren Bauchwand nach unten und münden in die Blase. Die Muskulatur sorgt durch peristaltische Wellenbewegungen für den Transport des Urins.

Die Blase ist ein muskulöses Hohlorgan, das hinter der Schambeinfuge liegt. Sie ist aus drei Schichten glatter Muskulatur aufgebaut. Bei einer ausreichenden Füllung werden durch den entstehenden Druck die an der Blasenwand liegenden Nerven gereizt. Die dadurch ausgelöste Kontraktion der Blase führt zur Entleerung durch die Harnröhre. Die weibliche Harnröhre ist um 2 bis 4 cm kürzer als beim Mann; sie verläuft nahezu gerade und mündet in den Scheidenvorhof. Die männliche Harnröhre besitzt zwei Krümmungen und transportiert neben dem Urin auch die Samenzellen. In beiden Fällen durchdringt sie den Beckenboden, eine dreischichtige Muskelplatte, die den Beckenausgang verschließt.

Nieren und Blase auf psychosomatischer Ebene

Die Nieren symbolisieren – wie alle paarig angelegten Organe – die Beziehung zwischen dem eigenen Ich und den anderen, vor allem im Bereich von Liebesbeziehungen (in der Astrologie und in der Alchemie stehen die Nieren unter dem Schutz der Liebesgöttin Venus). Die Nieren stehen in enger Verbindung mit unseren Gefühlen, die ebenfalls fließend sind wie unsere Körperflüssigkeiten. Nierenerkrankungen treten demzufolge häufig in gefühlsmäßigen Konfliktsituationen auf, wie sie durch Trauer oder Verlust ausgelöst werden. Wenn uns »etwas an die Nieren« geht, meinen wir, dass es an unsere Substanz geht. Die chinesische Medizin sieht zum Beispiel in den Nieren die Speicherorgane für die geerbte und erworbene Lebensessenz. Ähnlich wie der Darm sind die Nieren vor eine dauernde Entscheidung gestellt, was ausgeschieden und was zurückbehalten werden soll.

Die Blase ist der Sammelbehälter für die auszuscheidenden Stoffe. Zum einen steht die Blase damit auf psychosomatischer Ebene für Druck, dem wir ausgesetzt sind und dem wir bis zu einem gewissen Grad standhalten müssen. Zum anderen symbolisiert sie unsere Fähigkeit, im rechten Augenblick loszulassen. Der Begriff »unter Druck stehen« hat mit der Blase zu tun. Vor Prüfungen oder generell in Stresssituationen zeigt sich dieser Druck ganz deutlich auf körperlicher Ebene zum Beispiel in Form der Reizblase, die eine dauernde Entleerung erzwingt. Die Bildung von Nieren- oder Blasensteinen kann darauf hinweisen, dass zu viel festgehalten wurde, was schließlich versteinert ist.

Die Sexualorgane auf körperlicher Ebene

Sie umfassen bei der Frau Gebärmutter, Eierstöcke, Eileiter und Scheide. Die äußeren Geschlechtsorgane bestehen aus Schamlippen, Klitoris und Schamhügel. Bereits von Geburt an sind die weiblichen Eierstöcke mit rund 400 000 unreifen Eizellen ausgestattet, von denen etwa 400 wirklich geschlechtsreif werden. Die Natur sorgt in hohem Maße vor, so dass der Fortpflanzungstrieb auch zu einem Ergebnis führt. Im Inneren der Gebärmutter befindet sich ein Hohlraum, der das befruchtete Ei aufnimmt und dem heranwachsenden Embryo eine bequeme Höhle bietet. Ausgelöst werden alle Prozesse in diesem Bereich durch Hormone, die über die Hypophyse gesteuert werden. Durch ihren monatlichen Zyklus ist die Frau bis zum Beginn der Wechseljahre deutlicher mit den Rhythmen der Natur verbunden als der Mann. Die Schwangerschaft verstärkt diese Bindung an das natürliche Leben. Der Bauch wird jetzt zum Zentrum des Körpers, die Erdenschwere ist deutlicher zu spüren. Ist das Kind im Bauch reif für das Leben, wird es durch die Kontraktionen der Gebärmutter durch die Scheide nach außen entlassen. Der Geburtsvorgang mit den vorausgehenden Wehen ist ein archetypisches Ereignis, das sich in Tieren und Menschen seit Millionen von Jahren vollzieht. So wird es nicht nur ein Bindeglied zwischen Tier und Mensch, sondern auch zwischen dem heutigen modernen Menschen und dem Menschen der Frühzeit. Trotz aller modernen Technik und aller Errungenschaften der Neuzeit findet dieses Geschehen immer noch auf die gleiche Weise statt.

Die männlichen Geschlechtsorgane bestehen aus den beiden Hoden, den Samenleitern, der Vorsteherdrüse und dem männlichen Glied, dem Penis. In den Hoden, zwei eiförmigen Organen, werden männliche Geschlechtszellen und Geschlechtshormone gebildet. Die Samenkanäle der Hoden vereinigen sich zu Abflusskanälen, den Nebenhoden. Hoden und Nebenhoden liegen außerhalb der eigentlichen Bauchhöhle, da dort die Temperatur für die Samenproduktion zu hoch wäre. Durch kräftige Kontraktion des Nebenhodens gelangt der Samen in die Samenleiter, die in die Rückwand der Harnröhre münden. Am Übergang der Samenleiter in die Harnröhre liegt die Prostata, die ihre Sekrete an das Ejakulat abgibt.

Der Penis enthält drei schwammartige Gebilde, die Schwellkörper, die reich an Blutgefäßen und Hohlräumen sind. Auf bestimmte Reize werden sie mit Blut gefüllt, so dass eine Erektion zustande kommt. Der Penis dient sowohl dem Transport des Urins wie der Beförderung des Samens.

Die männlichen Geschlechtsorgane, die männliche Potenz ist eng mit der Fähigkeit verbunden, Leben zu zeugen. Auch hier ist die Verbindung mit der Natur und ihrem Wirken deutlich.

Die Sexualorgane auf psychosomatischer Ebene

Sexualität als Quelle der Lust wird schon im frühen Kindesalter entdeckt. Die Entdeckung dieser Fähigkeit, in sich selbst Lustgefühle zu erzeugen, scheint für das Kind ein spannender und wichtiger Prozess zu sein. Empfindet das Kind diese Erfahrung als schlecht oder wird es gar bestraft dafür, kann das zu einer lebenslangen Störung eines gesunden Sexualverhaltens führen. Erst in der Pubertät wird die Sexualität zu einer realen Erfahrung von Begegnung und Verschmelzung mit einem anderen Menschen. Auf psychischer Ebene symbolisiert die Sexualität also mehrere Bereiche: die Fähigkeit zum eigenen Lustempfinden, die körperliche Verschmelzung zweier Individuen und die Fruchtbarkeit, die neues Leben hervorbringt. Eierstöcke und Hoden symbolisieren vor allem kreatives Potenzial in seiner Urform, während die Gebärmutter ein häufig gebrauchtes Symbol für Geborgenheit ist. Ob wir uns an diesem Ort so sicher »wie in Abrahams Schoß« gefühlt haben, hängt unter anderem davon ab, ob sich die Eltern über das neu entstehende Leben gefreut haben.

Der männliche Penis, in Indien der heilige Lingam des Gottes Shiva, steht für Potenz, schöpferische Energie und Macht, die weibliche Yoni für die Hervorbringung neuen Lebens. Der Penis mit seiner Fähigkeit zur Erektion war bereits in den ältesten menschlichen Kulturen ein Symbol für Potenz, Kraft und Fruchtbarkeit und wurde hoch verehrt.

Probleme im Bereich der Geschlechtsorgane können viele Botschaften enthalten: Unser schöpferisches Potenzial kann zu wenig gelebt werden (die Organe verkümmern oder stellen ihre Tätigkeit ein), oder es ist zu unstrukturiert und wuchert nach allen Seiten (es entstehen Neubildungen). Schuldgefühle, Hemmungen und Verdrängung von Lustgefühlen, falsche Scham oder sexueller Leistungsdruck sind ebenfalls Gründe für gesundheitliche Störungen im Bereich der Sexualorgane.

Seelischer Stress und die Neigung zum Grübeln und Verdrängen von Wut und Angst führen nach den Erkenntnissen der psychosomatischen Medizin auch zur Zunahme von Prostataerkrankungen. Angst vor Potenzverlust, die mit derartigen Operationen einhergeht, führt dann zu einem negativen Kreislauf, der die Lebensenergie und -freude schwächt.

Der Bauch auf symbolischer Ebene

Symbolisch steht der Bauch für den Körper, das Unbewusste, das Dunkle und Verborgene. Jonas muss nach der biblischen Erzählung drei Tage im Bauch des Walfischs bleiben, nachdem er vor Gott flüchten wollte, um seine Aufgaben nicht erfüllen zu müssen. Der Bauch steht auch für Willens- und Tatkraft der Mächtigen und für Stabilität und Verlässlichkeit. Runde Bauchformen stehen für Sinnlichkeit, zum Beispiel in den weiblichen Figuren der Niki de Saint Phalle oder in den Werken von Peter Paul Rubens. Muttergottheiten wurden in der Regel als üppige Frauengestalten dargestellt und symbolisieren mit ihrem betont runden Bauch Fruchtbarkeit und weibliche schöpferische Aktivität. Oft wird der Bauch als Synonym für einen gemütlichen Menschen gesehen, der es versteht, zu leben und leben zu lassen. Der Bauch steht auch für Wohlstand und Fülle. Er symbolisiert den reichen Menschen, der sich sogar mehrmals täglich satt essen kann. Mir kamen dabei frühe Erinnerungen an die Filme der Sechzigerjahre in den Sinn. Der typische »Herr Generaldirektor« trägt seinen Bauch so stolz wie seine unverzichtbare Zigarre (ein Phallussymbol) vor sich her. Sekretärinnen und Fahrer lesen ihm alle Wünsche von den Augen ab, dafür gibt er sich jovial und freundlich. Im Gegensatz zu den ausgehungerten Menschen der Nachkriegszeit zeigte der gut gefüllte Bauch der Aufstiegsjahre den eigenen Wohlstand, der durch Können, Macht und Einfluss erworben wurde.

Der Bauch als Symbol von Macht und Wohlstand begegnet uns immer wieder, zum Beispiel in der Kunst. Auf den meisten Vorkriegszeichnungen des sozialkritischen Berliner Malers Zille sind die Armen ausgemergelt und dünn,

die Reichen hingegen beleibt und selbstzufrieden dargestellt.

Der chinesische Glücksbuddha, der nur aus Bauch zu bestehen scheint, gilt ebenfalls seit Jahrtausenden als Symbol
des Wohlstands und der Fülle. Die zeigt er auch in seinem
herzhaften Lachen, das für die Zufriedenheit mit sich selbst
spricht.

Wie alle Symbole, die sich im Laufe der Zeit verändern
können, hat auch der Bauch eine Wandlung durchgemacht.
Bei den Reichen und Schönen ist der dicke Bauch fast nicht
mehr zu finden, eher schon bei den ärmeren Gesellschafts-
schichten, die sich oft nicht so körperbewusst ernähren.
Insgesamt gilt aber, dass die gute Figur das Ziel vieler Wünsche ist, obwohl wir es gerade heute bei Kindern wieder
zunehmend mit Übergewicht zu tun haben. Ein jugendlicher
Körper bis ins hohe Alter, ohne jeden Bauchansatz, ist das
Ideal der Menschen, die in den reichen Industrieländern
leben. Statistiken, dass weniger Fett mehr Gesundheit bringt,
tragen zu dieser Entwicklung bei. Das Nichtvorhandensein
eines Bauches oder der männliche »Waschbrettbauch« gelten
heute als ein Symbol für Willensstärke, Zielstrebigkeit und
Disziplin. Statistiken besagen zum Beispiel auch, dass schlan-
ke, »bauchlose« Frauen mehr Chancen im Beruf haben. Offensichtlich steht der Bauch hier für eine gewisse Weichheit,
für mangelnde Dynamik und Willensschwäche. Nicht selten
ist das Ende der Kontrolle über den Bauch die Essstörung
bis hin zur Bulimie, bei der alles Geschluckte nach kurzer
Zeit wieder aus dem Magen herausbefördert wird. Erfreulich
fand ich in diesem Zusammenhang die Begeisterung einer
Klientin, mit der sie von ihrem Bauchtanzkurs berichtete. Die
Lehrerin, die selbst einen recht ansehnlichen Bauch hatte,

strahlte eine solche Kraft und Präsenz aus, dass die junge, modebewusste, gertenschlanke Frau sich zunächst selbst als etwas »verhungert« und energielos empfand. Die Erfahrung, die sie beim Bauchtanzen machte, war für sie neu, wohltuend und äußerst belebend. Endlich durften Bauch und Becken im Mittelpunkt der Aufmerksamkeit stehen und mussten nicht festgehalten und kontrolliert werden. Die Erdenschwere, die wir vielleicht vermeiden wollen, aber an die wir trotzdem gebunden bleiben, geht im Bauchtanz eine gute Verbindung ein mit der Lebendigkeit der Bewegung. Insofern ist dieser orientalische Tanz für mich ein gutes Symbol einer positiven Baucherfahrung.

Eine weitere symbolische Bedeutung des Bauches scheint mir besonders bedeutsam: der Bauch als »Erdmitte« des Menschen. Über Jahrhunderte hinweg finden wir in allen Kulturen Darstellungen, die gerade den Schwerpunkt des geistig entwickelten Menschen im Bauch zeigen. In den byzantinischen Darstellungen des Christus als König fehlt das fast nie. Angedeutet durch die Falten des Kleides oder durch mehrere Kreise, die den Bauch andeuten, zeigen diese Darstellungen, dass gerade der Mensch in seiner höchsten Entwicklung nie seine kreatürliche Herkunft vergisst oder gar gegen sie kämpft. Sie ist im Gegenteil die Basis seiner Entwicklung, ganz so wie in der indischen Chakra-Lehre, bei der die unteren Energiezentren die Basis jeder Entwicklung sind. Alle Buddhadarstellungen zeigen die Betonung dieser körperlichen Mitte und strahlen gerade dadurch so viel Ruhe, Gelassenheit und Zentrierung aus. Im Japanischen bezeichnet man diese Erdmitte mit dem Begriff »Hara«. Der Psychologe Karlfried Graf Dürkheim hat zu diesem Thema das Buch »Hara – die Erdmitte des Menschen« geschrieben.

Die Wichtigkeit der Zentrierung in der Leibmitte gerade dem modernen westlichen Menschen zu vermitteln wurde zum wichtigsten Anliegen seiner Arbeit. Immer wieder betonte er, dass aus dem Befehl »Bauch rein – Brust raus!« nichts Gutes erwachsen kann. Der Bauch als Verbindung zur Erde, zum mütterlichen, stabilen Prinzip muss die Basis der Aufwärtsentwicklung bleiben.

Die Bauchchakras

Das Wurzelchakra (Muladhara) liegt am Damm, am unteren Ende des Rumpfes. Es öffnet sich nach unten zur Erde hin und steht in Verbindung mit dem Element Erde. Auf der körperlichen Ebene ist es mit den Ausscheidungsorganen und den Nebennieren verbunden. Sein Symboltier ist der Elefant. Dieses starke, meist ruhige und besonnene Tier kann, wenn es sich angegriffen fühlt, äußerst wild und aggressiv werden. Es symbolisiert die materielle kreatürliche Welt, die unsere Stütze und unsere Wurzeln darstellt. Ein Viereck, das Symbol der Materie, unterstützt die Verbindung zu unseren materiellen Wurzeln.

Das Sexualchakra (Svadhisthana) liegt am unteren Ende der Lendenwirbelsäule und wird dem Wasserelement zugeordnet. Auf der körperlichen Ebene ist es mit den Sexualorganen und der Niere verbunden. Den Leviathan, ein gefährliches Unterwasserwesen, finden wir in den Darstellungen des zweiten Chakras. Es ist das symbolische Tier des Ganges und der Göttin Ganga. Eine liegende Mondsichel unterstreicht die Beziehung zum weiblichen Element, zum Mond, zu den wechselnden Gezeiten und zur Fruchtbarkeit. »Das Niederströmen des Wassers des Ganges verkörpert die Energie der erotischen Quelle, die das Leben, das Erregende und das Dasein in die Welt bringt.« (Joseph Campbell, »Mythen der Menschheit«)

Eine gewisse Zwischenposition nimmt das dritte Chakra (Manipura) ein. Arthur Avalon ordnet es in seinem Buch »Die Schlangenkraft« bereits dem mittleren, dem Brustbereich, zu. Dieses Energiezentrum liegt auf der Höhe des Solarplexus, am unteren Ende der Brustwirbelsäule und etwas oberhalb des Nabels. Der Solarplexus besteht aus einem sehr empfindlichen Nervengeflecht, das stark auf emotionalen Stress reagiert. Das Chakra wird dem Feuerelement zugeordnet, sein Symboltier ist der Widder. In der Mythologie und in der Astrologie wird der Widder dem Kriegsgott Mars zugeordnet, dessen feurige Energie ebenso schnell wie die des Widders aktiviert werden kann. Es ist der Platz des Egos, durch das wir uns der Welt präsentieren. Hier entwickelt sich das Bedürfnis nach persönlicher Macht und, wie in dem Begriff »Sonnengeflecht« bereits ausgedrückt, das Bedürfnis nach persönlicher Ausstrahlung. Die wechselnden Emotionen, die entstehen, wenn wir anderen Menschen mit ihren Bedürfnissen, Machtansprüchen und Eroberungswünschen begegnen, helfen uns bei unserer persönlichen Entwicklung. Wir lernen unsere Grenzen, aber auch unsere Möglichkeiten kennen und erfahren, wie wir sie einsetzen können. Wir erkennen auf dieser Ebene, dass wir ein starkes Ich brauchen, das aber gleichermaßen durchlässig sein muss für den inneren Menschen, für das, was C. G. Jung mit »Selbst« und der Yoga-Übende mit »Atman« bezeichnet.

Der Bauch in Märchen und Mythos

Ring des Nibelungen

Richard Wagner hat uns in seinem »Ring des Nibelungen« mehrere Gestalten präsentiert, die vor allem den Schattenaspekt der Bauchenergie zeigen. Da ist einmal Wotan, der, um die Sicherheit seiner Sippe zu gewährleisten und seine eigene Macht nach außen zu demonstrieren, die überdimensionale Götterburg Walhall errichten lässt. Aber er braucht dazu die Hilfe der Riesen Fafner und Fasolt, die sich ihre Leistung allerdings bezahlen lassen. Wotan verspricht ihnen großmütig die Göttin Freya dafür. (Ein typischer Schattenaspekt der Machtmenschen, dass sie großmütig geben, wenn es nicht auf ihre eigenen Kosten geht.) Freya wird als die erotischste Gestalt des germanischen Götterhimmels, die schönste der Göttinnen beschrieben. Sie gehört dem Geschlecht der Wanen an, das noch aus mutterrechtlicher Zeit stammt, also noch vor Entstehung des großen germanischen Volksepos, der Edda. Freya widersetzt sich Wotans Plan. Es gelingt ihr allerdings nur mit Hilfe von Loge (oder Loki, wie der germanische Mephisto genannt wird), der seiner Herkunft nach kein Gott, sondern der Abkömmling von Riesen ist. Mit der Riesin Angrboda (die Angst-Machende) zeugt er die größten Feinde der Menschen und Götter (unter anderem die Midgardschlange). Loge hat die geniale Idee, den Riesen das Rheingold statt der versprochenen Göttin als Gegenleistung anzubieten. Das Problem ist nur, dass der Zwerg Alberich auf diesem Schatz sitzt, den man dazu dringend benötigt. Listig hatte er es den Rheintöchtern entwendet, die eigentlich das Rheingold bewachen sollten.

Dieser Goldschatz und die damit verbundene Macht sind an eine Bedingung geknüpft. Nur der kann das Gold zu einem Reif zwingen und damit eine maßlose Macht über die Welt erhalten, der bereit ist, für immer auf die Liebe zu verzichten. Alberich, der ohnehin nicht von der Liebe verwöhnt ist, lässt sich davon nicht schrecken. Er verflucht die Liebe und rafft das Gold an sich. Mit Hilfe seines Bruders Mime wird der Ring geschmiedet, auf den jetzt Wotan und Loge ein Auge geworfen haben. Mit List und Tücke bringen sie Alberich in ihre Gewalt und entreißen ihm Gold und Ring. Aber bevor sie sein Zwergenreich verlassen, schleudert Alberich dem Gott und seinen Gehilfen einen Fluch nach: Niemandem soll dieser Ring Glück bringen. Schon die nächsten Besitzer, die beiden Riesen, müssen die Erfahrung machen, dass sich die Verwünschung erfüllt. Gierig bestehen sie darauf, dass Wotan ihnen nicht nur den Schatz, sondern auch den Ring aushändigt. Der darauf folgende Streit um Geld und Macht, der zwischen beiden entbrennt, endet damit, dass Fasolt Fafner erschlägt – ein Motiv, das immer wieder im Mythos und im Märchen auftaucht: Geld und Macht als größte Gefahr für den Menschen. Und doch ist die Faszination so groß, dass kein noch so grausamer Mythos, keine noch so schreckliche Erfahrung der Menschheit diese Gier bannen kann.

Im »Ring des Nibelungen« finden sich viele Symbole, die auf die Schattenseite der Bauchenergie hinweisen: Macht, Geld, triebhaftes, von Aggression und Wut gesteuertes Verhalten. Aber wir finden auch Mut, Loyalität, Verantwortungsgefühl und schöpferisches Tun. Es lohnt sich in jedem Fall, sich mit den germanischen Mythen zu beschäftigen, die viel weniger bekannt sind als die Geschichten aus der griechischen Mythologie. In der germanischen Mythologie finden wir ebenfalls die mächtigen Frauen und Männer der Götterwelt.

Da der Bauch auch als Symbol des Unbewussten angesehen wird, steht in der Mythologie die Unterwelt dafür. Hades, der mächtige griechische Gott, sorgt dafür, dass Unter- und Oberwelt im Gleichgewicht bleiben. Lange bevor die großen Psychologen des 19. und 20. Jahrhunderts auf die Bedeutung des Unbewussten und des Schattens hinwiesen, erzählten die mythologischen Geschichten von diesem Urwissen. Und sie erzählten auch davon, dass es Vermittler zwischen Ober- und Unterwelt braucht, die mit beiden Welten vertraut sind.

Eine der berühmtesten Figuren ist Persephone, die von Hades geraubt wird. Demeter, die Göttin der Oberwelt, der Fruchtbarkeit, des Wachsens und Gedeihens, die Hüterin der Natur, ist verzweifelt über den Verlust ihrer Tochter. Erst als sie in größter Verzweiflung alle List und all ihre Macht einsetzt, haben die Götter ein Einsehen und erlauben Persephone, einen Teil des Jahres in der lichten Oberwelt bei ihrer Mutter Demeter und einen Teil in der Unterwelt bei ihrem Gatten Hades zu weilen.

Im Kapitel »Die Drei in den Religionen« wurde bereits beschrieben, dass in der indischen Überlieferung Brahma im Bauch des Menschen wohnt. Er ist der schöpferische Aspekt von Trimurti, der Dreiheit von Brahma, Vishnu und Shiva. Auf Darstellungen des ersten Chakras sieht man ihn mit einer Wildgans (sanskrit: hamsa). Sie kann ihn, den Gott, der das Elixier der Erkenntnis und der Unsterblichkeit bei sich trägt, hoch in die Lüfte tragen.

Wie Brahma seinen Sitz im Bauch hat, so werden auch die großen Muttergottheiten wie Demeter diesem Bereich zugeordnet. Sie symbolisieren Fruchtbarkeit und die Fülle des Lebens. In einem alten griechischen Schöpfungsmythos wird von einer weiblichen Gottheit mit dem Namen Themis berichtet, was »Erde«, »natürliche Ordnung« oder die »Regel der Natur«, die das Zusammenleben auf dieser Welt bestimmt, bedeutet. Themis hat die Tochter »Nemesis«; übersetzt heißt das »göttliche Rache« oder »gerechter Zorn«. Hier sehen wir den deutlichen Bezug zur Bauchenergie, die sowohl die natürliche Ordnung und das Gesetz der Natur beinhaltet wie auch Zorn und Aggression. In der griechischen Überlieferung heißt es: »Wird Themis (die natürliche Ordnung) nicht beachtet, ist Nemesis (der gerechte Zorn) da.« Auch Isis wird als zornige Göttin beschrieben. Ihre ganze Macht und ihren Mut beweist sie, als sie den von Seth zerstückelten Osiris wieder zusammensetzt und von ihm das göttliche Kind Horus empfängt. Noch eine andere zornige Frauengestalt kennen wir aus der griechischen Mythologie: Medea, die griechische Königstochter, die dem Argonautenführer Jason half, das goldene Vlies zu erobern. Man vermutet, dass Medea identisch ist mit der viel älteren syrisch-palästinensischen Göttin Astarte, eine zur Erde und zum Unterirdischen gehörende weibliche Gottheit.

Schlaraffenland

Die Wünsche des Menschen werden hier rein auf Bequemlichkeit und Genuss reduziert. Um sie erfüllt zu bekommen, muss man sich nur vollstopfen mit all dem Guten, das vor einem liegt, nur leider ist es nicht so einfach zu finden. So vielversprechend beginnt das Märchen:

»Ich weiß ein Land, dahin mancher gern ziehen möchte,

wenn er wüsste, wo es liegt. Dieses schöne Land heißt Schla-raffenland. Da sind Häuser gedeckt mit Eierkuchen, die Türen sind von Lebzelten und die Wände von Schweinebraten. Um jedes Haus steht ein Zaun, der ist aus Bratwürsten geflochten. Aus allen Brunnen fließt süßer Wein und süßer Saft. Wer den gern trinkt, braucht nur den Mund unter das Brunnenrohr zu halten, und der süße Saft rinnt ihm nur so hinein.«

Jetzt folgt eine Beschreibung, für wen dieses Land beson-ders geeignet ist: »Für die Schlafsäcke und Faulpelze, die bei uns durch ihre Faulheit arm werden und betteln gehen müssen, ist das Schlaraffenland gerade das richtige Land. Jede Stunde Schlafen bringt dort ein Silberstück ein und jedes Mal Gähnen ein Goldstück. Wer gern arbeitet, das Gute tut und das Böse lässt, der wird aus dem Schlaraffen-land vertrieben. Aber wer nichts kann, nur schlafen, essen, trinken, tanzen und spielen, der wird zum Grafen ernannt. Und der Faulste wird König im Schlaraffenland.« Am Ende gibt es noch einen Hinweis, wie man in dieses Land kommt. Dieses Märchen beschreibt mit dem Aspekt der Trägheit die blockierte Bauchenergie.

Der Bauch in seiner Grundfunktion

Die Triebenergie in ihren verschiedenen Formen, wie sie durch den Bauch repräsentiert wird, ist in ihrer ursprüng-lichen natürlichen Ausprägung neutral. Erst der Mensch, der Herz und Verstand besitzt, kommt in Konflikte, muss sich mit Schuld und Sünde auseinandersetzen. Niemand würde auf die Idee kommen, ein Tier für sündig oder schuldig zu halten, wenn es – um seinen Hunger zu stillen und sein Überleben zu sichern – ein anderes Tier frisst. Für den Menschen gelten andere Gesetze. Er muss sich an moralische Regeln halten und kann nicht, wie das Eichhörnchen, in Nachbars Garten springen und sich dort die Nussvorräte aneignen. Auf dem Weg der Evolution wurden unsere Triebkräfte kultiviert und reglementiert, nur so konnte das Überleben der menschlichen Gemeinschaft gewährleistet werden. Mit der Entwicklung des Großhirns und damit des bewussten Denkens und Reflektierens wurden immer mehr Regeln und Gesetze geschaffen, die ein Zusammenleben der Menschen festlegen. Dabei ist man allerdings weitgehend davon ausgegangen, dass die mächtigen natürlichen Triebkräfte des Menschen durch Erkenntnis, durch moralische Erziehung und durch Bestrafung in ihren Grenzen gehalten werden können. Das Scheitern dieser Ideale sehen wir täglich genauso im Straßenverkehr wie im Kriegs- und Gewaltgeschehen auf der ganzen Welt.

Es braucht ganzheitliche Wege und viel Geduld, um die Natur nicht zu unterdrücken oder gar abzutöten, sondern sie immer mehr mit Kopf und Herz in Einklang zu bringen. Der Tantra-Yoga-Weg zeigt dies in eindrücklicher Weise. Alle Kräfte des Lebens werden auf dem Entwicklungsweg des Menschen genützt, um mit sich und anderen in Frieden leben zu können. So wird die Bauchenergie zur »Erdmitte« des Menschen, zu einer festen und verlässlichen Basis, die Lebensfreude und Lebensgenuss einschließt.

Die unterschiedlichen Qualitäten der Bauchenergie werden nachfolgend anhand der drei untersten Chakras beschrieben.

Der Überlebenstrieb

Er ist geprägt vom Umgang mit der materiellen Welt. Der Überlebenstrieb steht wie das Wurzelchakra für die Verbundenheit mit unserer Lebensbasis, der Erde. Er umfasst die Suche nach Nahrung, das Sammeln und Anlegen von Vorräten für karge Zeiten und das Versorgen der eigenen Familie. Zwar ist der Überlebenstrieb in erster Linie auf das eigene Überleben gerichtet, aber wenn das gesichert ist, werden Familie und Sippe mitversorgt, um das Überleben der Gemeinschaft zu sichern. Dieses Überleben erforderte für den Urmenschen einen guten Umgang mit der Materie, mit Nahrungsmitteln, Feuerholz oder Werkzeugen (für den heutigen Menschen bedeutet dieser gute Umgang mit der Materie auch ein gutes Verhältnis zu Geld). Dieser Trieb entspricht der Tätigkeit der Verdauungsorgane: Fremdes wird aufgenommen, umgewandelt, in eine Körperenergie verwandelt, gespeichert, und der Rest wird ausgeschieden. Die wichtigste Voraussetzung ist instinktives Wahrnehmen und Handeln, das heißt, die Wahrnehmung der Welt mit allen Sinnen und das darauf ausgerichtete Handeln. Wer hätte dem Urmenschen gesagt, welche chemischen Substanzen eine Tollkirsche hat und wie sie auf ihn wirken. Er musste es riechen, noch bevor er die Tollkirsche schmeckte, wenn er überleben wollte.

Aus dieser Wichtigkeit der Sinnesorgane entsteht ein ausgeprägtes Körpergefühl, eine Wahrnehmung von Kälte und Wärme, ein Spüren der körperlichen Möglichkeiten und Grenzen.

Der Sexualtrieb

Ist eine bestimmte Grundversorgung und Stabilität gesichert, kann sich der Mensch der Zeugung von Nachkommen zuwenden. Auf dieser Ebene beginnt auch die Erfahrung des Menschen, Lust erleben zu können. Sigmund Freud (1856–1939), der Begründer der Psychoanalyse, sieht im Geschlechtstrieb, in der Libido, wie er ihn nannte, den mächtigsten Trieb. Er führt, so Freud, keinesfalls nur zur notwendigen Arterhaltung, sondern steht für das menschliche Bedürfnis, sexuelle Lust zu empfinden und diese auch zu befriedigen. Störungen in der Entwicklung des Geschlechtstriebs, die in der Kindheit mehrere Phasen durchläuft, führen nach Freud zu schwerwiegenden psychischen Störungen. Auf der körperlichen Ebene wird dieser Trieb durch Hormone gesteuert.

Der Umgang mit der Sexualität führte und führt zu regelrechten Glaubenskriegen. In eher lustfeindlichen Religionen soll die Sexualität auf die Fortpflanzung reduziert werden. In der säkularen Spaßgesellschaft soll durch die Befreiung der Sexualität von moralischen Begrenzungen die totale Glückseligkeit erreicht werden. Keines der beiden Extreme erweist sich allerdings als wirklich befreiend oder hilfreich auf dem menschlichen Entwicklungsweg. Wir müssen lernen, mit dieser mächtigen Kraft gut umzugehen, indem wir sie mit Herz und Kopf verbinden. Dabei hilft das Bild des zweiten Chakras, des Sexualchakras, das mit dem Wasserelement verbunden ist: Auch wenn das Wasser sanft und weich wirkt, hat es doch die mächtigste Kraft, wie eine chinesische Weisheit sagt: »Das weiche Wasser bricht den Stein.« Wenn wir das Wasser im richtigen Sinne nützen, ist es befruchtend, nährend und kann wahre Wunder bewirken.

Der Aggressionstrieb und der Wille zur Macht

Der Aggressionstrieb liegt auf einer anderen Ebene. Dieser feurige Trieb ist nach außen gerichtet, schnell entzündbar, aber oft nicht lange anhaltend. Das Symboltier des dritten Chakras ist der Widder, der dem Feuerelement entspricht. Dem Widder sagt man ja nach, dass er gerne mit dem Kopf durch die Wand geht. Diese Kraft zum Angriff und zur Verteidigung war und ist notwendig, um die Gefahren zu meistern, denen menschliches Leben ausgesetzt ist. Der Aggressionstrieb bei Mensch und Tier spiegelt sich im Immunsystem wider. Dieses komplexe System sorgt dafür, dass Gefahren für den Körper, wie zum Beispiel Angreifer in Form von Bakterien oder Viren, erkannt und mittels eines großen Abwehrapparats eliminiert werden. Neben den Widrigkeiten der Natur war und ist der Mensch seinen Artgenossen ausgesetzt, die vor keiner Art von Grausamkeit Halt machen, um ihr Territorium zu erweitern bzw. eigene Machtinteressen zu vertreten.

Um sich dem Aggressions- und Angriffstrieb anderer widersetzen zu können, stehen dem Menschen mehrere Reflexe zur Verfügung: der Verteidigungsreflex sowie der Flucht- oder Totstellreflex. Offensichtlich reagiert jeder Mensch in erster Linie mit einem der drei Reflexe. Während der eine sofort die Flucht ergreift, wenn ein Angriff etwa in Form eines Konflikts naht, stellt sich der andere tot und zieht sich in sich selbst zurück. Ein Dritter reagiert mit Gegenangriff. Da die Reflexe unbewusst ablaufen und vom Instinkt gesteuert sind, stehen sie – wie die Triebe – mit der Bauchenergie in Verbindung.

Eine weitere antreibende Bauchkraft ist der Wille zur Macht. Er hat sich in der Evolution aus der Erfahrung entwickelt, dass Gruppen eine gewisse Hierarchie brauchen, um überleben zu können. Die vielen Studien mit unseren Verwandten, den Menschenaffen, zeigen, dass Alpha-Männchen und Alpha-Weibchen Verantwortung für die Gruppe übernehmen, dafür aber auch die Macht beanspruchen. Schon bei ihnen zeigt sich, dass niemand die Macht gerne abgibt. Die größten Kämpfe in der Gruppe drehen sich demnach um Machterhalt und Machtverlust.

Der Bauch im alltäglichen Leben

Der Aggressionstrieb im Menschen gepaart mit der zunehmenden Kopfdominanz hat zur Entwicklung von Waffensystemen geführt, mit denen man die ganze Welt in Brand setzen kann. Obwohl alle beteuern, diese nur zur Verteidigung einzusetzen, werden täglich neue Angriffswaffen hergestellt und verkauft. Dabei fragt man sich, wogegen man sich zu verteidigen hat, wenn sich doch niemand wirklich in der Rolle des Angreifers sieht. Das heißt, die Realität lehrt uns, dass wir alle über diesen mächtigen Trieb verfügen, der ja auch unser Überleben gesichert hat.

Beobachten Sie einmal, welche Macht ein Säugling hat, der nicht aufhört, lauthals zu schreien, zum Beispiel während einer Familienfeier oder in einem Lokal, in dem lauter fremde Menschen sitzen. Hektisch versuchen die Eltern, eine Möglichkeit zu finden, das Kind zu beruhigen. Meist gelingt das mit der Mutterbrust am besten. So holt sich das kleine Wesen, was es braucht: Nahrung und Geborgenheit. Noch ganz unreflektiert verleiht der Säugling seinen Bedürfnissen Ausdruck. Sein Instinkt ist es, der ihn das Lebensnotwendige – Essen oder Zuneigung – machtvoll erzwingen lässt. Auch der Erwachsene mit Dominanz Bauch weiß in der Regel instinktiv, wie er seine Bedürfnisse äußern muss, damit sie

befriedigt werden können, nur bringt er den Wunsch danach
normalerweise nicht durch Schreien zum Ausdruck. Trotzdem kann er sich zuweilen wie ein Kleinkind benehmen,
das in Wut gerät, weil Mama nicht sofort zur Stelle ist. So
will er erreichen, dass er die Aufmerksamkeit und Beachtung
bekommt, die er braucht, oder dass er einfach nur zu seinem
Recht kommt. Da der Bauch für die körperliche Ebene steht,
sind die Instinktbotschaften klar und unmissverständlich.
Manipulation liegt ihm eher nicht. Wenn wir noch einmal
einen Ausflug in die Kleinkinderwelt machen, finden wir hier
das trotzige Kind, das nicht isst, was es nicht mag. Was ihm
gegen seinen Willen in den Mund geschoben wird, spuckt es
aus. Eine klare Botschaft. Aber da niemand nur in einem der
drei Bereiche dominant ist, sondern es sich immer um eine
Mischung handelt, ist diese klare und eindeutige Verhaltensweise nicht so häufig zu finden. Oft wird die zwar deutlich
gefühlte Wut nicht ausgedrückt, sondern unterdrückt oder
mit rationalen Argumenten scheinbar besänftigt. Der Zorn
kann sich auch nach innen wenden, zu Rachegefühlen führen
und sich in Autoaggressionserkrankungen, Lähmungen oder
Blockaden bemerkbar machen.

Der Bauchmensch kann sehr intensiv und heftig in seinem
Wollen sein. Wenn er sich von seinen triebhaften Wünschen
beherrschen lässt, werden Verstand und Gefühl fast völlig
ausgeschaltet.

Wenn er seinen außerordentlich guten Instinkt dafür einsetzt, nur seine eigenen Ziele zu verfolgen, sammelt er in
der Regel ein großes Machtpotenzial an, das er geschickt
nützen kann. Sein starkes Bedürfnis nach materiellen Gütern
kommt aus einer tief sitzenden Angst, unterzugehen und
nicht genügend Schutz in dieser Welt zu finden. Der große

Wunsch nach Macht hat ebenfalls mit den Urängsten zu tun, die tief in seinem Unbewussten schlummern. Er hat Angst, von anderen beherrscht oder gar ausgelöscht zu werden. Die Bauchenergie kann unberechenbar explodieren und zu Wutausbrüchen führen.

Körperliche Berührung und damit auch Sexualität sind für einen Bauchmenschen eine wichtige Energiequelle. Ist dieses Bedürfnis allerdings allzu sehr von der Herzenergie abgetrennt, kann die Sexualität für den Bauchmenschen zur Gier werden, die er um jeden Preis befriedigen muss und die ihn schließlich in Sucht und Abhängigkeit führt.

Auf eine unerlöste Bauchenergie weist die passive Aggression, die man als solche nicht leicht erkennt, hin.

Andere Varianten der Bauchenergie sind Geduld, Beharren und Trägheit. So wie die unteren Chakras als »langsam schwingend« beschrieben werden, ist auch der Körper wesentlich langsamer als zum Beispiel der Kopf. Mittels Gedanken können wir uns in Sekunden auf einen anderen Kontinent bewegen, die träge Materie, der Körper, braucht trotz aller schnellen Verkehrsmittel wesentlich länger. Hinter der sprichwörtlichen Gemütlichkeit des Bauchmenschen und der Friedfertigkeit, die wirklich oft vorhanden ist, kann Trägheit und ein Hang zur Bequemlichkeit stecken. Aggressionen werden nicht gezeigt, sondern auf andere projiziert. Der »Friedliche« kann dann oft gar nicht verstehen, warum ausgerechnet er immer an aggressive Menschen gerät.

Ein Klient, der sich selbst spontan als Bauchtyp einstufte, erzählte mir kürzlich, dass seine Frau bei ihm nur den richtigen Knopf drücken müsse, und er fühle eine ohnmächtige Wut, die er kaum mehr steuern könne. Er würde dann am liebsten weinen und mit den Füßen stampfen oder einfach alles Geschirr zerschlagen. Sie dagegen reagiere darauf mit Rückzug und strafe ihn mit eisigem Schweigen.

Besonders gefährlich wird es, wenn die Instinktebene nahezu ausschließlich, losgelöst von Kopf und Herz, den Ton angibt. Davon erzählte mir ein junger Mann, der sich vor zwei Jahren mit dem HIV-Virus infiziert hatte. Das »mulmige Gefühl im Bauch«, das sich schon beim ersten Kennenlernen des Partners eingestellt hatte, drang nicht bis in sein Bewusstsein, sprich: nicht bis zu seinem Kopf, vor. Die Lust und der Wunsch nach Sex waren so groß, dass er die Hinweise, die ihm der andere ganz offensichtlich gab, nicht wirklich ernst nahm. Der Schock, als er die Diagnose hörte, und die Angst, seinen sehr anspruchsvollen Arbeitsplatz dadurch zu verlieren, stürzten ihn in eine schwere Depression. Im Strudel der schmerzhaftesten Gefühle, hin- und hergerissen zwischen Verzweiflung und Wut, Angst und Hoffnung, erlebte er völlig neue Seiten von sich. Inzwischen hat er einen Weg gefunden damit umzugehen und ist dabei, sich in einer Aids-Stiftung zu engagieren.

Homöopathische Begegnung

Eine große Hilfe kann es für den Bauchmenschen sein, wenn ihm jemand mit der gleich starken Dominanz, allerdings auf einer anderen Ebene, begegnet. Wie in der Homöopathie kann dieser Spiegel, den der andere zeigt, zum Heilmittel werden, vor allem wenn der andere Mensch mit dem Thema bewusster umgeht. Dazu fällt mir spontan die nachfolgende Szene ein, die ich kürzlich in einem Hotel beobachten konnte:

Im Foyer saßen einige sehr gut gekleidete Damen, die offensichtlich auf jemanden warteten. Noch bevor irgendwer zu sehen war, konnte man auf dem Marmorfußboden der Eingangshalle energische laute Schritte hören. Offensichtlich war dem groß gewachsenen, bestens gekleideten Mann nicht daran gelegen, auf leisen Sohlen zu erscheinen. Die Damen wandten sich ihm mit größter Aufmerksamkeit zu und reichten ihm Papiere, die er lässig überflog. Weil der Ober ihn nicht sofort entdeckt hatte, rief er laut und unwillig nach ihm, statt einer Bestellung erteilte er einen Befehl. Er schien sehr mächtig, willensstark und selbstsicher zu sein. Die Frauen um ihn herum saßen mit leicht vorgebeugtem Oberkörper ihm freundlich zugewandt. Er schob die Papiere etwas unwillig zur Seite, die Damen wurden noch freundlicher und noch liebenswerter. Auf mich wirkte diese fast untertänige Haltung der Frauen eher peinlich, und ich hätte mich sicher abgewandt, wenn ich in Gedanken nicht schon mit diesem Buch beschäftigt gewesen wäre. So beschloss ich, die Situation wertfrei zu beobachten und Erkenntnisse zu sammeln. Da erschien ein zweiter Mann, eher klein und rundlich, der auch sehr dynamisch, aber deutlich langsamer als der erste auf die Gruppe zukam. Er wirkte freundlich, begrüßte alle Anwesenden und beugte sich ebenfalls über die Papiere, nachdem er sich gesetzt hatte. Er las aufmerksam, stellte zwischendurch eine Frage. Die ganze Situation entspannte sich. Die Frauen lehnten sich zurück, der zuerst Gekommene war mit seinem Tee befasst, bis ihm der freundliche Herr die Papiere wieder zuschob und ihn offensichtlich bat, sie noch einmal anzuschauen. Obwohl freundlich, wirkte auch er energisch und durchaus mächtig. Man konnte plötzlich spüren, wie sich der zuerst Gekommene etwas unsicher fühlte und sich sofort mit den Papieren beschäftigte. Ich hatte den Eindruck, dass sich hier zwei mächtige Männer begegnet waren, der eine eher mit einer Betonung von Bauch und Kopf, der andere von Bauch und Herz.

Eine konstruktiv eingesetzte Bauchenergie findet man oft auch bei Müttern, wenn sie ihre Kinder oder die ihnen anvertrauten verteidigen. Dann können selbst die sanftesten Frauen sprichwörtlich wie die Löwinnen kämpfen. Dazu möchte ich ein besonders eindrückliches Beispiel aus meiner Praxis erzählen:

Eines Tages meldete sich eine neue Patientin an, die schon am Telefon sehr schüchtern klang. Als ich die Tür öffnete, stand da eine junge, außergewöhnlich schöne und anziehende Frau. Sie setzte sich nur auf die vorderste Stuhlkante und fing schon bei den ersten Sätzen an zu weinen. Langsam fand ich dann doch die ganze Geschichte heraus. Sie hatte sich von ihrem Mann, einem Arzt, getrennt, weil er seit Jahren Alkoholiker war und ihr das Zusammenleben mit ihm unerträglich schien. Daraufhin hatte er alles getan, um das Sorgerecht für die Kinder zu erhalten. Er hatte gute Aussichten, er war Arzt und ein äußerst geschickter Redner. Sie hingegen war eine junge, hübsche Frau, der man kaum glauben mochte, dass es keinen anderen Mann in ihrem Leben gab. Aber tatsächlich wollte sie ihren Mann einfach nur verlassen, weil sie es nicht mehr aushielt. Die Angst um ihre Kinder hatte sie so konfus gemacht, dass sie auch auf mich sehr verstört wirkte. Ob es Zufall oder Fügung war, weiß ich nicht, jedenfalls lernte ich kurz darauf bei einem fachlichen Treffen, das eine Arzneimittelfirma organisiert hatte, diesen Mann kennen. So konnte ich mir schnell ein Bild machen. Ich hatte sofort das Gefühl, dass das Alkoholproblem stärker war, als es nach außen schien.

Zumindest die kleine Tochter wäre bei diesem Mann sicher nicht gut aufgehoben gewesen, auch wenn er inzwischen bereits wieder eine Freundin hatte, die – wie er mir erzählte – sich gerne um seine Tochter kümmern wollte. Da er nicht wusste, dass ich seine Frau kannte, erzählte er freimütig seine Geschichte und sprach auch davon, dass er seine Frau für seelisch krank halte. Und das war sie nun ganz und gar nicht. Sie hatte Angst, war nicht besonders lebenstüchtig und ein absoluter Herzmensch. Mit Hilfe vieler Musikreisen gewann sie Vertrauen zu sich selbst, brachte ihre Lebensumstände in Ordnung und entschloss sich, um die Kinder zu kämpfen. Sie entwickelte eine zähe, unbeirrbare Kraft und schaffte es über die Jahre, diese kleine Familie nicht nur zusammenzuhalten, sondern ihren Kindern eine ausgezeichnete Startchance ins Leben zu geben.

Bauchenergie als kreatives Potenzial

Eine äußerst positive und kreative Einlösung dieser ursprünglichen Wut hat uns Karlheinz Böhm gezeigt. In mehreren Interviews sagte er, dass der Plan für sein Äthiopien-Hilfsprojekt aus Wut entstanden sei, aus Wut über die Ungerechtigkeit der Reichen und Satten, aus Wut über die Ignoranz der Mächtigen. Diese Wut, so sagte er, war eine enorme Kraft, die ihm half, Hindernisse aus dem Weg zu räumen und die richtigen Menschen für sein Projekt zu gewinnen. Die Wette im Fernsehen, die ihm das nötige Startkapital brachte, war eine spontane Idee, wie sie typisch ist für Menschen, die in Kontakt mit ihrer Bauchenergie sind.

An eine spontane Aussage, die aus dem Bauch heraus kam, erinnere ich mich auch in Zusammenhang mit einem

Yoga-Seminar im Tessin. »Nein danke, ich nehme lieber den jungen Mann da hinten«. Mit diesem Satz verblüffte die damals fast 90-jährige Elisabeth Haich ihre Anhängerinnen, als sie die im wahrsten Sinne des Wortes mächtige alte Dame stützen wollten. Sie hatte sich das Bein gebrochen und war etwas wackelig unterwegs. Mit diesen Worten winkte sie einen sehr gut aussehenden jungen Mann zu sich heran und stützte sich auf dem Weg in den Vortragsraum auf seinen Arm. Sie verfügte noch im Alter von fast 90 Jahren über eine gewisse erotische Ausstrahlung, und so ist es nicht verwunderlich, dass sich die imposante Ungarin in ihrem Buch »Sexuelle Kraft und Yoga« schon in den Fünfzigerjahren mit diesem Thema auseinandersetzte. Bekannt geworden war sie vor allem durch ihr Buch »Die Einweihung«, bei dem der Umgang mit sexueller Energie ebenfalls eine wichtige Rolle spielt. Als echte Bauchfrau hatte sie in dem indischen Arzt und Yoga-Lehrer Selvarajan Yesudian einen Mann gefunden, mit dem sie nicht nur viele Bücher schrieb, sondern auch ein großes Yogazentrum begründete.

Mit einer Bemerkung, die – wie sie selbst sagte – spontan aus dem Bauch heraus kam, hatte eine Patientin eine Männergesellschaft geschockt. Sie war bei einer offiziellen Einladung eine der wenigen Frauen und bemühte sich zunächst sehr freundlich um ein Gespräch. Die Männer waren allerdings nicht gewillt, sich bei ihren Unterhaltungen stören zu lassen, und überboten sich gegenseitig mit Schilderungen ihrer Erfolge beim Golf. Nicht nur kannte jeder den schicksten und teuersten Golfplatz, sondern jeder war natürlich auch der beste Spieler. Da platzte meine Patientin zu ihrem eigenen Erstaunen laut und recht scharf mit der Frage heraus: »Haben die Herren sonst noch etwas zu bieten?« Hätte sie sich vorher überlegt, was für eine peinliche Stille sie damit hervorrufen würde, hätte sie die Bemerkung sicher verschluckt.

Ein wichtiges Thema, das mit unserer Bauchenergie zusammenhängt, ist der Umgang mit Sexualität. Die Probleme in diesem Bereich scheinen trotz aller Freiheit eher zuzunehmen; Angebote mit virtuellem Sex und Internet-Pornographie füllen täglich die E-Mail-Speicher und zeigen, dass wir uns immer weiter von der natürlichen körperlichen Empfindung entfremden und unser Leben immer mehr im Kopf stattfindet. Die Meinung mancher Esoteriker, die darin eine Entwicklung in Richtung »Vergeistigung des Körpers« ansehen, kann ich nicht teilen. Gerade der Bauchmensch vermag dieser »Verkopfung« der Sexualität und den »Kopfgeburten« etwas entgegenzusetzen, und das umso mehr, wenn er auch die Herzebene einbezieht.

Die Heilung der Angst

Die Angst des Bauchmenschen ist, zu kurz zu kommen, nicht genug zu bekommen im Leben. Der Bauchmensch hat Angst, dass er nicht mehr für das Lebensnotwendige seiner ihm Anvertrauten sorgen kann. Dabei entwickelt er nicht selten eine Gier, mit der er weit mehr als das Notwendige zum Überleben anhäuft. Diese Gier kann dazu führen, dass er sich zu viel »einverleibt«. Auf allen Ebenen muss er sich vor einem Zuviel hüten: auf der materiellen, emotionalen, sportlichen, sexuellen Ebene usw. Heilung findet dann statt, wenn der Bauchmensch lernt, dass er immer genug zum Leben hat, dass weniger manchmal mehr ist und dass wahrer Genuss und echte Freude sich nur entwickeln können, wenn Grenzen akzeptiert werden. Ein hemmungsloses Ausleben aller Bedürfnisse hat noch niemanden wirklich froh und glücklich gemacht, da erfüllte Wünsche bekanntlich sofort neue erzeugen.

Bauchdominanz mit Herz und Kopf in Einklang bringen

Ihre Tatkraft und Ihre schöpferische Energie sind überaus wertvoll. Achten Sie dennoch darauf, dass Sie nicht immer nur vorwärtsstürmen, arbeiten und Neues schaffen, sondern lassen Sie sich Zeit, das Geschaffene auch zu genießen. So werden Sie feststellen, dass es gar nicht so viel ist, was Sie brauchen, um sich wohlzufühlen. Die Natur ist dabei Ihre wertvollste Verbündete. Sie ist eine Kraftquelle, sie kann Ihnen auf einfache Weise helfen, sich zu regenerieren und den Blick wieder auf das Wesentliche zu lenken. Geben Sie dem Spirituellen Raum, wo immer Sie es finden: in der Natur, in der Kirche oder in der Musik. Pflegen Sie Herzensbeziehungen, indem Sie den Menschen in Ihrer Umgebung einmal ganz bewusst zuhören, sie mit dem Herzen wahrnehmen und verstehen.

Basisübung
- Setzen Sie sich aufrecht hin, die Füße stehen nebeneinander auf dem Boden, die Hände liegen auf den Oberschenkeln.
- Lenken Sie die Aufmerksamkeit auf den Atem, atmen Sie tief und gleichmäßig und entspannen Sie sich mit dem Ausatmen tiefer und tiefer.
- Stellen Sie sich vor Ihrem inneren Auge die Zahl 3 vor, proji-

217

zieren Sie diese Zahl in Ihren Kopf. Stellen Sie sich die Zahl 2 vor und lassen Sie diese Zahl im Herzbereich erscheinen. Die Zahl 1 stellen Sie sich im Bauchbereich vor.

- Lenken Sie die Aufmerksamkeit auf Ihren Scheitel und stellen Sie sich dort die Zahl 10 vor, gehen Sie im Körper weiter nach unten, während Sie langsam zurückzählen bis zur Zahl 1. Jetzt sind Sie am untersten Punkt Ihres Rumpfes angelangt. Dabei haben Sie sich noch tiefer entspannt.

- Stellen Sie sich im Bauch- und Beckenraum ein warmes Rot vor und spüren Sie die Bauchenergie als angenehm pulsierend und kraftvoll. Gehen Sie dann weiter nach oben in den Herzraum.

- Visualisieren Sie einen Schalter, mit dem Sie ein angenehmes grünes Licht in Ihrem Herzraum einschalten können. Wenn Ihnen die Farbe nicht angenehm ist, schalten Sie einfach nur die Energie im Herzraum mit dem entsprechenden Schalter ein. Nehmen Sie wahr, wie verstärkt Kraft in diesem Bereich des Körpers fließt. Gehen Sie weiter nach oben in den Kopf.

- Betätigen Sie nun den Kopfschalter, während Sie kühle blaue Farbe visualisieren oder sich einen verstärkten Energiefluß vorstellen. Sie sollten sich den Schalter immer an der gleichen Stelle vorstellen, damit Sie ihn sofort finden, wenn Sie sich einen schnellen Zugang zur Kopfenergie wünschen.

- Bitten Sie dort, wo Sie einen Energiemangel feststellen oder wo es Ihnen schwer fällt, den »Schalter« zu finden, um eine Botschaft, was Sie für diesen Bereich tun können. Achten Sie auf alle Signale, es können Bilder, Worte, Erinnerungen, Töne oder Farben sein, die in verschlüsselter Weise die entsprechende Nachricht enthalten (im Kapitel

»Was Sie zum Umgang mit dem Buch wissen müssen«
finden Sie Näheres dazu).

– Jetzt sind alle drei Bereiche aktiv: Kopf, Herz und Bauch.
  Sie können Ihr volles Energiepotenzial nutzen. Bleiben Sie,
  solange es Ihnen angenehm ist, bei dieser Vorstellung.

– Beenden Sie die Übung, indem Sie langsam von 1 bis 10
  zählen und von unten wieder nach oben kommen.

– Am Ende lassen Sie noch einmal die 3 im Kopf, die 2 im
  Herzen und die 1 im Bauch auftauchen.

– Strecken und dehnen Sie sich und spüren Sie einen Moment nach, wie Sie sich fühlen.

Einige Beispiele, wann Sie diese Übung durchführen sollten:

– wenn Sie Probleme mit anderen Menschen haben und mit
  Ihrem Willen auf Widerstand stoßen.

– wenn Sie Sorgen und Angst um die Zukunft haben.

– wenn Sie wütend und ärgerlich sind.

– wenn Sie ein Ziel, das Sie sich gesetzt haben, planvoll
  verwirklichen wollen.

Den Kopfanteil stärken

Übung: Konzentration

Konzentration bedeutet Bündelung der Kräfte. Denken Sie
an die Wirkung der Sonnenstrahlen, die durch ein Brennglas gebündelt werden. Kann man vorher mit den warmen
Sonnenstrahlen allenfalls die Haut erwärmen, so gelingt es
jetzt ganz leicht, etwas zu entzünden. Gebündelte Gedanken
haben eine große Kraft.

– Setzen Sie sich bequem und aufrecht hin und lenken Sie
  die Aufmerksamkeit auf den Atem.

- Beobachten Sie sich selbst und nehmen Sie wahr, was in Ihrem Körper vor sich geht, wie Sie sich jetzt gerade in Ihrem Körper fühlen.
- Nehmen Sie Ihre Stimmung, Ihre Gefühle war, spüren Sie nach, ob es etwas gibt, was Sie unbedingt tun möchten, was Sie haben möchten.
- Nehmen Sie vor allem Spannungen oder Schmerz in Ihrem Körper wahr, lokalisieren Sie die Spannung oder den Schmerz ganz genau.
- Beginnen Sie dann bei den Füßen und gehen Sie mit Ihrer Aufmerksamkeit langsam nach oben zu den Unterschenkeln, Knien, Oberschenkeln.
- Nehmen Sie wahr, wie sich Ihr Becken und Ihr gesamter Bauchraum anfühlen.
- Gehen Sie weiter in den Brustraum und konzentrieren Sie sich auf Ihr Herz. Nehmen Sie einfach nur wahr, ohne Wertung, sammeln Sie so Informationen über Ihren Körper.
- Wenn Sie vorher einen Schmerz oder eine Verspannung wahrgenommen haben, lenken Sie jetzt Ihre Aufmerksamkeit noch einmal dorthin. Geben Sie der Spannung oder dem Schmerz eine Stimme oder ein Bild. Finden Sie so heraus, was sie Ihnen sagen möchten.

Machen Sie sich diese Übung vor allem dann zur Gewohnheit, wenn Sie mit einem Sucht- oder Abhängigkeitsproblem zu kämpfen haben. Wenn Sie zum Beispiel das drängende Bedürfnis spüren, Schokolade zu essen, finden Sie heraus, welcher Teil Ihres Körpers die Schokolade möchte. Fragen Sie diesen Teil, ob es wirklich die Schokolade ist oder etwas anderes, das er möchte. Nicht selten taucht dann das Wort

Ruhe oder Berührung auf. So finden Sie am besten heraus, was Sie wirklich brauchen, und können es nach und nach mit dem austauschen, was Sie Ihrem Körper immer anstatt dessen angeboten haben.

Mit Hilfe Ihrer inneren Vorstellung können Sie dieses Begehren, vor allem dann, wenn es Ihnen letztlich nicht gut dabei geht, ausschalten.

Übung: Loslassen

Kaum etwas anderes fällt dem Menschen so schwer wie Loslassen. Es bedeutet im wahrsten Sinne des Wortes, sich an nichts mehr zu klammern, nicht an eine Idee, ein Ding, ein Ereignis, einen Menschen, eine Erinnerung, eine bestimmte Zeit, eine bestimmte Sichtweise. Loslassen bedeutet, so sagt der bekannte Meditationslehrer J. Kabat-Zinn, »sich ganz bewusst dem Strom des Augenblicks hinzugeben, es bedeutet, dass man aufhört, Dinge erzwingen zu wollen, Widerstand zu leisten oder zu kämpfen. Man gibt all das auf zugunsten von etwas, was machtvoller und gesünder ist und das entsteht, wenn man zulässt, dass die Dinge so sind, wie sie sind, ohne dass man sich in Vorlieben oder Abneigungen ihnen gegenüber verstrickt. Loslassen ähnelt dem Öffnen der Hand, um etwas freizugeben, das man festgehalten hat.«

- Legen Sie sich entspannt auf den Boden, grätschen Sie die Beine und lassen Sie die Füße locker auseinanderfallen.
- Die Arme liegen neben dem Körper, die Handflächen zeigen nach oben.
- Stellen Sie sich jetzt vor, Sie greifen bewusst nach etwas sehr Wertvollem, das Sie besitzen oder das Sie festhalten wollen.

- Ballen Sie dabei mit dem Einatmen die Hände zu Fäusten und spüren Sie bewusst dem Impuls des Greifens und Festhaltens nach.
- Halten Sie während der Atemfülle die Spannung in den Händen fest und lassen Sie mit dem Ausatmen ganz bewusst los, indem Sie die Hände öffnen.
- Üben Sie mit unterschiedlicher Intensität, indem Sie bewusst nach etwas greifen oder einfach etwas geschenkt bekommen, das Sie eine Weile festhalten und dann wieder loslassen.

Den Herzanteil stärken

Übung: Krokodilübung
- Legen Sie sich auf die rechte Seite und legen Sie die gestreckten Arme in Schulterhöhe ebenfalls nach rechts, die Arme und Handflächen liegen dabei aufeinander.
- Ziehen Sie die aufeinanderliegenden Knie so nahe wie möglich an den Körper und an die Oberarme heran.
- Schieben Sie mit dem Einatmen die obere linke Hand an der Innenseite des rechten Arms zurück bis zur Brust und strecken Sie den Arm nach links. Beide Arme sind jetzt in Schulterhöhe ausgebreitet, die Knie bewegen sich nicht. Drücken Sie die Schultern kräftig zum Boden, so dass sich der Brustkorb weiten kann.
- Atmen Sie tief in Ihren Herzbereich hinein und drehen Sie mit dem nächsten Ausatmen auch den Kopf nach links.
- Bleiben Sie mehrere Atemzüge lang in dieser Haltung.
- Üben Sie dann zur anderen Seite und lassen Sie sich nach Beendigung der Übung Zeit zum Nachspüren.

Diese Übung lässt Sie den Atem- und damit den Herzraum deutlicher empfinden. Die Durchblutung des Herzens wird dabei angeregt.

Übung: Dem Herzen Raum geben

Nehmen Sie einmal am Tag bewusst Ihr Herz wahr, atmen Sie so tief wie möglich aus und ein und spüren Sie die Weite im Brustkorb.

- Legen Sie sich auf den Rücken oder stellen Sie sich aufrecht hin. Breiten Sie die Arme seitlich aus, so dass Ihr Körper eine Kreuzform bildet.
- Atmen Sie tief in diese Dehnung hinein. Konzentrieren Sie sich jeweils beim Ausatmen auf die Herzmitte, beim Einatmen dehnen Sie sich nach außen.
- Lassen Sie jeweils von der Herzmitte ausgehend die folgenden Vokale in horizontaler oder vertikaler Linie durch den Körper klingen:
- von der Herzmitte aus nach unten bis zu den Füßen dreimal ein tiefes »uuu«.
- von der Herzmitte nach oben bis zum Scheitel dreimal ein hohes »iii«.
- von der Herzmitte in die Arme bis zu den Händen dreimal ein kräftiges »aaa«.
- Konzentrieren Sie sich noch einmal auf die Herzmitte und tönen Sie dreimal »OM«. Stellen Sie sich dabei vor, wie in Ihrem Herzen eine Rose erblüht, die sich nach außen öffnet, oder einen hellen Stern, dessen Licht den ganzen Körper durchdringt.
- Affirmation: »Ich öffne mein Herz«.

Musik

- Wählen Sie Musik, die Sie in Bewegung bringt und zum Tanzen animiert (Salsa, Tango etc.).
- Hören Sie Musik von Beethoven, Brahms, Richard Strauss oder Wagner. Bei dieser Musik finden häufig die Instrumente Verwendung, die der Bauchenergie entsprechen (Pauken, Schlaginstrumente), und gleichzeitig führt sie in höhere Bereiche und verbindet die Bauch- mit der Herz- und Kopfenergie.
- Wählen Sie Musik aus, die Ihrer Stimmung entspricht, und üben Sie, Emotionen durch Bewegung oder durch Tönen auszudrücken.
- Hören Sie Musikstücke einmal »mit dem Herzen« und ein anderes Mal »mit dem Kopf«. Nehmen Sie wahr, welche Gefühle Musik bei Ihnen auslöst. Verfolgen Sie den Verlauf eines Musikstücks, achten Sie auf Wiederholungen, auf Themen, die Sie erkennen, auf die eingesetzten Instrumente usw.

Meine Empfehlung

Gustav Mahler: Neunte Symphonie (besonders der vierte Satz).
Von Gustav Mahler, der 1860 in Böhmen zur Welt kam, heißt es, dass bei ihm scharfes Denkvermögen mit einem überströmenden Gefühlsleben gepaart war. Die Neunte Symphonie wurde auch seine letzte, die Uraufführung hat er selbst nicht mehr erlebt. Zahlreiche Eintragungen im Partiturentwurf zeigen, dass er sich bereits mit dem Abschied auseinandersetzte. Er starb im 51. Lebensjahr in Wien. Die Symphonie ist wie eine Rückschau auf sein Leben mit allen Höhen und Tiefen und mit allen intensiven Gefühlen. Der vierte Satz

drückt eine tiefe Spiritualität aus, die aber gleichzeitig »ans Herz« geht.

Ludwig van Beethoven: Violinkonzert; Klavierkonzert Nr. 5 (Adagio); Neunte Symphonie, dritter Satz.
Das Genie Beethoven wurde 1770 in Bonn geboren. Seine Begabung wurde schon in Kinderjahren vom Vater entdeckt und gefördert. In der Fachliteratur wird er als der »denkende Musiker« beschrieben. Inspiriert von der Französischen Revolution trat er für Gedankenfreiheit, Demokratie und eine höchste Form der Sittlichkeit ein. Er glaubte an die Naturwissenschaft als den Weg zur Erkenntnis. Die Natur wurde ihm zur größten Kraftquelle, in ihr erkannte er Gott. Sein einziges Violinkonzert, sein Klavierkonzert Nr. 5 oder der dritte Satz aus der Neunten Symphonie sind zur Balance von Bauch, Herz und Kopf sehr zu empfehlen.

Tipps für den Alltag und Schlüsselfragen

Beachten Sie dies im Alltag:
— Bewegen Sie sich regelmäßig so, dass Sie außer Atem kommen. Das tut Ihrem Energiefluss gut und sorgt dafür, dass überschüssige Energien immer wieder abgebaut werden.
— Lernen Sie, Ihre Macht weniger auf andere als auf sich selbst zu richten. Der Größte meistert nicht andere, sondern sich selbst.
— Wenn Sie von brennendem Verlangen überfallen werden und etwas unbedingt haben wollen, holen Sie sich Hilfe beim Kopf; er wird Ihnen sagen, was Sie eigentlich brauchen, nämlich zum Beispiel Ruhe und Entspannung.

- Lesen Sie ab und zu einen für Sie schwierigen Text zum Beispiel aus Philosophie oder Religion und setzen Sie sich damit auseinander (nicht nur Börsennachrichten oder Fachartikel).
- Üben Sie das Loslassen auf allen Gebieten.

Folgende Schlüsselfragen helfen Ihnen weiter:
- Brauchen Sie viel Raum, ein Haus, ein Auto etc. und Geld, um sich in dieser Welt sicher zu fühlen?
- Nehmen Sie Ihre Umwelt instinktiv auf körperlicher Ebene wahr?
- Möchten Sie von allem das Beste (das feinste Essen im Lokal, die besten Hotels etc.)?
- Haben Sie in Ihrem Beruf gerne die Macht, auch wenn Sie das nach außen nicht unbedingt zeigen?
- Setzen Sie sich gern für Schwächere ein und fördern sie?
- Haben Sie Angst vor materiellen Verlusten bzw. Angst davor, arm zu sein?
- Fallen Ihnen Loslassen und Verzichten besonders schwer?

Kopf, Herz und Bauch in der Partnerschaft

»›Ihr gleicht meiner Rose gar nicht, ihr seid
noch nichts‹, sagte er zu ihnen. ›Niemand hat
sich euch vertraut gemacht, und auch ihr habt
euch niemandem vertraut gemacht. Ihr seid,
wie mein Fuchs war. Der war nichts als ein
Fuchs wie hunderttausend andere. Aber ich habe
ihn zu meinem Freund gemacht, und jetzt ist er
einzig in der Welt.‹«

Antoine de Saint-Exupéry, Der Kleine Prinz

Das Glück, das wir uns alle wünschen, finden wir am ehesten,
wenn wir uns in unserem Körper wohl fühlen, wenn die Gefühle fließen können, wenn wir lieben und geliebt werden
und wenn wir positive Gedanken haben und vertrauensvoll
dem Leben entgegenschauen. Dann wird die Partnerschaft
mit anderen Menschen zu einem Geben und Nehmen, zu
einem Fließen und zu einem gemeinsamen Tanz, bei dem
einmal der eine und dann der andere führt.

Bis wir allerdings dieses Ideal nicht nur ab und zu erreichen, sondern es auch halten und, wenn wir aus der Balance
geraten, leicht wiederfinden können, brauchen wir Partner,
die uns herausfordern, an denen wir uns reiben, mit denen wir
lernen und uns entwickeln. Andere Menschen spiegeln uns,

was wir selbst gern hätten, was wir an uns nicht mögen, wie wir denken und fühlen. Sie helfen uns zu erkennen, dass man alles in sich selbst entwickeln muss, wenn man nicht abhängig werden möchte. Sie zeigen uns, dass ein anderer Mensch nicht dazu da ist, unsere Bedürfnisse zu erfüllen. Wir dürfen erfahren, dass ein anderer Mensch manchmal nicht nur in einer anderen Welt, sondern in einem anderen Kosmos lebt.

Bis wir allerdings diese Lehre gelernt haben, glauben wir nicht selten, dass es ausreicht, einen Partner zu finden, der das Defizit ausgleicht. Ein »Handel«, der anfangs gut geht, aber mittelfristig zu Konflikten und Spannungen führen kann, wie die nachfolgenden Beispiele beschreiben. Denn wenn auch das Konzept »erfolgreicher Mann und liebevolle Herzensfrau« vielleicht sogar lange Zeit gut geht, irgendwann möchte einer der beiden Partner das eigene Defizit selbst ausgleichen und lässt den anderen enttäuscht zurück.

Auch hinsichtlich der Dominanz von Herz, Kopf oder Bauch können wir viel von unseren Partnerinnen und Partnern lernen. Entweder suchen wir uns Menschen, die im gleichen Bereich dominant sind, oder solche, die gerade das Gegenteil verkörpern. Letzteres ist der wahrscheinlichere Fall, denn die eigene Dominanz kennen wir ja und müssen sie nicht mehr lernen.

Auf der Website von »Simplify your Life« findet sich bei der Beschreibung von Kopf-, Herz- und Bauchtypen im Enneagramm zum Thema »Partnerschaft« folgende knappe Beschreibung: Kopfmenschen suchen in der Partnerschaft das Doppel-Solo, Herzmenschen das Duett und Bauchmenschen das Duell. So leicht geht es allerdings nur, wenn Menschen mit der gleichen Dominanz aufeinandertreffen.

Der Bauchmensch stellt in der Beziehung die Frage, wer

das Sagen hat. Der Herzmensch fragt unablässig den anderen: »Liebst du mich noch?«, und der Kopfmensch fragt sich, wie er dem anderen klarmachen kann, dass er Raum für sich alleine braucht.

Sie können sich vorstellen, wie schwierig es wird, wenn der Kopfmensch einem Herzmenschen sagt, dass er mehr Raum für sich benötigt. Auch nicht einfach ist es, wenn der Bauchmensch das Sagen haben möchte und der Kopfmensch sich ihm geschickt entzieht, weil er gar nicht daran denkt, sich auf ein Duell einzulassen.

Auch wenn diese Zusammenfassung sehr vereinfacht klingt, scheint sie mir doch eine Portion Wahrheit zu enthalten. Nachfolgend möchte ich die verschiedenen Formen von Kopf-, Herz- und Bauch-Partnerschaften, so wie ich sie in meinem Leben und vor allem in meiner Praxistätigkeit erlebe, vorstellen. Natürlich gibt es – wie ich bereits in früheren Kapiteln angemerkt habe – niemanden, der mehr oder weniger ausschließlich Kopf-, Herz- oder Bauchmensch ist. Dennoch kann man in den alltäglichen Geschichten eine deutliche Dominanz erkennen.

Die Partnerschaft in Märchen und Mythos

Geglückte und missglückte Partnerschaften gehören zu den wichtigsten Inhalten in Märchen und Mythen. Wie im richtigen Leben verkörpern die Märchengestalten einmal mehr den Kopf- und ein anderes Mal den Herz- oder Bauchmenschen. Wie im richtigen Leben treffen sie auf die Partner, die ihnen helfen, die fehlenden Anteile zu erkennen und zu entwickeln.

Der Schweinehirte

Eine diesbezügliche Lehre muss eine sehr hochmütige Prinzessin in Andersens Märchen vom Schweinehirten machen. Von ihrer Besonderheit, Schönheit und Klugheit überzeugt, wies sie jeden Bewerber ab. Einen jungen Prinzen machte sie vor dem gesamten Hof so lächerlich, dass selbst ihr Vater empört war. Der Prinz ließ diese Kränkung nicht einfach auf sich sitzen, er wollte ihrem überlegenen Kopf eine Lehre erteilen. Der junge Prinz verdingte sich beim König, ihrem Vater, als Schweinehirt. Abends machte er mit einem Topf, um den herum Schellen angebracht waren, Musik. Mit dieser Musik lockte er die Prinzessin, die, bezaubert davon, ihre Hofdamen bat, dem Schweinehirten das außergewöhnliche Instrument abzukaufen. Der wollte allerdings dafür einen Kuss von der Prinzessin. Einige Tage lang weigerte sie sich, aber schließlich waren ihre Neugier und ihr Bedürfnis, das zu besitzen, was solch schöne Musik machte, größer. Sie küsste den Schweinehirten und wurde dabei gesehen. Ihr Vater war empört und verlangte, dass sie sein Königreich verlassen und dem Schweinehirten folgen müsse. So musste die schöne Prinzessin ihre wertvollen Kleider ablegen und ihr altes Leben verlassen. Trotzig und wütend folgte sie ihm, bis er schließlich in seinem eigenen Königreich ankam. Jetzt war es der Prinz, der sie, die stolze und kalte Königstochter, abwies.

Rotkäppchen

In welch schwierige Situation ein Herzmensch kommen kann, wenn er bzw. sie den Kopf nicht rechtzeitig einschaltet, erzählt uns das Märchen vom »Rotkäppchen«, das die Brüder

Grimm aufgeschrieben haben. »Es war einmal eine kleine süße Dirne, die hatte jedermann lieb, der sie nur ansah …« So beginnt die Geschichte, die am Ende fast schlecht für das Herzenskind ausgegangen wäre. Rotkäppchen sollte der kranken Großmutter Kuchen und eine Flasche Wein bringen, als es im Wald dem bösen Wolf begegnete. Listig fragte der Wolf, was sie vorhabe. Sie antwortete ganz brav, dass ihre Großmutter krank sei und sie ihr eine Stärkung bringen wolle. Als der Wolf fragte, wo denn die kranke Großmutter wohne, gab das Mädchen folgsam Auskunft. Obwohl sie von ihrer Mutter wusste, wie gefährlich der Wolf war, schien er ihr jetzt so freundlich und Vertrauen erweckend. Als der Wolf ihr empfahl, sich doch noch bei den schönen Blumen umzuschauen, war sie dankbar für diesen Rat und pflückte für die Großmutter einen herrlichen Strauß. Der Wolf hatte Zeit gewonnen und konnte in aller Ruhe die Großmutter aufsuchen. »Ohne ein Wort mit ihr zu sprechen, verschluckte er sie.« Dann zog er die Kleider der Großmutter an, setzte sich ihre Haube auf und legte sich ins Bett.

Als Rotkäppchen ins Zimmer trat, fragte es erstaunt: »Ei, Großmutter, was hast du für große Ohren?« »Dass ich dich besser hören kann«, antwortete der Wolf mit verstellter Stimme. Am Ende fragte es noch, warum die Großmutter plötzlich so ein großes Maul habe, woraufhin der Wolf sagte, dass er es damit besser fressen könne, was er umgehend in die Tat umsetzte. Ein Jäger, der vorbeiging, stellte sich um einiges klüger an. Er hörte ein lautes Schnarchen und überlegte, ob es möglich sei, dass die alte, kranke Frau so laut schnarchen könne. Misstrauisch betrat er die Stube und fand den schlafenden Wolf, aus dessen Bauch er schließlich Großmutter und Kind befreite.

Dieses Märchen zeigt symbolisch die Begegnung zwischen der Herzebene und der Instinktebene, die im Bauch ihren Platz hat. Folgerichtig landet Rotkäppchen dann auch im Bauch des Tieres und wird von einem Menschen »mit Köpfchen« gerettet.

Allerdings hat das Märchen noch einen Nachspann, in dem gezeigt wird, wie man aus einer solchen Erfahrung lernen und beim nächsten Mal mit Kopf, Herz und Bauch reagieren kann. Rotkäppchen sollte wieder einmal der Großmutter Gebackenes bringen, wieder begegnete es dem Wolf. Diesmal ließ es sich nicht aufhalten und ging zügig weiter. Es erzählte der Großmutter von seiner Begegnung, und beide verrammelten Türen und Fenster. Der Wolf aber schlich ums Haus und wartete auf seine Gelegenheit, Rotkäppchen doch noch zu fressen. Er setzte sich aufs Dach, von wo aus er die Tür im Blick hatte. Die Großmutter dachte sich eine List aus: Sie ließ Rotkäppchen kochend heißes Wasser, in dem Wurst gesotten worden war, in einen Trog gießen und ihn bis zum Rand füllen. Dem Wolf stieg der Geruch von Wurst in die Nase, gierig wagte er sich auf dem Dach zu weit nach vorne, purzelte in das kochend heiße Wasser und ertrank.

Der Kleine Prinz

von Antoine de Saint-Exupéry erzählt uns auch eine Partnerschaftsgeschichte. Dabei bleibt für den Kleinen Prinzen die Begegnung mit dem einseitigen Bauchmenschen, dem König, ebenso unbefriedigend wie die mit dem einseitigen Kopfmenschen, dem Geschäftsmann: Nachdem der Kleine Prinz seinen Planeten verlassen hatte, begegnete er auf einem anderen Planeten zunächst einem König, der in Purpur und

Hermelin auf seinem Thron saß. Der König nannte ihn gleich bei der ersten Begegnung einen Untertanen, was den Kleinen Prinzen sehr erstaunte, denn sie kannten sich bisher ja gar nicht. Er wusste eben nicht, dass es für die Könige der Welt höchst einfach ist: Alle Menschen sind Untertanen. Obwohl ihm der König anbot, Justizminister auf seinem kleinen Planeten zu werden und über die eine alte Ratte zu richten, die sich irgendwo befinden musste, wollte der Kleine Prinz weiter und andere Planeten sehen. Auf dem vierten Planeten begegnete er schließlich einem Geschäftsmann. Dieser war so sehr mit seinen Zahlen beschäftigt, dass er bei der Ankunft des Kleinen Prinzen nicht einmal den Kopf hob. Von sich selbst sagte er, er sei ein ernsthafter Mann und habe keine Zeit für Träumereien. Auch dort wollte der Kleine Prinz nicht länger bleiben, und nach einer längeren Reise gelangte er schließlich auf die Erde, wo er einem Fuchs begegnete. Der Fuchs erklärte ihm, dass sie füreinander einzigartig würden, wenn der Kleine Prinz ihn zähmen würde. Das brauche allerdings viel Zeit und Geduld. Als sich der Kleine Prinz schließlich auch vom Fuchs verabschieden musste, sagte der Fuchs: »Ach, ich werde weinen.« »Du hast es so gewollt«, antwortete der Kleine Prinz. »Und was hast du jetzt gewonnen?« »Ich habe die Farbe des Weizens gewonnen«, sagte der Fuchs. »Und ich werde dir zum Abschied ein Geheimnis anvertrauen, es ist ganz einfach: Man sieht nur mit dem Herzen gut, das Wesentliche ist für die Augen unsichtbar.«

Auch in den Mythen der Welt wird von solchen Erfahrungen und Begegnungen berichtet, durch die fehlende Anteile integriert werden können.

Gilgamesch

Gilgamesch, der König von Uruk, war ein ebenso starker wie grober König. Um ihn zu bändigen, schufen die Götter einen wilden Mann namens Enkidu. Zwischen Gilgamesch und Enkidu kam es zum Kampf, bei dem am Ende Gilgamesch siegte. Trotzdem wurden sie Freunde. Die Liebesgöttin Ischtar verliebte sich in Gilgamesch, doch er wies sie ab. Aus Kränkung verlangte sie vom Göttervater, dass der Himmelsstier Gilgamesch töten sollte. Der Stier wütete in Uruk, bis Enkidu und Gilgamesch es schafften, ihn zu töten. Damit waren sie zu weit gegangen. Zur Strafe schickten die Götter Enkidu eine Krankheit. Nach seinem Tod machte sich Gilgamesch voller Trauer auf den Weg zu seinem Urahn Utnapischtim, weil er sich von ihm Hilfe erhoffte. Gilgamesch musste viele Prüfungen bestehen, bis er endlich den Fährmann fand, der ihn über das Meer des Todes zur Insel bringen sollte, auf der Utnapischtim lebte. Aber wieder konnte er sein Temperament nicht bändigen und zerschlug im Streit die Ruder des Fährmanns. Diese waren aber erforderlich, um über das Totenmeer zu fahren. Erneut nahm Gilgamesch viel auf sich, um endlich zu Utnapischtim zu gelangen, der ihm schließlich sagte, wo er ein Kraut finden würde, das Tote zum Leben erweckte. In der Hoffnung, seinen Freund damit ins Leben zurückzuholen, kehrte Gilgamesch heim. Doch unterwegs stahl ihm eine Schlange das Kraut.

Ihn, den großen und starken König, hatte die Liebe zu einem Menschen und dessen Verlust so sehr bewegt, dass er diese lange und entbehrungsreiche Reise gewagt hatte, auch wenn er sein Ziel letztlich nicht erreichte. Doch tatsächlich, so meine ich, hat er einiges gewonnen: die Erfahrung von Liebe und Freundschaft; die Erkenntnis, wie sehr ihm sein wildes Temperament, wenn es ungebändigt war, sein Leben erschwerte, und die bitterste Einsicht: Das, was einem wichtig ist, zu bewahren, erfordert ein sehr hohes Maß an Achtsamkeit.

Die Aikido-Strategie in der Partnerschaft

Die Kampfkunst des Aikido basiert auf der alten Philosophie des Gewinnens ohne Kampf und des Sieges über sich selbst. Die japanische Kunst des Aikido ist im Gegensatz zu anderen Kampfsportarten nur auf die Verteidigung ausgerichtet. Dabei geht es vor allem um den kontinuierlichen Bezug zur eigenen inneren Energie. Diese Kraft wird im Japanischen mit »Ki« bezeichnet. Fließt diese Lebenskraft, sind wir »unschlagbar« und selbstbewusst und können nicht nur die Angriffe anderer souverän abwehren, sondern sie durch die eigene Stärke spüren lassen, dass Krieg keine wirkliche Problemlösung bringt.

Das Aikido-Training beinhaltet ein ständiges Gewahrsein unseres Körpers, unserer emotionalen Befindlichkeit und unserer Gedanken. Bauch, Herz und Kopf müssen optimal zusammenarbeiten, um uns in den Genuss des ganzheitlichen Energieflusses zu bringen.

Die Aikido-Strategie wird inzwischen sehr erfolgreich in der Unternehmensberatung eingesetzt. Man kann sie sich aber auch in einer Partnerschaft zunutze machen. Der Bauch (oder Körper) steht für die vorhandenen physischen Ressourcen, der Kopf (oder Geist) für die Strategie und das Herz für die Mission und die Liebe, die in das »Projekt Partnerschaft«

investiert wird. Jede auftauchende Situation kann man danach hinterfragen, welcher Bereich gestärkt werden muss, damit die Partnerschaft für die Beteiligten erfüllend wird.

Praxis
Finden Sie heraus, welche Dominanz bei Ihnen und bei Ihrem Partner vorherrscht und welche Spannungen sich daraus ergeben. Nehmen Sie sich regelmäßig Zeit, darüber nachzudenken, welcher Bereich in Ihrer Partnerschaft momentan oder dauerhaft vernachlässigt wird und mehr Aufmerksamkeit braucht:

– der Bauch bzw. die Ressourcen, zu denen alles gehört, was mit Körper und Materie zusammenhängt, wie Körperkontakt, Körperpflege, Sport, gutes Essen, Umgang mit Geld.
– der Kopf bzw. die Strategie. Dazu gehören gute Gespräche, Gedankenaustausch, Pläne, geistige Interessen jeder Art, gemeinsame Theater- oder Museumsbesuche.
– das Herz bzw. die Mission oder die Liebe. Dazu gehören Zeit füreinander, Körperkontakt, Aufmerksamkeit und Interesse für das, was den anderen bewegt, die Bereitschaft, Konflikte mit Liebe zu lösen.

Die Partnerschaft im täglichen Leben

Der Kopfmensch und die Partnerschaft

Wie in der Geschichte des Kleinen Prinzen neigt der Kopfmensch dazu, die Welt rational zu betrachten. Es ist nicht so leicht, ihn emotional aus dem Gleichgewicht zu bringen. Im Zweifelsfall zieht er sich zurück in die »innere Emigration«.

Kopfmenschen überdenken die Dinge, bevor sie sie tun. Sie brauchen wesentlich mehr Zeit für eine Entscheidung als zum Beispiel die Bauchmenschen. Mit den ganz lieben und überemotionalen Menschen tun sie sich manchmal schwer und ziehen sich dann erst recht zurück, denn die Freiheit ist ihnen sehr wichtig. Sie erweisen sich in Krisensituationen oft als Segen, weil sie den »kühlen Kopf« behalten können. Gerade das macht es dem Partner bzw. der Partnerin manchmal schwer, mit ihnen umzugehen und ihr Herz wirklich zu berühren. Obwohl sie eigentlich das Gespräch brauchen, können sie sehr einsame Entscheidungen treffen, die sie nach Nutzen und Sinn abgewogen haben und deshalb immer für die richtigen halten.

Kopf und Herz

Manchmal liegt die Lösung näher, als man glaubt, wie Sie an der nachfolgenden Geschichte sehen können. Ein Patient berichtete, dass er nach Hause gekommen sei und seine Frau weinend am Küchentisch sitzend vorgefunden habe.

Auf seine Frage, was mit ihr sei, bekam er keine Antwort, sie weinte nur noch heftiger. Da er die Beziehung ohnehin seit einiger Zeit als sehr spannungsreich empfand, wollte er seinen guten Willen zeigen und fragte weiter. Er bat sie, ihm doch zu erzählen, was los sei. Dabei habe er, so gab er kleinlaut zu, wohl ein bisschen so geklungen, als würde er in einem etwas strengen Ton mit einer seiner Angestellten sprechen. Sie sei aufgesprungen, berichtete er weiter, und habe einen Küchengegenstand nach ihm geworfen. Nach dieser Schilderung empfahl ich ihm, seine Frau zu fragen, wie sie denn reagiert hätte, wenn er sie einfach nur in den Arm genommen hätte, ohne den genauen Grund für ihr Weinen zu kennen. Beim nächsten Besuch berichtete er mir ihre Antwort: »Darauf warte ich schon so lange.«

In der Partnerschaft zwischen Kopf- und Herzmenschen hat es der Herzmensch nicht immer leicht. Die Geschichte dieses Patienten ist kein Einzelfall. Ein oft gehörter Satz lautet: »Mit meiner Frau kann man nicht diskutieren, sie bringt die unlogischsten Argumente. Wenn ich dann versuche, die Dinge klarzustellen, fängt sie an zu weinen, also sage ich gar nichts mehr.« So erlebte ich kürzlich ein Paar in einer akuten Ehekrise. Die Frau erzählte mir, dass der 10-jährige Sohn seit zwei Jahren in der Schule Probleme habe, und seitdem krisle es auch in ihrer Ehe. Sie versuche ihrem Mann immer wieder die Problematik des Jungen zu schildern, er argumentiere, dass das Kind zu verwöhnt sei, nicht bereit zu arbeiten, zu viel am Computer sitze usw. So redeten sie nun schon seit einem Jahr aneinander vorbei. Die Ehefrau sagte gekränkt: »Du redest nie davon, dass du unser Kind liebst, du sprichst mit ihm und von ihm wie von einem deiner Mitarbeiter.« Der Mann antwortete: »Und du behandelst ihn – und übrigens auch mich – wie ein Baby!«

Klassisch Kopf und Herz, könnte man sagen. Die Schwierigkeit ist, dass jeder Mensch den anderen erst mal aus seiner Sicht beurteilt: Die Herzfrau beurteilt den Mann danach, ob er von seiner Liebe spricht, der erfolgreiche Mann beurteilt den Sohn danach, ob er erfolgreich ist oder zumindest gewillt ist, es zu werden. Akademiker, Männer wie Frauen, nehmen wahr, ob ihr Gegenüber ebenfalls über Bildung verfügt. Erfolgreiche Geschäftsleute wollen sich ein Bild machen, ob es sich beim Gegenüber auch um einen Erfolgreichen handelt, schöne Menschen nehmen sofort wahr, ob der andere in ihren Augen auch schön ist, gute Hausfrauen/Hausmänner registrieren sehr schnell, ob die Gastgeberin ebenfalls eine gute Hausfrau ist, ein guter Schwimmer beobachtet denjenigen auf der anderen Bahn, ob er auch so gut schwimmt wie er selbst usw. Es ist ja auch wirklich nicht einfach zu beurteilen, wie gut der andere ist, wenn man von dem Metier, das er ausübt, nichts versteht. Besonders deutlich wurde mir das, als ich bei einer Gesangslehrerin die Stimmübungen einer Sängerin erlebte. Ich konnte mir nicht vorstellen, dass diese Frau auf der Bühne die herrlichsten Töne hervorzauberte, während sie jetzt sehr merkwürdige gutturale Laute von sich gab. Kopfmenschen neigen besonders dazu, andere genau zu beobachten, und lassen überhaupt weniger die Fantasie walten. Diese Fähigkeit zur kritischen Wahrnehmung bewahrt sie oft vor Enttäuschungen und vor schmerzlichen Erfahrungen. Auf der anderen Seite hält es sie leider manchmal vom Leben ab. Da sie Probleme schon frühzeitig erkennen können, begeben sie sich in unkontrollierbare Situationen erst gar nicht hinein und verpassen damit manches wichtige Erlebnis. Auch vergessen Kopfmenschen manchmal, dass sie beim anderen nur das wirklich erkennen können, was sie selbst kennen, also bereits entwickelt haben. Deshalb kann es sein, dass sie auf einen Herzmenschen herabschauen, weil sie – wie ich bei der Sängerin – die dahinterliegende Dimension nicht erfassen oder weil sie nicht wissen, was Saint-Exupéry seinen »Kleinen Prinzen« sagen lässt, nämlich dass man nur mit dem Herzen gut sieht.

Erstaunlicherweise setzte bereits das erste Gespräch über ihre unterschiedlichen Herangehensweisen bei dem oben beschriebenen Ehepaar, dessen Sohn Schwierigkeiten in der Schule hatte, etwas in Gang. Sie berichteten, dass sie sich stundenlang unterhalten hätten, welche Glaubenssätze sie diesbezüglich bereits von ihren Eltern übernommen hätten. Die Frau berichtete, dass in ihrem Elternhaus nur soziales Verhalten gezählt habe. Die Mutter war gleich in mehreren wohltätigen Vereinen tätig, und sie selbst habe sich schon als Kind für ihre jüngere Schwester verantwortlich gefühlt. Der Mann erzählte, dass sein Vater ihn nie wirklich gelobt habe, er war immer zu sehr mit sich selbst beschäftigt gewesen. Dabei hätte er sich so sehr Lob und Anerkennung gewünscht. Diese Gespräche führten dazu, dass die Situation des Jungen von beiden anders betrachtet wurde. Dabei war zwar der Sohn das Thema, aber es ging teilweise gar nicht mehr wirklich um ihn, sondern um ihre unversöhnlichen Standpunkte, die sie beide nicht aufgeben wollten.

Der Herzmensch und die Partnerschaft

Der Herzmensch braucht Partnerschaft, weil Gefühle immer auf etwas oder jemanden bezogen sind. Dieses Brauchen und Gebrauchtwerden birgt die Gefahr der Abhängigkeit, wenn nicht genügend eigene Stabilität vorhanden ist. Ist das allerdings gegeben, gehören diese Menschen zu den starken, verlässlichen Freunden und Partnern. Wichtig ist, dass sie in der Partnerschaft der Versuchung widerstehen, den anderen allzu sehr zu vereinnahmen oder zu sehr von dessen Gefühlen abhängig zu sein.

Herz und Kopf

Vor einiger Zeit kam eine neue Patientin zu mir. Sie war seit Wochen krankgeschrieben und erzählte mir weinend, dass sie eine schwere Magenschleimhautentzündung habe und kaum mehr etwas essen könne. Als ich sie fragte, was sie denn nicht mehr schlucken könne, brach sie erst einmal erneut in Tränen aus, bevor sie mir ihre Geschichte erzählen konnte. Seit fast 15 Jahren arbeitete sie in einer öffentlichen Einrichtung im sozialen Bereich. Sie sei immer gerne in die Arbeit gegangen, nichts sei ihr zu viel gewesen. Sie war beliebt bei ihren Kolleginnen und bei den Menschen, die sie zu betreuen hatte. Es ging alles gut, bis vor etwa einem Jahr eine neue Chefin kam. Sie schilderte die Frau als sehr selbstbewusst und klug, aber auch sehr scharfzüngig und zynisch. Alle Gespräche mit ihr verliefen so, dass sie am Schluss in Tränen ausbreche und sich dann von der Chefin den Satz anhören müsse: »Wenn Sie es nicht mehr schaffen, müssen wir eben einen anderen Arbeitsplatz für Sie finden.« Wir vereinbarten, mit Hilfe der Musiktherapie an diesem Thema zu arbeiten. Schon in der ersten Musikreise umgab sie sich mit einem Schutzschild, um sich gegen die »Feindin« zu schützen. Danach fühlte sie sich etwas wohler. Die zunehmende Sicherheit, die sie durch die inneren Bilder gewann, ermöglichte es mir, ihr Fragen zu ihrem eigenen Verhalten zu stellen, ohne dass sie sofort mit Ablehnung darauf reagierte. Nach und nach fand ich heraus, dass sie sich schon immer unsicher gefühlt hatte, wenn jemand ihr von der Ausbildung her überlegen war. Auch fürchtete sie sich, wie sie selbst sagte, »vor intelligenten Menschen«. Sie fühlte sich leicht »durchschaut«, »bewertet und abgewertet«. Wir arbeiteten eine ganze Zeit an ihrem eigenen Wertesystem. Sie selbst empfand sich erst als wertvoll, wenn sie etwas für andere Menschen tat und wenn sie dafür geliebt wurde. Die neue Chefin passte in dieses Muster überhaupt nicht. Sie kam aus der Wirtschaft und hatte mit sozialem Engagement und Dienen zunächst nichts zu tun. Sie war eingestellt worden, weil die Zahlen schlecht waren und sich diese Einrichtung nicht mehr rechnete. Ihr abgeschlossenes Betriebswirtschaftsstudium brachte sie bei jeder Gelegenheit ins Gespräch, um zu zeigen, dass sie für diese Aufgabe geeignet sei. Kein Wunder also, dass sie von meiner ständig in Tränen aufgelösten Patientin genervt war. Nach einigen Wochen fühlte sich die Patientin in der Lage, wieder zurück in die Arbeit zu gehen, bat mich aber, sie weiterhin zu begleiten. Gemeinsam erarbeiteten wir einen Plan, dessen Grundlage es war, die Wertesysteme beider Frauen zu berücksichtigen. Sie begann, sich für die finanziellen Dinge mehr zu interessieren, und zeigte ihrer Chefin durch interessierte Fragen, dass sie deren Arbeit für wichtig hielt. Im Gegenzug fragte diese sie immer öfter um Rat, interessierte sich mehr für die Arbeit in der Institution und lud sie am Ende zu einem gemeinsamen Kaffee ein. Dabei sprachen sie miteinander wie zwei Menschen, die aus unterschiedlichen Ländern kommen, sich vorsichtig aneinander annähern und sich gegenseitig fragen, wie denn das Leben in dem jeweils anderen Land sei. Vermutlich werden die beiden keine dicken Freundinnen, aber es ist ihnen geglückt, eine Basis der Zusammenarbeit zu finden, die tragfähig ist. Meine Patientin kam am Ende mit einem riesigen Blumenstrauß, um sich bei mir zu bedanken. Ich dachte: »Typisch Herzmensch; sie denkt daran, mir eine Freude zu machen.« Das war ihr auch wirklich gelungen.

Der Bauchmensch und die Partnerschaft

Bauchmenschen suchen in der Partnerschaft oft die Herausforderung oder den Wettbewerb. Vor allem in der beruflichen, aber auch in der privaten Partnerschaft sind sie die Macher.

Sie wollen akzeptiert und beachtet bzw. vor allem wegen ihrer Leistungen geachtet werden. Gerne vergleichen sie sich mit anderen und gehen mit vermeintlichen »Gegnern« in Rivalität. Obwohl sie dazu neigen, sich PartnerInnen zu suchen, die sich unterordnen, ist das nicht förderlich für sie. Sie brauchen eher ein gleich starkes Gegenüber. Bauchmenschen suchen oft instinktiv Herzmenschen, weil sie spüren, dass diese ihnen helfen, die eigene Herzenergie zu entwickeln. Gelingen wird die Partnerschaft aber nur, wenn beim Herzmenschen auch die Bauchebene ausgeprägt ist bzw. er die Partnerschaft als Chance sieht, seine weniger entwickelte Bauchenergie zu spüren, wertzuschätzen und zu integrieren.

Bauch und Kopf

Häufig antworten Patienten auf die Frage, wo sie sich selbst in der Dreiergruppe einordnen würden: »Bauch und Kopf«. Auf meine erstaunte Frage, wie sie diese Zusammenarbeit erleben, antwortete eine junge Frau: »Zuerst denke ich darüber nach, dass mein Mann schon wieder nicht nach Hause kommt, obwohl er versprochen hat, mir zu helfen. Dann denke ich, dass ich mit allem hoffnungslos überfordert bin, mit Haushalt, Kindern und eigenem Job. Ich schaue auf die Uhr und gebe ihm noch eine Viertelstunde. Dann fängt es in mir an zu kochen, ich gehe auf und ab und bin nur noch im Bauch. Ich bin wütend, enttäuscht, sauer. Ich versuche verzweifelt, ruhig zu bleiben. Aber in meinem Kopf kreisen die Gedanken und heizen meinen Ärger immer mehr an. Mir fallen tausend ähnliche Situationen ein. Ich warte nur auf die Gelegenheit, wenn ich ihn an der Türe höre, um ihm das alles entgegenschleudern zu können.« Überrascht über ihre eigene Heftigkeit, mit der sie die Situation geschildert hatte, fragte sie mich: »Was soll ich bloß tun, um diesem Teufelskreis zu entkommen?« Sie berichtete weiter, dass sie alles Mögliche versucht habe: ruhig zu atmen, zu meditieren, Yoga-Übungen zu machen. Aber nichts konnte diesen inneren Vulkan beruhigen und die unheilvolle Verbindung zwischen Kopf und Bauch unterbrechen. Jedes Mal nach einem solchen Ausbruch habe sie ein schlechtes Gewissen und ärgere sich über sich selbst, erzählte sie weiter. Ihr Mann bestrafe sie für solche Ausbrüche regelmäßig mit eisiger Kälte. Das empfand sie als schlimmer, als wenn er auch schreien oder sich mindestens mit ihr auseinandersetzen würde. Stattdessen ziehe er sich in sein Zimmer zurück und sei nicht mehr ansprechbar.

Ich empfahl ihr, das nächste Mal in ihr Herz und vor allem ins Mitgefühl mit sich selbst zu gehen. Erstaunt fragte sie nach, wie sie das denn machen solle. »Das ist ja gerade das Gegenteil von dem, was ich üblicherweise mache, wenn ich mich über mich ärgere, mich selbst niedermache und beschimpfe.« Damit steht sie nicht allein. Mit sich selbst Mitgefühl zu haben, ist etwas anderes als in rührseligem Selbstmitleid zu versinken. Mitgefühl mit sich zu haben, ins eigene Herz zu gehen, bedeutet zu erkennen, dass man überfordert ist und Schutz und Hilfe braucht. In der Regel haben wir das nicht gelernt, sondern haben, so wie meine Patientin, das Gefühl, Versager zu sein, wenn es uns nicht gelingt, eine Situation zu meistern.

Der Erfolg dieser neuen Strategie erstaunte sie sehr. Sie berichtete mir, dass sie in einer Situation, in der sie wieder einmal außer sich geriet, meinem Rat gefolgt sei und durch tiefes Atmen und die Konzentration auf ihr Herz plötzlich ein ganz warmes weiches Gefühl in ihr entstanden sei, das sofort Tränen auslöste. Sie berichtete mir, dass sie plötzlich zu sich selbst gesagt habe: »Es ist ja alles gut, sei nicht traurig, es ist gar kein Drama passiert.« Als ihr Mann kam, fand er sie in Tränen aufgelöst. Offensichtlich spürte er, dass es diesmal keine Tränen der Wut und Verzweiflung waren, sondern etwas anderes. Sie erzählte ihm, was sie erlebt hatte. Er setzte sich zu ihr und erzählte ihr, dass er ein ganz ähnliches Problem habe. Schon auf dem Weg nach Hause habe er oft Angst, wo er sich wohl diesmal wieder als ungenügend empfinde und welche Fehler er schon wieder gemacht habe. Seine Stimmungen wechselten dann zwischen Ärger und Selbstgesprächen, Selbstmitleid und einer Kampfansage an alle, die ihn reglementierten und kritisierten. Seine Frau habe er schon lange nur noch als vorwurfsvoll und unzufrieden erlebt, und er habe den Versuch aufgegeben, ihren Wünschen und Anforderungen gerecht zu werden. Am Ende waren beide sehr berührt darüber, dass sie so ehrlich miteinander sprechen konnten.

Ein Bauchmensch bringt viele gute Eigenschaften in die Ehe mit ein: Er oder sie ist aktiv, versorgt die Familie, wirkt meist energisch, möchte vorwärtskommen, kümmert sich um die Familie, möchte dabei aber auch den Ton angeben usw. So wird zum Beispiel das Wochenende bereits mit Morgensport begonnen (außer seine Energie ist blockiert, was zu Trägheit und Antriebsschwäche führt). Dann folgt eine Fahrt zum Baumarkt, oder es wird eine Bergtour geplant. Am liebsten sollte die ganze Familie dabei sein, alle möglichst kraftvoll und guter Laune. Was aber, wenn der Partner oder die Partnerin ein Kopfmensch ist, der am liebsten morgens drei Stunden die Zeitung studiert, oder ein Herzmensch, der am liebsten morgens noch eine Stunde im Bett mit Mann/Frau und Kindern kuschelt, dann lange und gemütlich frühstücken und liebevolle Gespräche führen möchte? Am Nachmittag soll die Mutter zum Kaffee kommen und abends die Freundin am Telefon getröstet werden. Die Lösung ist in letzterem Fall der Kopf: Die Herzfrau muss verstehen, dass der Bauchmann seinen Sport braucht und dass das nicht bedeutet, dass er sie nicht mehr liebt. Im zweiten Schritt sollte sie überlegen, ob es nicht gut wäre, auch etwas mehr Sport zu treiben, um vielleicht auch ihre manchmal sehr labile Gefühlssituation zu stabilisieren. Der Bauchmann muss den Kopf einschalten, um vielleicht zu erkennen, dass er die Hektik der Woche auch noch aufs Wochenende überträgt und es ihm nicht nur um sportliche Betätigung, sondern wieder um Leistung geht. So wird sie lernen, sich mehr zu bewegen und sich weniger um ihre Lieben zu sorgen, und er, etwas ruhiger zu werden und sich sogar auf den Besuch der Schwiegermutter zu freuen.

Ein junger Mann, der, gequält von Eifersucht, mehrmals am Tag seine Freundin anrief, um sich ihrer Liebe zu versichern, war nur sehr schwer davon zu überzeugen, dass der Druck, den er auf sie ausübte, der sicherste Weg war, sie zu verlieren. Obwohl er sich immer wieder vornahm, sich auf seine Arbeit zu konzentrieren, überrollten ihn die wechselnden Emotionen: Eifersucht, Angst, Wut, Panik. Die junge Frau, eher ein Kopfmensch, war gerade damit beschäftigt, ihr Studium abzuschließen und sich im Leben zu orientieren. Sie liebte ihren Freund zwar, aber wollte auch ihren eigenen Weg nicht aus dem Auge verlieren. Je mehr sie sich in den Kopf zurückzog und ihn mit logischen Argumenten zu beruhigen versuchte, umso verunsicherter wurde er, und umso mehr beherrschte ihn die Eifersucht. Schließlich war er doch bereit, eine innere Bilderreise zu machen und sich seiner inneren

Weisheit anzuvertrauen. Sehr schnell tauchte ein Bild auf, in dem er über den Ort flog, in dem sich seine Freundin gerade aufhielt. Er sah sie, wie sie ruhig und konzentriert ihrer Tätigkeit nachging, und wurde selbst ganz ruhig dabei. Als ich ihn fragte, was ihn denn so beruhigt habe, antwortete er: das Gefühl, wieder die Kontrolle und den Überblick zu haben. In einer guten Partnerschaft sollte es sehr wohl um Kontrolle gehen, allerdings um die Kontrolle über sich selbst und nicht über den anderen. Die Kontrolle verlieren heißt für viele Menschen, das Vertrauen verlieren. Immer wieder fragen mich Menschen, wie man denn Vertrauen entwickeln könne. Eine der vielen Möglichkeiten ist die Kontrolle über sich selbst. Nur so vermeidet man, dass man sich als hilfloses Opfer seiner Eifersucht, seiner sich ständig wandelnden Emotionen fühlt. Die Kontrolle, die Menschen mit Essstörungen ausüben, wenn sie ständig ihr Gewicht kontrollieren, ist eine Kontrolle, die auf einen Nebenschauplatz verlagert wurde. Es geht vielmehr darum, dass wir verhindern, dass ein Teilaspekt unserer Persönlichkeit die Herrschaft übernimmt. Dazu ist es erst einmal notwendig, diesen Teilaspekt wahrzunehmen und auch wertzuschätzen. So war es letztlich sehr hilfreich für den jungen Mann, sich seiner Eifersucht und Ohnmacht so hilflos ausgeliefert zu fühlen. Hätte er diese Gefühle verdrängt und mit Arbeitswut oder Alkohol überlagert, wäre er nicht zu dieser positiven und kreativen Arbeit mit inneren Bildern und inneren Beratern gekommen. Erst jetzt war er nämlich in der Lage, sich in die Situation der jungen Frau wirklich hineinzuversetzen und beide Seiten zu sehen und zu verstehen. Das Gespräch, das sich daraus ergab, war für beide konstruktiv und führte in die Richtung einer echten Partnerschaft.

Bauch und Herz

Im NLP (Neurolinguistisches Programmieren), einem Trainingsprogramm, das vor allem in Firmen angeboten wird, um den Umgang miteinander zu verbessern, gibt es eine Strategie, die auszuprobieren sich auf jeden Fall lohnt. Dabei wird empfohlen, dass man sowohl die Haltung wie auch die Art der Reaktion des Gesprächspartners unauffällig nachahmt. So kann man einerseits herausfinden, wie es dem andern geht, andererseits hat das Gegenüber die Möglichkeit, sich selbst, wenn auch unbewusst, wie im Spiegel zu sehen. Wenn wir das auf die Kopf-, Herz- oder Bauchthematik umsetzen, kann es hilfreich sein, ähnlich wie der Partner oder die Partnerin zu reagieren, obwohl einem diese Reaktionsweise zunächst fremd erscheint.

Ein Beispiel dafür ist ein Paar mit der häufigen Dominanz-Aufteilung Mann = Bauchtyp, Frau = Herztyp. Besonders im Straßenverkehr litt die Frau unter der unbeherrschten Aggression ihres Mannes. Wenn er sich ungerecht behandelt fühlte, sah er im anderen Autofahrer sofort den Gegner, der sein eigenes Terrain bedrohte. Über Jahre hinweg beruhigte ihn seine Frau, versuchte Verständnis für den »armen« anderen Autofahrer zu wecken, der es vielleicht eilig habe usw. Aufgrund eines Gesprächs, das wir zu dem Thema Kopf-Herz-Bauch führten, beschloss sie, ein Experiment zu machen. Bei der nächsten Gelegenheit, als ein neben ihnen fahrendes Auto sie bedrängte, ließ sie das Fenster herunter und schrie den anderen Autofahrer an, was er sich erlaube und ob er wohl verrückt sei. Ihr Mann war zunächst sprachlos. Sie schimpfte weiter auf die rücksichtslosen Autofahrer, die täglich sinnlose Autounfälle verursachten. Während sie redete, wurde ihr selbst klar, dass sie wirklich wütend war auf diese Nötigung des anderen. Ihr Mann versuchte sie zuerst zu beschwichtigen, sagte aber dann: »Siehst du, endlich verstehst du mich. Es geht mir nicht nur um mich, sondern auch um die vielen Menschen, die täglich im Autoverkehr sterben müssen wegen solcher Idioten.« Obwohl sie bei dem letzten Wort schon wieder zusammenzuckte, beschloss sie, nicht zu reagieren, sondern das Gespräch weiterzuführen. Am Ende waren sich beide einig: Jahrelang hatten sie, nicht nur beim Autofahren, eine Art Kampf ausgetragen, wer im Recht sei. Sie war bestürzt, als sie in der Enneagramm-Beschreibung las, dass der Bauchtyp in der Partnerschaft das Duell sucht. Sie als Herztyp sehnte sich jahrelang nach einem Duett. Bereits nach wenigen Wochen erzählte sie mir, dass sich seither in ihrer Partnerschaft einiges geändert habe. Humorvoll wiesen sie sich jetzt gegenseitig mit »Duett« und »Duell« auf ihre jeweiligen Wünsche hin und nahmen damit sehr viel Spannung heraus aus den Problemen des gemeinsamen Alltags.

Tipps für den Alltag

- Nehmen Sie in einer Konfliktsituation wahr, ob gerade Kopf, Herz oder Bauch besonders aktiv ist.
- Prüfen Sie den aktiven Bereich auf seine Angemessenheit und bremsen Sie ihn, wenn Sie erkennen, dass er gerade einen unangemessen großen Raum einnimmt.
- Üben Sie die Achtsamkeit so oft wie möglich, nur so können Sie verhindern, dass automatische Programme ablaufen, wenn jemand Ihren Stressknopf drückt.
- Halten Sie öfter einmal Rückschau, um zu erkennen, was

zu einer problematischen Situation geführt hat oder warum eine Konfliktlösung geglückt ist.

— Vergessen Sie nie, dass der andere Mensch vielleicht gerade »auf einem anderen Stern« ist, andere Bedürfnisse hat und nicht alles, was er tut oder nicht tut, auf Sie bezogen ist.

— Entscheiden Sie sich im Zweifelsfall für die Liebe als Haltung dem Leben und den Menschen gegenüber.

— Denken Sie öfter daran, dass Partnerschaften immer ein Gewinn sind, weil Sie viel über sich erfahren, weil Sie sich entwickeln können und weil es einfach schön ist, nicht allein auf der Welt zu sein. Der große deutsche Politiker Konrad Adenauer hatte einmal auf eine Beschwerde seiner Sekretärin über eine Kollegin geantwortet: »Nehmen Sie die Menschen so, wie sie sind, bessere gibt es nicht!«

Trimurti – der ganze Mensch

*Das Ganze ist mehr als die Summe
seiner Teile.*

Aristoteles

Der ganze Mensch weiß, dass keine Ebene – die körperliche, die psychische und die geistige – von der anderen zu trennen ist. Er empfindet Kopf, Herz und Bauch als Einheit, die immer wieder aus der Balance gerät und die immer wieder in die Balance zurückfinden muss. Der ganze Mensch spürt, dass zum Beispiel seine Galle-Beschwerden nicht nur vom fetten Essen kommen, sondern von seinem Ärger beim Autofahren oder bei der letzten Geschäftssitzung. Er weiß, dass er für seine Gedanken und Gefühle verantwortlich ist, genauso wie er dafür sorgen muss, seine finanziellen Mittel richtig einzuteilen und einzusetzen. Den ganzen Menschen erkennen Sie daran, dass er lebendig ist, lacht und weint, dass er auch einmal ärgerlich sein kann, aber dass ihn nichts wirklich für längere Zeit aus dem Gleichgewicht bringt. Der ganze Mensch erholt sich sehr schnell von Kränkungen seines Egos, er ist nicht nachtragend. Indem er sich und andere versteht, ist er nachsichtig, ohne gleichgültig zu sein. Der ganze Mensch braucht keine Attribute der Macht, seine Präsenz ist ausreichend, um ihm einen Platz in der Welt zu sichern. Er hat Angst, wie jeder Mensch, aber er kann die

Angst annehmen und irgendwann auch durch sie hindurchgehen. Er liebt, ohne den anderen von sich abhängig zu
machen oder sich abhängig zu machen. Er erliegt nicht so
leicht der Versuchung, nur mit dem erlernten und konditio-
nierten Reiz-Reaktion-Mechanismus zu reagieren. Er kann
die Rolle des Beobachters einnehmen und entscheiden, auf
welche Weise er reagieren möchte. Anstatt das Gehirn auf
Automatik zu schalten, wird sein Bewusstsein aktiv, behält so
den Überblick über eine Situation.

Der ganze Mensch kann sich einordnen in das große
Ganze und dennoch sein individuelles Leben wichtig nehmen und wertschätzen. Er wird nicht ein unnötig großes Maß
an Ressourcen verbrauchen, da seine Glückseligkeit nicht
allein von großen Reisen oder großen Autos abhängt. Der
ganze Mensch weiß, dass er nicht für alles verantwortlich
ist und nicht die ganze Last der Welt tragen muss. So wird
er zu einem heiteren und humorvollen Menschen, der auch
einmal über sich selbst lachen kann. Er nimmt sich und seine
Probleme ernst, aber nicht zu wichtig. In einer alten Yoga-
Schrift findet sich dazu der Satz: »Die Anwesenheit Gottes
in einem Menschen erkennt man an seiner heiteren Gelassenheit.« Humor ist genauso ein Zeichen des ganzheitlichen
Menschen wie Weisheit, die einem sagt, wann die Zeit zum
handeln oder die Zeit zur Besinnung da ist, die Zeit für die
Gemeinschaft oder die Zeit für sich selbst. Der Weg zur
Weisheit geht über die innere Stimme, über die Intuition. Die
Voraussetzung dafür ist, mit Kopf, Herz und Bauch zu leben.
Diese Weisheit verbindet den Menschen mit der Weisheit des
Universums, mit der göttlichen Schöpfungskraft.

Dieser Zusammenhang zwischen dem ganzen Menschen
und dem Heiligen zeigt sich noch im englischen Wort

»whole« für »ganz«, das etymologisch eng verwandt ist mit dem Begriff »holy«, heilig.

Der Mensch, der mit Kopf, Herz und Bauch lebt, weiß, dass er gut für seinen Körper sorgen muss, er

– bewegt sich ausreichend.
– isst gut und möglichst biologisch vollwertig und kann auch rechtzeitig aufhören.
– zügelt seine Gier nach Reizstoffen, ohne sich die Lebensfreude, die auch damit verbunden ist, ganz zu versagen.
– gönnt sich ein gesundes Maß an Ruhe und Schlaf.
– schenkt und genießt Berührung und Zärtlichkeit.
– unterdrückt weder seine Instinkte noch seine biologischen Triebe, sondern versucht sie in die Ganzheit zu integrieren, mit Liebe anzunehmen und mit dem Geist zu lenken.
– kümmert sich in angemessener Weise um das Materielle, um Geld, Wohnung und um seinen Besitz.

Der ganze Mensch pflegt auch sein Herz, indem er

– sich selbst liebevoll annimmt, auch wenn er Fehler macht.
– sein inneres Kind leben lässt, die Dinge auch einmal von der spielerischen Seite betrachtet, über sich selbst lachen kann und von Zeit zu Zeit seine »Seele baumeln« lässt.
– andere mit dem Herzen wahrnimmt.
– Verständnis auch für die Menschen aufbringt, die ihm »nicht liegen«.
– Mitgefühl und Hilfsbereitschaft entwickelt.
– sich und anderen verzeihen kann.
– etwas für andere tut, ohne zu erwarten, dass er sofort etwas dafür zurückbekommt.
– sich freut, wenn andere gelobt werden.
– fröhlich und gelassen ist.

– anderen Mut macht.
– allein und in Gesellschaft sein kann.
– gut für sich sorgt und sich im richtigen Moment auch abgrenzen kann.

Der ganze Mensch sorgt gut für seinen Kopf, indem er
– seinen Kopf nicht mit negativen Gedanken belastet.
– das Fernsehgerät genauso wie sein inneres Hamsterrad öfter mal ausschaltet.
– sich auf das konzentriert, was er gerade tut.
– achtsam ist.
– versucht zu verstehen, was andere ihm mitteilen, und dabei nicht schon die eigenen Gedanken formuliert.
– sich mit dem beschäftigt, was seinen Geist nährt, und eine Überfüllung mit Gedankenmüll möglichst vermeidet.
– kritisch ist, ohne den anderen als Menschen abzuwerten.
– ehrlich ist, auch wenn es nachteilig für ihn ist.
– sich seine eigene Meinung bildet, indem er eine Sache durchdenkt und sie nicht nur oberflächlich betrachtet.
– sich mit seinem Schatten auseinander setzt und ihn nicht auf andere projiziert.
– dem Gebet oder der Meditation Raum gibt.

Diese Liste ließe sich natürlich noch sehr erweitern. Vielleicht möchten Sie sich Gedanken machen, was für Sie zum ganzen Menschen gehört und worauf Sie selbst noch mehr achten könnten.

Der ganze Mensch auf symbolischer Ebene

Die aktivierten Chakras

C. G. Jung beschreibt die Chakra-Lehre als ein Beispiel des menschlichen Entwicklungsweges. Sind alle Chakras so entfaltet, dass der Mensch über sein volles Potenzial verfügt, findet eine Verbindung zwischen oben und unten statt. Der Yoga-Weg kennt dafür das Bild der aufsteigenden Kundalini-Schlange, die im unentwickelten Zustand im Wurzelchakra schläft und auf ihre Erweckung wartet. Ist der Mensch gereift und hat die verschiedenen Energieformen, die durch die Chakras symbolisiert werden, entwickelt, bewegt sie sich durch diese einzelnen Zentren in der Wirbelsäule nach oben bis zum Scheitelchakra. Die Verbindung zwischen unseren kreatürlichen Wurzeln und unserem geistigen Potenzial ist hergestellt. Die Chakras stehen, hier noch einmal in Kurzform, für die folgenden Energien: 1. Chakra Urenergie, 2. Chakra Zeugungskraft und schöpferisches Tun, 3. Chakra Emotionalenergie, 4. Chakra Herzenergie, 5. Chakra Mentalenergie, 6. Chakra höherer Intellekt, 7. Chakra die Weisheit oder Intuition als die Verbindung aller Kräfte.

Ramakrishna, der große Weise Indiens, fasste die Wirkung des Kundalini-Aufstiegs wie folgt zusammen: »Der menschliche Geist hat die natürliche Neigung, seine Lebensbestätigungen auf die drei untersten Zentren zu beschränken, deren höchstes sich dem Nabel gegenüber befindet, daher ihm denn die Befriedigung seiner gewöhnlichen Bedürfnisse wie Essen usw. genügt. Erreicht er das vierte Zentrum, das sich dem Herzen gegenüber befindet, dann sieht er schon einen Schimmer höherer Welten. Doch fällt er aus diesem Zustand oft in den der drei niederen Zentren zurück. Wenn sein Geist das fünfte Zentrum erreicht, gegenüber der Kehle, kann er von nichts mehr anderem als von Gott sprechen. Jenseits aller Gefahr ist der Mensch, dessen Geist das sechste Zentrum erreicht hat, gegenüber der Nasenwurzel. Hier findet er die Schau des Höchsten Selbst ...«

Ein anderes Symbol für das Zusammenwirken von Bauch, Herz und Kopf oder Körper, Emotionalkörper und Mentalkörper wählt eine bekannte Yoga-Parabel, die schon in den ältesten Weisheitsschriften Indiens zu finden ist. Das Leben des Menschen wird verglichen mit einem Wagen mit Lenker; vor den Wagen sind Pferde gespannt. Sri Aurobindo, der systematischste Denker und Yoga-Meister Indiens, hat dieses Bild erweitert um einen Reisenden, der in der Kutsche sitzt. Die Kutsche steht für unseren Körper, die Pferde für unsere Triebe und Emotionen, die die Kutsche bewegen, aber auch für unsere wechselnden Gefühle, die die Pferde dazu bewegen, ständig neue Wege und neues Weideland zu suchen. Der Kutscher steht für den Intellekt, bei Aurobindo für das bewusste Ich, das Pferde und Kutsche lenken soll. Der Reisende in der Kutsche steht für das Höhere Selbst, das den Weg kennt und dem Kutscher die entsprechenden Anweisungen gibt. Das Unglück des modernen Menschen könnte nach seiner Beschreibung dann so aussehen: Die Kutsche liegt im Graben, weil die Räder gebrochen sind, die Pferde sind auf der Suche nach immer neuem Weideland durchgegangen, der Kutscher ist betrunken und der Reisende hat vergessen, wohin er will. Unsere Aufgabe ist es also,

– den Körper zu pflegen und ihn in einer guten Verfassung zu erhalten.
– die Sinne, die immer neue Gier auslösen, zu zügeln.

- die Gefühle ruhig und klar werden zu lassen, ausgerichtet auf Liebe und Seligkeit.
- einen klaren Kopf zu behalten und unser Denken einzusetzen.
- mit dem inneren Selbst in Kontakt zu treten bzw. zu bleiben.

Sri Aurobindo sagt: »So können wir bis ins Letzte und ohne Makel vom göttlichen Willen motiviert werden … Das ist die Vollkommenheit des Menschen.«

Das Selbst als Symbol des ganzen Menschen

> *Wie kommt man in die Hölle? Man verhärtet*
> *sich in seinem Ego immer mehr, bis man festsitzt.*
> *Wie kommt man in den Himmel? Man öffnet*
> *sich immer weiter, bis schließlich alles trans-*
> *personal ist.*
>
> Joseph Campbell

Der Weg des Menschen zur Ganzheit ist C. G. Jung zufolge ein Individuationsprozess, der uns zu dem werden lässt, der wir in Wirklichkeit sind. Etwa ab der Mitte des Lebens setzt dieser Differenzierungsprozess ein, in dessen Verlauf wir die bisher noch unentwickelten Anteile entwickeln und uns von falschen Selbstbildern trennen sollten. Stufenweise können alle Fähigkeiten und alle Möglichkeiten, die in einem Menschen angelegt sind, entfaltet werden. Eine zentrale Rolle spielt dabei das Selbst. Jung bezeichnete das Selbst als den »zentralen Archetyp«, als innersten Kern, von dem aus die menschliche Entwicklung gesteuert wird. So wie im Apfelkern bereits alle Informationen für den sich entwickelnden

Baum vorhanden sind, gibt es auch in uns ein Zentrum, aus dem heraus wir uns entwickeln. Das Selbst ist die zentrale Steuerungsinstanz, die mit dem Augenblick der Befruchtung der Eizelle wirksam wird und alle Entwicklungsprozesse auf körperlicher und psychischer Ebene strukturiert. Das Selbst umfasst das Bewusstsein sowie das Unbewusste, es enthält alle Gegensätze, Licht und Schatten, Gut und Böse, männliche und weibliche Anteile. Das »Ich« könnte man demgegenüber als den Vertreter des Selbst auf der bewussten Ebene bezeichnen. Die Entwicklungsmöglichkeiten, die im Selbst angelegt sind, können durch das Ich verwirklicht werden. Unterstützend oder hemmend wirken dabei Erziehung und gesellschaftliche Prägung sowie die Beschaffenheit des Ich-Bewusstseins selbst. Die Beziehung zum Selbst ist zugleich die Beziehung zu den Mitmenschen und zur Natur. Erst wenn wir eine wirkliche Beziehung zu unserem inneren Selbst haben, können wir eine entsprechende Beziehung mit anderen eingehen. Diese Erkenntnis finden wir in Märchen und Mythen wieder; erst der Prinz, der alle Aufgaben bewältigt, den Schatten und die Inhalte seines Unbewussten, seiner Tiernatur, seiner Träume usw. integriert hat, findet das »Wasser des Lebens«. Wenn wir mit dem Selbst in Verbindung sind, haben wir ein Gefühl von Sinnhaftigkeit, von Verbundenheit oder sogar Ergriffenheit. Das Lebensgefühl, das mit der Selbst-Erfahrung verbunden ist, zeichnet sich durch ein selbstverständliches Sein aus und bedarf keiner Statussymbole oder keiner falschen Selbst-Darstellung.

Man kann den Individuationsprozess als Weg zur Selbst-Verwirklichung bezeichnen. Während sich das Ich bei der kindlichen Entwicklung an die Gegebenheiten seiner Umwelt anzupassen hat und dabei nun eigene Wesensarten verdrängen oder gar ausschließen muss, damit diese Anpassung gelingen kann, geht es ab der Mitte des Lebens darum, sich vor allem mit den unterdrückten Persönlichkeitsanteilen auseinander zu setzen und nicht Gelebtes zu entwickeln. Kopf, Herz und Bauch sollen ihr volles Potenzial entfalten, indem man sich seiner Antriebe und Wünsche bewusst wird und zu ihnen steht, sein Herz öffnet ohne Angst, sich zu verlieren, und nicht mehr den Ideen anderer folgt und die Gedanken anderer denkt, sondern selbst eine Einstellung zum Leben gewinnt. Persönlichkeitsanteile, die man nach außen projiziert hat, auf Lehrer, Chefs, auf Ehemänner oder -frauen, sollen selbst gelebt und entwickelt werden.

Intuition – Stimme des Selbst

Wie müht sich unser Intellekt,
bis er ein Körnchen »Gold« entdeckt:
Drauf gähnt Madame Intuition:
»Ach, das …? – Das wusst ich immer schon!«
Mascha Kaléko

Aus der Verbindung zwischen der Urenergie, wie sie durch den Bauch symbolisiert wird, der Herzenergie und der Kopfenergie kann sich echte Intuition entwickeln. Intuition ist die Fähigkeit, in einem Moment das Wesentliche zu erfassen. Der Bauch verfügt über einen ausgeprägten Instinkt, das Herz über die Fähigkeit, eine Situation emotional zu erfassen, der Kopf kann intellektuell erkennen, aber erst der ganze Mensch ist fähig, aus echter Intuition zu handeln.

Intuition wird als Fähigkeit bezeichnet, Einsichten in Sachverhalte, Sichtweisen, Gesetzmäßigkeiten durch spontan sich einstellende Eingebungen zu erlangen. Mit Hilfe der Intuition kann man in einem Moment das Wesentliche, also das Wesen eines Menschen oder einer Sache, erfassen. Obwohl wir davon sprechen, dass wir etwas »aus dem Bauch heraus« entscheiden, bezieht sich die Intuition nicht nur auf das so genannte Bauchgefühl. Im Rahmen der Psychoneuroimmunologie wurden und werden viele Studien erstellt, wie der Mensch auf Einflüsse von außen reagiert. So wurde zum Beispiel in vielen Versuchen nachgewiesen, dass Kinder, die von Personen einer bestimmten Haarfarbe Misshandlungen ausgesetzt waren, diese Information zeitlebens gespeichert haben. Betritt ein Mensch mit derselben Haarfarbe das Zimmer, reagiert das Unbewusste des Kindes zum Beispiel mit Blutdruckerhöhung, Schwitzen etc. Dieser natürliche Instinkt und das gespeicherte Wissen im Gehirn prägt dann die Einschätzung der aktuellen Situation. Die entsprechende Reaktion wird also keinesfalls von Intuition geleitet, sondern von vorgeprägten Gehirnmustern.

Die Intuition als Stimme des Selbst braucht das Zusammenwirken von Kopf, Herz und Bauch. Sie bedient sich
– des Instinkts,
– der Gefühle,
– einer Art »innerer Logik«,
– der Informationen des Bewusstseins und des persönlichen und des kollektiven Unbewussten.

Die Intuition steht letztlich hinter aller Kreativität, hinter Kunst und Musik. Der danach einsetzende Intellekt prüft lediglich die Ergebnisse der intuitiven Erkenntnis, ordnet sie zu und sorgt dafür, dass das Erfahrene in Form gebracht werden kann.

In seiner Typenlehre hat Jung die Intuition als vierte

Funktion und eine Form der Wahrnehmung des Menschen beschrieben. Er bezeichnet sie als die Fähigkeit, hinter die Oberfläche der Dinge zu schauen oder aber Deutungen zu finden, die über den oberflächlichen Eindruck hinausgehen. Sie kann Verborgenes enthüllen und bewusst machen. Sie ist die vornehmste Brücke zwischen Bewusstsein und Unbewusstem. Sie bringt innere Gewissheit, weil sie die Botschaft sucht, die von den Dingen ausgeht, nicht die Dinge selbst. Sie reicht weiter als alle anderen psychischen Fähigkeiten des Menschen. Die Intuition ist die Brücke zum spirituellen Bereich. Sie zeigt sich in Form von Eingebungen, blitzartigen Botschaften, so genannten Geistesblitzen oder in Form einer untrüglichen Ahnung. Auch die so genannten »Zufälle«, von denen Louis Pasteur sagte, dass sie immer auf einen vorbereiteten Geist treffen, kann man als intuitives Geschehen bezeichnen.

Obwohl die naturwissenschaftliche Denkweise die Intuition eher kritisch bewertet, deuten neuere Forschungsergebnisse darauf hin, dass man mit der Intuition – nicht zuletzt in komplexen Situationen – zu besseren Entscheidungen kommt als mit dem bewussten Verstand. Der Grund dafür scheint zu sein, dass das Unbewusste in der Lage ist, weitaus mehr Informationen zu berücksichtigen als das Bewusstsein.

Die Geschichte zeigt, dass viele wichtige Entdeckungen auch auf naturwissenschaftlichem Gebiet auf intuitiven Erkenntnissen basieren. Albert Einstein hat der Intuition einen sehr wichtigen Stellenwert eingeräumt.

Die innere Stimme als Botschaft der Intuition

Fast jeder Mensch kennt die Momente, in denen völlige Klarheit im Inneren herrscht. Plötzlich weiß man, was zu tun ist, was der richtige Weg ist. Lebensbiographien großer Frauen und Männer sprechen davon, wie diese innere Stimme plötzlich zu einer großartigen Erfindung oder Entdeckung führte. Dr. Edward Bach, der englische Arzt und Begründer der Bach-Blüten-Therapie, hat die Funktion der inneren Stimme so beschrieben: »Diese Stimme soll uns auf den Weg der Seele führen, meist taucht sie dann auf, wenn wir dabei sind, vom Weg abzukommen.« Sie ist nicht zu verwechseln mit der Stimme der Gefühle, der Angst oder der verletzten Eitelkeit, und sie ist auch nicht zu verwechseln mit dem, was unsere kreisenden Gedanken uns unentwegt einflüstern.

Ähnlich kann sich auch verdrängte Wut und Aggression mit dem Mäntelchen der inneren Stimme umgeben. Diese Stimme wird uns ebenfalls in die Irre führen, weil sie nur einseitig von einem Bauchgefühl ausgeht.

Die Welt der Illusion hat ebenfalls ihre eigene Stimme. Sie betört uns, unterstützt von falschen Gurus. Sie rät zur Flucht aus der Welt, aus dem Körper. Zur Flucht in ein falsches Selbstbild und in eine falsch verstandene Spiritualität.

Die innere Stimme, von der die Weisheitslehren der Welt sprechen, ist in Kontakt mit allen Ebenen des Bewusstseins, mit dem Unbewussten und seinen verdrängten Inhalten, mit dem Wachbewusstsein und mit dem Überbewusstsein oder der transpersonalen Ebene. Sie hat immer die Entwicklung des Ganzen im Blick.

C. G. Jung hat diese Stimme in Form seines inneren Ratgebers Philemon erlebt. Die Gestalt des Philemon wurde

Jungs innerer Lehrer, an dem er dennoch zuweilen auch zweifelte. Einige Jahre, nachdem dieser Ratgeber in seinem Inneren aufgetaucht war, lernte er während einer Indienreise einen engen Freund Mahatma Gandhis kennen, der ihm erklärte, er habe einen Hindu-Heiligen namens Shankara aus dem 18. Jahrhundert als Ratgeber. Dieser Guru, so sagte er, sei in seinem Inneren. Jung fühlte dadurch seine eigene Erfahrung auf eindrucksvolle Weise bestätigt.

Die Voraussetzungen, die notwendig sind, um die innere Stimme zu hören, werden in allen Weisheitslehren übereinstimmend beschrieben. Der Mystiker Meister Eckhart spricht von einem »Schweigen der Worte, der Wünsche und der Gedanken« als Voraussetzung für diese Innenschau. Auch der Yoga-Weg, wie er im Achtstufigen Pfad des Patañjali beschrieben ist, besagt, dass zuerst der Körper, dann die Gefühle und schließlich die Gedanken zur Ruhe kommen müssen, um über die Meditation zur Einheit und damit zur Erkenntnis dessen, was wesentlich ist, zu gelangen. Die Ruhe und Entspannung auf allen Ebenen machen uns fähig, der inneren Stimme zu lauschen. Lauschen hat eine andere Qualität als hören. Wenn wir lauschen, ist unsere Aufmerksamkeit ganz auf das konzentriert, was wir aufnehmen, erfahren wollen. Je mehr wir unsere Achtsamkeit nach innen richten, umso mehr Energie wird unsere innere Stimme erhalten, und umso leichter werden wir sie hören können.

Der ganze Mensch im Märchen

Vor einigen Jahren wollte ich in Amerika zusammen mit einer Freundin in einer Videothek einen Film ausleihen. Vor uns stand ein etwa sechsjähriges Mädchen mit seiner Mutter. Ich wollte gern einen typisch amerikanischen Film sehen, und meine Freundin empfahl mir, das Mädchen zu fragen, was es mir empfehlen würde. Ich erzählte dem Mädchen, dass ich von weither komme und mir gern einen Film anschauen würde. Sie empfahl mir ohne Zögern:

The Wizard of Oz

Vielleicht kennen Sie den »Zauberer von Oz« als Buch oder verfilmt. Es ist die Geschichte der kleinen Dorothy, die in Kansas auf der Farm von Onkel Henry und Tante Emmy mit ihrem Hund Toto lebt, bis ein Wirbelsturm das Farmhaus mitsamt Dorothy und Toto in die Lüfte hebt. Nach stundenlanger Reise kommen die beiden im Land der Munchkins an. Als der Sturm das Haus dort absetzt, begräbt es die böse Hexe des Ostens unter sich. Die gute Hexe des Nordens überreicht Dorothy zum Dank die silbernen Schuhe, die die böse Hexe vorher getragen hat. Um den Weg nach Hause zu finden, rät die gute Hexe ihr, den Zauberer von Oz um Hilfe zu bitten. Ein Kuss, den sie ihr zum Abschied gibt, soll Dorothy vor allem Unheil bewahren. Auf dem Weg schließen sich die Vogelscheuche an, die so gern Verstand hätte, der Blechmann, dem das Herz fehlt, und der feige Löwe, der seinen Mut und seine Tatkraft finden möchte. Der Glaube, dass der Zauberer von Oz ihre Wünsche erfüllen kann, lässt sie alle Prüfungen bestehen und Widerstände überwinden. In der Smaragdstadt angekommen, dürfen sie nur einzeln vor den großen Zauberer treten. Jedem erscheint er in einer anderen Gestalt. Der Zauberer verspricht ihnen zu helfen, wenn sie vorher die böse Hexe des Westens töten, die über das Reich der Winkies regiert. So machen sie sich gemeinsam auf den Weg und geraten schließlich in die Gefangenschaft der bösen Zauberin. Dorothys beherzte Tat befreit sie schließlich alle, die Winkies sind inzwischen von Blechmanns großer Herzlichkeit und Menschenfreundlichkeit so angetan, dass sie ihm die Herrschaft über ihr Reich anbieten. Zurück in der Smaragdstadt stellen Dorothy und ihre Freunde schließlich fest, dass der große Zauberer von Oz nicht existiert. Hinter diesem Namen verbirgt sich ein weiser, alter Mann, den eine Ballonfahrt in das Reich Oz verschlagen hat. Wegen dieses ungewöhnlichen Transportmittels hielten ihn die Einwohner für einen Magier. Obwohl er die Vogelscheuche, den Blechmann und den feigen Löwen davon zu überzeugen sucht, dass ihnen weder Verstand noch Herz noch Mut und Kraft fehlen, sondern lediglich das Wissen um diese eigenen Fähigkeiten, müssen die drei erst wirklich davon überzeugt werden. Noch sind also einige Abenteuer zu bestehen, bevor die Vogelscheuche, wegen ihres scharfen Verstandes, der Nachfolger des Zauberers von Oz wird, der Löwe, wegen seines Mutes und seiner Kraft, zum Herrscher eines großen Reiches und Blechmann, wegen seines guten Herzens, zum König der Winkies ernannt wird. Am Ende sind Kopf, Herz und Bauch erlöst, ein jeder von den Dreien erhält ein verdientes Königreich und kann seine Stärken nun endlich in die Welt einbringen.

Wenn man den Erfolg dieses amerikanischen Kinderbuches von Lyman Frank Baum, das 1900 erschien, verstehen will, muss man das Buch lesen oder den Film mit Judy Garland in der Hauptrolle sehen. In rührender Weise wird beschrieben, wie der feige Löwe zittert vor Angst. Weil er so fest von seiner Feigheit überzeugt ist, lässt er sich durch nichts davon abbringen. Auch wenn der Leser schon längst weiß, dass er im Notfall alles tun würde, um seine Freunde zu retten – er selbst erkennt diese Qualität nicht. So ist es eben mit dem Schatten, den die anderen sehen, nur nicht man selbst. Zwar ist es ein positiver Schatten, aber er lässt uns trotzdem kleiner erscheinen, als wir sind. Das erinnert mich an die Worte von Marianne Williamson: »Unsere tiefste Angst ist nicht, dass wir unzulänglich sind. Unsere tiefste Angst ist, dass wir grenzenlose Macht in uns haben.« Am Ende glaubt nicht nur jeder an sich, sondern sie haben auch alle ihre Ziele erreicht. Das macht Mut. Den wollte mir wohl auch das kleine Mädchen vermitteln, als es mir den Film empfahl.

Der ganze Mensch im Mythos

Aus dem Seelengrund gehen die drei Kräfte
Wille, Gemüt und Geist hervor. Diese
Wesensgemeinschaft erlebt die unio mystica,
die Einheit mit Gott.

Meister Eckhart

Der große Mythenforscher Joseph Campbell schreibt: »Das Material des Mythos ist das Material unseres Lebens, unseres Körpers und unserer Umwelt, eine lebendige, kraftvolle Mythologie befasst sich damit auf eine Weise, die dem jeweiligen Wissensstand eines Zeitalters angemessen ist.«

Zum »Material unseres Lebens« gehört in erster Linie die Geburt, die mit drei Personen zusammenhängt. Umgesetzt auf Kopf, Herz und Bauch bedeutet es, dass Geist, Gefühl

und Wille oder Tatkraft notwendig sind, um eine Geburt zu
ermöglichen. In vielen Mythen und Religionen der Völker
verkörpert wiederum ein Mensch diese Dreiheit in sich. Da
ich mich mit dem Christentum am engsten verbunden fühle, wähle ich als erste symbolische Person, die die Ganzheit
verkörpert, Jesus Christus. In den überlieferten Geschichten
zeigt er sich als Mensch, der seinen Willen einsetzen kann und
durchaus zu einer gesunden Aggression fähig ist. Dies zeigt
sich deutlich in der Geschichte von der »Tempelreinigung«.
Wütend wirft er die Tische der Händler um, die den Tempel,
das Haus Gottes, zu einer Markthalle umgewandelt haben.
Eine andere Geschichte im Neuen Testament berichtet von
dem Heiler Jesus. Als eine Frau, die an einem unstillbaren
Blutfluss leidet, mitten in der Menge sein Kleid berührt, lässt
er das nicht einfach mit sich geschehen, sondern fragt: »Wer
war es, der mich berührt hat?« Er zwingt damit die Frau, zu
sich zu stehen und sich zu zeigen. Sicherlich ist das schon
weitgehend ihre Heilung: keine Angst zu haben und zu dem
zu stehen, was für sie wichtig ist. In einer anderen Geschichte
wird berichtet, dass die Pharisäer Jesus bezichtigen, mit den
Sündern, Säufern und Huren seine Zeit zu verbringen. Tatsächlich wird ja im Neuen Testament berichtet, dass Jesus sich
nicht in der Gesellschaft aufhält, die man landläufig für einen
»Gottesmann« für angemessen erachtet. Immer wird davon
berichtet, dass Jesus sich berühren lässt, dass er Mitleid empfindet. Beim Tod seines Freundes Lazarus weint er, und er tut
den Menschen Gutes, indem er heilt und tröstet, ihnen beisteht und sich als verlässlicher Freund erweist. Allerdings wird
auch davon berichtet, dass er klare Entscheidungen treffen,
Menschen klar zurückweisen und die Schwächen und Stärken
anderer gut erkennen kann. So sagt er seinem engsten Ver-

trauten Petrus voraus, dass der ihn verraten werde, ohne dass man das Gefühl hat, dass er Petrus dadurch seine Zuneigung entzieht. Auch vom Verrat des Judas weiß er bereits, bevor er geschehen ist, und auch hier trifft er die klare Entscheidung, seinen Weg zu gehen. Vor Gericht antwortet er auf die Fragen des Pilatus sehr klar und sehr klug, wenn dieser ihn fragt: »Bist du der König?«, und er antwortet: »Du sagst es!«

Dieser ganze Mensch, der mit Herz, Kopf und Bauch lebt, ist in Verbindung mit dem Göttlichen, und er weiß auch von dieser Verbindung, wenn er sagt: »Ich und der Vater sind eins.« Das Leben und Wirken Jesu kann auch für die Menschen zum Vorbild werden, die keiner Kirche angehören. Die verwendeten Bilder und Symbole sind archetypisch und haben jedem Menschen etwas zu sagen. So gehört zum Beispiel nach Joseph Campbell zum »Material unseres Lebens« auch das Zeichen des Kreuzes, das oft so schwer zu verstehen und zu ertragen ist. Auch im Kreuz können wir die Dreiteilung wiederfinden, und damit wird das Kreuz selbst zum Symbol der Ganzheit: Der Längsbalken, der nach unten weist, steht für die Kräfte, durch die wir mit dem Unten, der Erde, dem Schweren verbunden sind. Sie ziehen uns immer wieder nach unten, während wir auf der anderen Seite immer wieder nach oben streben, wie der obere Teil des Längsbalkens zeigt. Diese beiden Kräfte stehen für die Materie und den Körper auf der einen Seite und für den Geist auf der anderen Seite. Sie ringen ständig miteinander, und weder können wir uns ganz der Erde, der Materie überlassen noch ganz dem Geist. Ihren Ausgleich finden diese beiden im Querbalken, der das Herz symbolisiert. Das Gleichgewicht zwischen Bauch und Kopf entsteht durch das Herz, das für die Liebe und die Öffnung zu unseren Mitmenschen steht.

In unserem eigenen Körper erfahren wir demnach immer wieder das Kreuz – das Gekreuzigtsein, wenn uns der Ausgleich nicht gelingt, und die Erlösung, wenn wir loslassen können und uns der inneren Führung, dem Vater, anvertrauen.

In ähnlicher Weise steht der Buddha für den ganzen, den entwickelten Menschen, der mit Kopf, Herz und Bauch in Verbindung mit dem ganzen Kosmos lebt. Nach der Legende hat die Suche nach dem Fehlenden Prinz Siddharta dazu bewogen, sein reiches und schönes Elternhaus, seine Frau und seinen Sohn zu verlassen. Obwohl er scheinbar alles hatte, war er nicht wirklich zufrieden, er wollte die Welt draußen, außerhalb der Palastmauern, kennen lernen, die seine Eltern so sorgsam vor ihm verborgen hatten. Bei seinen heimlichen nächtlichen Ausfahrten sah er zum ersten Mal leidende, kranke und sterbende Menschen. Sein Mitgefühl und die Erkenntnis, dass offensichtlich in seinem bisherigen Leben sein Herz nie wirklich berührt worden war, ließen ihn die schmerzliche Entscheidung treffen, seine Welt und all die Menschen, die er bisher geglaubt hatte zu lieben, zu verlassen und sich auf eine lange, entbehrungsreiche Wanderschaft zu machen. Er wollte alles erfahren, was die Menschen bewegt. Er hungerte und peinigte sich wie die Asketen und lernte durch eine Kurtisane sein Herz wirklich zu öffnen und tiefe Gefühle zu empfinden. So jedenfalls beschreibt es Hermann Hesse in seinem Roman »Siddharta«. Siddharta suchte die Einheit mit Gott, indem er fastete und betete, sich kasteite, gute Werke tat, und er erlebte sie schließlich in der Stille der Natur unter einem Baum. Der Legende zufolge wurde Prinz Siddharta schließlich zum ganzen, zum erleuchteten Menschen, zum Buddha. Als Frucht der Erkenntnis aus seinem eigenen Leben hinterließ er den Menschen die Lehre vom

»Achtfachen Pfad«, mit dessen Hilfe man Freiheit erlangen kann vom Leiden, das durch Anhaften an die Welt entsteht.

Auch die buddhistische Lehre bezieht Kopf, Herz und Bauch in ihren Entwicklungsweg ein, wenngleich es hier nach meiner Erfahrung deutlich mehr um den Umgang mit unseren Gedanken geht, die der Ursprung aller Gefühle sind. Die große buddhistische Lehrerin Ayya Khema hat Liebe-und-Güte-Meditationen entwickelt. Sie legt dabei besonderen Wert auf die Balance, die durch das Gefühl der Liebe und Dankbarkeit in unserem Herzen entsteht. Diese Harmonie des Herzens wirkt auf unsere Gedanken und auch auf unseren Körper.

Der ganze Mensch im Alltag

> *Wann immer ein Ritter des Grals versucht, dem Weg eines anderen zu folgen, hat er sich bereits verlaufen. Denn wo ein Weg oder ein Pfad ist, sind es die Fußstapfen von jemand anderem. Jeder von uns hat seinen eigenen Weg zu finden. Niemand sollte einem Mythos folgen. Du wirst deine Bilder in deinen Träumen, deinen Visionen, deinen Aktionen finden – was sie bedeuten, wirst du wissen, wenn du ihnen gefolgt bist.*
>
> Joseph Campbell

Mit Kopf, Herz und Bauch leben braucht Übung und Entwicklung. Das die Einheit symbolisierende Selbst wirkt vom Anfang unseres Lebens an im Verborgenen. So müssen wir mühsam die Polaritäten unserer Psyche aushalten, um Erkenntnis über uns selbst zu gewinnen. Wir müssen erfahren, wie es ist, wenn wir uns ausschließlich von körperlichen oder emotionalen Bedürfnissen treiben lassen. Wir müssen erkennen, wie unser Leben verarmt, wenn wir es nur noch im Kopf führen und der Körper nur mehr ein lästiges Anhängsel ist. Auch eine einseitige Ausrichtung auf liebevolle Gefühle kann zu Abhängigkeit und Schwäche führen, wenn zum Beispiel die gesunden Instinkte völlig verdrängt werden. Meist führt erst ein entsprechender Leidensdruck, der durch Einseitigkeit entsteht, zur Bereitschaft, sich mit den anderen Seiten in sich auseinanderzusetzen und sie zu entwickeln. Nicht selten ist es dazu notwendig, sich zuerst einmal die eigene Hilflosigkeit einzugestehen. Auch wenn wir noch so mächtig und klug sind, es kommt immer der Moment, in dem wir keine Kontrolle und Macht mehr ausüben können. Dann ist die Zeit gekommen, um zum Beispiel das Herz zu entwickeln, das nicht angewiesen ist auf Kontrolle und Macht. Auch die Wechseljahre bei Frau und Mann sind ein Aufruf an uns, die Anteile zu integrieren, die uns fehlen, um zur Ganzheit zu gelangen.

Das Herz ist der Schlüssel

Ich denke zum Beispiel an einen sehr erfolgreichen Manager, der nach einer atemberaubend schnellen Karriere scheinbar alles hatte, was man sich wünschen konnte: eine schöne Frau, Geld, Macht und Einfluss, ein Haus usw. Die Diagnose »Gehirntumor« konfrontierte ihn plötzlich mit einer Grenze, die schmerzlicher nicht hätte sein können. Seine Frau kam zu mir, weil sie vollkommen verzweifelt war. Er wollte und konnte es nicht akzeptieren, dass er diesmal keine Kontrolle mehr über das Geschehen hatte. Sie sprach mehrmals davon, dass sie beide durch die Hölle gingen. Die Operation lief gut, aber alle folgenden Behandlungen schienen nicht wirklich anzuschlagen. Meine Klientin berichtete mir, dass er immer noch davon sprach, dass man »die Sache schon in den Griff bekommen würde«. Die Sache, das war er selbst, sein Körper und seine Gefühle. Ich empfahl ihr Literatur, von der ich glaubte, dass sie hilfreich sei, und machte sie mit Visualisierungs- und Meditationsübungen vertraut. Eines Tages berichtete sie mir, dass ihr Mann – inzwischen schon sehr schwach, aber noch voller Kampfgeist – bereit war, die Übungen mit ihr zusammen zu machen. Was dann folgte, erschien mir fast wie ein Wunder: Der Mann, der viele Jahre nur seiner Karriere und dem Aufbau seines äußeren Lebens gewidmet hatte, entdeckte ganz neue – und zum Teil auch ganz alte – Seiten in sich. Irgendwann kam die Erinnerung wieder an seine tief religiösen Gefühle, die er in den zwei Jahren als Messdiener hatte. Seine Frau berichtete mir, dass er die Visualisierungsübungen, mit deren Hilfe er heilende Energie in den Körper schicken sollte, in kürzester Zeit beherrschte. Er entdeckte seine Freude an den Gesprächen mit den Kindern und vor allem mit dem jüngsten Sohn, den er immer für einen Versager gehalten hatte. Gerade dieser machte ihn nun mit dem buddhistischen Wissen vertraut und lehrte ihn die Vipassana-Meditation, mit deren Hilfe er einen Teil seiner Ängste loslassen und seine Gedanken ruhig werden lassen konnte. Auf der anderen Seite lernte er wieder zu weinen und spürte neben der Angst auch sehr viel Liebe in seinem Herzen. Eines Tages wollte er mich kennen lernen. Ich konnte mir jetzt sehr gut vorstellen, warum er so viel Macht und Einfluss hatte. Seine Ausstrahlung war trotz der

Krankheit bezwingend und doch spürte man, dass sie nicht mehr die eines Machtmenschen war. Er erzählte mir seine Geschichte, die ich ja zum Teil bereits kannte, und er hörte mir nachdenklich zu. Seine Dankbarkeit für die Begleitung durch seine Frau kam aus ganzem Herzen und berührte mich tief. Die folgenden Wochen führten immer weiter auf dem Weg der Heilung im Sinne der Ganzwerdung. Wie es weiter geht, bleibt – wie für uns alle – offen.

Bauch und Kopf als unschlagbares Team

Die andere Geschichte der Ganzheit, die ich erzählen möchte, ist die einer Frau Anfang 40, die auch durch einen Schicksalsschlag zum »Ganzwerden« gezwungen wurde. Sie hatte ein Leben geführt, in dem fast ausschließlich die Herzqualitäten entwickelt worden waren. Ihren Beruf als Krankenschwester hatte sie neben ihren zwei Kindern immer noch stundenweise ausgeführt, obwohl sie es von ihrer finanziellen Situation nicht nötig gehabt hätte. Sie war mehr als abgesichert durch einen gut verdienenden Mann, der eine höhere Position in einer Bank hatte. Ohne ihr Wissen hatte er einen Großteil des Familienvermögens in den Aktien des »Neuen Markts« angelegt und fast alles verloren. Auch das erzählte er ihr zunächst nicht, sondern ertränkte seine Verzweiflung und seinen Kummer in Alkohol. Erst als der Zustand in der Bank unerträglich wurde, nahm sie die Situation überhaupt wahr. Als sie zu mir kam, stand die Frau vor einem ziemlichen Chaos. Sie realisierte, dass sie sich nie interessiert hatte, wie viel ihr Mann verdiente oder wie das schöne Reihenhaus eigentlich finanziert worden war. Sie hatte alle Verträge, die er ihr hingelegt hatte, einfach unterschrieben. Sie liebte ihn ja,

und er würde es schon richtig machen. Immer mehr erfuhr sie
vom wahren Ausmaß der Situation: Ihr Mann hatte irgendwann angefangen, Geld zu unterschlagen, und stand jetzt
vor der fristlosen Kündigung. Nur die Tatsache, dass er so
lange ein bewährter Mitarbeiter gewesen war, ersparte ihm
noch schlimmere Konsequenzen. Ich konnte kaum glauben,
dass ihr der Zustand ihres Mannes nicht aufgefallen war. Sie
erzählte, dass sie eine kranke Mutter habe und sich immer
noch für ihre erwachsenen Kinder, die gerade im Studium
waren, verantwortlich fühle. Sie habe ihren Mann zwar öfter
gefragt, was mit ihm los sei, aber eigentlich sei sie ganz froh
gewesen, dass er nichts gesagt habe. Da waren auch noch die
Nachbarn, die gerade verstärkt Hilfe gebraucht hätten, und
noch einige Freunde, für die sie auch immer die »Kummertan-
te« sei. Gemeinsam überlegten wir, was jetzt zu tun sei. Ich
empfahl ihr als Erstes eine Schuldnerberatung bei der Stadt
München in Anspruch zu nehmen. Ich hatte Gutes gehört
von den städtischen Angeboten in dieser Richtung. Immer
wenn sie wieder mutlos und verzweifelt war, appellierte ich
an ihren Kampfgeist und ihre Tatkraft. Sie bekam ein speziel-
les Yoga-Programm, mit dessen Hilfe sie den Rücken stärken
und Kraft entwickeln konnte. Ihre Lieblingsübung in dieser
Zeit war die Helden- oder Kriegerhaltung, die ihr – wie sie
sagte – an manchen Tagen »das Leben rettete«. Sie beschäftigte sich mit der Finanzierung des Hauses, lernte, wie man
Darlehen »umschichten« kann, und überraschte ihren Mann
mit fachlichen Fragen. Er kämpfte in der Zwischenzeit gegen
seine Alkoholsucht und war schließlich bereit, einen Therapeuten aufzusuchen. Manchmal schmunzelte ich bei den
Erzählungen der zierlichen Frau, wie sie sich durchgesetzt
hatte oder sich nicht abweisen ließ. Ihre Kinder überließ sie

erst einmal sich selbst, was diesen offensichtlich sehr gut tat. Der über 20-jährige Sohn entschloss sich endlich, seine Wäsche selbst zu waschen, und die Tochter unterstützte die Mutter und half ihr bei Behördengängen. Als die nötigsten Schritte getan waren, erzählte sie mir, dass es ihr jetzt fast Spaß mache, sich mit Dingen zu beschäftigen, von denen sie bisher keine Ahnung gehabt habe. Es sei so, sagte sie mir, als wäre da noch eine andere Person in ihr, die sich langsam Raum verschaffe und an der sie viel Freude habe.

Ihr Mann wurde durch die Therapie immer offener, und oft sprachen sie stundenlang darüber, wie alles gekommen war und wie es weitergehen könnte. Sie spürte jetzt deutlich, dass sie ihn wirklich liebte, aber das Gefühl war im Gegensatz zu früher weniger das einer besorgten Mutter als vielmehr das einer gleichwertigen Partnerin. Ihre Bereitschaft, die Bauch- und Kopfenergie zu aktivieren, hatte nicht nur ihr, sondern der ganzen Familie einen großen Gewinn gebracht.

Diese Beispiele zeigen, dass Menschen durch einen gelungenen Individuationsprozess, der zur Ganzheit führt, die Welt mit anderen Augen sehen, obwohl die Welt selbst sich nicht verändert hat.

Übungsteil

Basisübung
- Sorgen Sie dafür, dass Sie etwa 15 Minuten lang nicht gestört werden.
- Legen Sie sich auf den Rücken oder auf den Bauch; sorgen Sie dafür, dass Sie bequem und warm liegen.

- Beobachten Sie eine Weile Ihren Atem, lassen Sie ihn sanft und natürlich etwas länger und tiefer werden; das vertieft auch die Entspannung.
- Stellen Sie sich vor, Sie lassen in Ihren Becken- und Bauchraum ein warmes Rot hineinfließen. Die Beckenschale ist wie ein Gefäß, das offen und aufnahmebereit ist. Wenn es Ihnen angenehm ist, können Sie sich vorstellen, wie Sie als Embryo in solch einem Becken gelegen haben. Legen Sie sich in Ihrer Vorstellung in Ihr eigenes Becken hinein und spüren Sie dort die Sicherheit und Geborgenheit.
- Wiederholen Sie dreimal die Affirmation: Göttliche Energie in meinem Becken- und Bauchraum.
- Lassen Sie sich Zeit, bevor Sie weitergehen in den Herzraum.
- Seien Sie auch in diesem Raum ganz anwesend. Stellen Sie sich vor, dass Sie den ganzen Raum ausfüllen. Wählen Sie jetzt ein intensives sommerliches Grün, mit dem Sie den Herzraum auskleiden.
- Wiederholen Sie dreimal die Affirmation: Göttliche Energie in meinem Herzen.
- Mit der Farbe Blau gehen Sie jetzt in den Hals und in den Kopf. Seien Sie mit Ihrer Aufmerksamkeit ganz in Ihrem Kopf, füllen Sie den ganzen Raum aus.
- Wiederholen Sie dreimal die Affirmation: Göttliche Energie in meinem Kopf.
- Verbinden Sie Kopf, Herz und Bauch, Arme und Hände zu einem Ganzen. Spüren Sie Ihren ganzen Körper. Verbinden Sie die Farben Rot mit Grün und Blau zu einem Regenbogen, der durch Ihren Körper strahlt.
- Wiederholen Sie dreimal die Affirmation: Göttliche Energie in meinem ganzen Körper.

Übung: Atemräume entdecken und erfahren

- Stellen oder setzen Sie sich aufrecht hin, richten Sie bewusst den Rücken gerade auf. Der Kopf thront auf der Wirbelsäule.

- Lassen Sie vor Ihrem inneren Auge einen Baum auftauchen. Nehmen Sie wahr: Je tiefer und je weiter verzweigt er im Erdreich verwurzelt ist, desto kräftiger und widerstandsfähiger ist auch sein Stamm, und desto ausladender und stabiler sind seine Äste und Zweige.

- Lenken Sie die Aufmerksamkeit zu Ihren Füßen, zu Ihrem Fundament. Sie entsprechen den Wurzeln, mit denen Sie Kraft aus der Erde bekommen. Lenken Sie diese Energie in den unteren Becken- und Bauchraum. Stellen Sie sich in diesem Bereich die Farbe Rot vor und lenken Sie den Atem in das erste und zweite Chakra.

- Machen Sie sich bewusst, dass die Kraft in diesem unteren Atemraum erdhaft ist, dass sie Sie trägt, Ihnen Geborgenheit, Urvertrauen und Sicherheit, Wärme und innere Ruhe gibt. Gleichzeitig ist sie vital und stark.

- Lenken Sie jetzt Ihren Atem in den mittleren, den Herzraum.

- Stellen Sie sich die Farbe Grün vor und lassen Sie die Farbe in Ihren ganzen Brustkorb fließen. Erleben Sie die Energie in Ihrem Herzbereich als zentrierende Kraft. Sie gibt Ihnen Harmonie, Ausgeglichenheit und Ruhe. Sie führt nach innen, in Ihr Herz, in Ihre eigene Mitte. Die Herzkraft ermöglicht Ihnen, sich einzulassen, sich gegenüber allem zu öffnen, ohne sich zu verlieren. Gleichzeitig bringt sie eine vermittelnde Bewegung zwischen unten und oben, zwischen rechts und links.

- Lenken Sie den Atem jetzt mit der Farbe Blau in den

oberen Raum. Lassen Sie ihn über die Lungenspitzen auf Höhe der Schlüsselbeinknochen nach oben in den Kopf und in die Sinnesorgane fließen. Die Kraft des Atems in diesem Raum ermöglicht Ihnen das Öffnen der Sinne und das Bewusstwerden intellektueller, geistiger und spiritueller Fähigkeiten.

- Das hilft Ihnen, das Leben aus der Kraft des Geistes zu meistern, Erkenntnis zu gewinnen, die gemachten Erfahrungen einzubeziehen und Pläne zu machen für Zukünftiges.

- Verbinden Sie jetzt in Ihrer Vorstellung alle drei Atemräume und lassen Sie die Farben Rot, Grün und Blau in Ihrem Körper fließen. Stellen Sie sich vor, wie Sie Ihr ganzes Potenzial nutzen. Fühlen Sie sich im vollen Besitz Ihrer körperlichen, emotionalen und mentalen Kräfte. Spüren Sie die Einheit von Kopf, Herz und Bauch.

In der Verbindung aller drei Atemräume können wir uns allmählich immer tiefer einlassen in die Einheit von Körper, Geist und Seele, können wir immer mehr zu uns selbst kommen.

Übung: Energiezentren öffnen

- Setzen Sie sich bequem und aufrecht auf einen Stuhl. Die Füße sollten bequem nebeneinander auf dem Boden stehen können. Legen Sie sich also je nach Stuhlhöhe ein Kissen auf den Stuhl oder unter die Füße. Richten Sie den Rücken auf und lassen Sie den Nacken lang werden. Legen Sie die Hände mit den Handflächen nach oben auf die Knie.

- Lenken Sie Ihre Aufmerksamkeit auf den Atempunkt, atmen Sie tief und gleichmäßig und lassen Sie sich mit dem Ausatmen tiefer in die Unterlage einsinken. Mit jedem Ausatmen entspannt sich Ihr Körper mehr und mehr.

– Stellen Sie sich jetzt vor, wie sich unter Ihren Füßen eine
violette Energie entfaltet. Lassen Sie diese Energie in Ihre
Fußsohlen fließen. Sie steigt auf durch die Unterschenkel,
Knie und Oberschenkel bis ins Becken. Stellen Sie sich vor,
wie Sie mit dieser violetten Lichtkraft das Wurzelchakra,
das Sexualchakra und das Nabelchakra (Solarplexus) aktivieren. Atmen Sie tief und gleichmäßig in ihren unteren
Bauchraum und stellen Sie sich vor, wie sich die feinstofflichen Energiezentren wie Blütenblätter öffnen. Lassen
Sie die violette Lichtenergie in den Herzraum aufsteigen.
Aktivieren Sie Ihr Herzchakra und stellen Sie sich vor, dass
es sich ebenfalls wie eine Blüte öffnet. Gehen Sie dann
weiter zum Kehlkopfchakra, zum dritten Auge und zum
Scheitelchakra. Die violette Lichtenergie tritt aus Ihrem
Scheitel aus und fließt als feiner violetter Lichtregen an
der Außenseite Ihres Körpers wieder nach unten. Lassen
Sie jetzt durch Ihren Scheitel weißes, strahlendes Licht in
Ihren Kopf und in Ihren Körper hineinfließen, das sich im
Herzen mit dem violetten Licht verbindet und dann über
Arme und Handflächen nach außen fließt. Sie können diese Lichtenergie an einen Menschen, ein Tier, eine Pflanze
oder an die Natur weitergeben oder es in Ihrem Körper an
eine bestimmte Stelle lenken. Bleiben Sie noch einige Zeit
in der Präsenz dieser Lichtenergie, die von unten als violetter Strahl, von oben als weißer Strahl jede Ihrer Zellen
energetisiert und dabei alle Chakras aktiviert.
– Um die Übung zu beenden, stellen Sie sich vor, dass Sie
Ihre Energiezentren schließen, wie eine Blüte am Abend
ihre Blätter schließt. Das Licht wird in Ihrem Inneren
weiterwirken.

Übung: Des-Identifikations-Übung

Diese Übung ist dazu gedacht, unsere Aufmerksamkeit der Reihe nach auf die verschiedenen Aspekte unserer Persönlichkeit und im Weiteren auf unsere Identifikationsmuster, unsere Rollen etc. zu konzentrieren. Wir werden uns dann dieser Anteile und Aspekte klar bewusst und betrachten sie vom Standpunkt des Beobachters aus. Dabei erkennen wir, dass der Beobachter nicht das ist, was er beobachtet.

Diese Übung besteht aus drei Teilen, die sich mit den körperlichen, emotionalen und geistigen Aspekten des Gewahrseins beschäftigen. Sie werden als Teil unserer selbst gesehen, aber es wird deutlich, dass sie nicht das Ganze darstellen.

- Setzen oder legen Sie sich bequem hin, entspannen Sie sich, indem Sie tief ausatmen und, während Sie den Atem beobachten, ruhiger und ruhiger werden.
- Machen Sie sich bewusst und wiederholen Sie vielleicht auch mit eigenen Worten:
- Ich habe einen Körper, aber ich bin nicht nur mein Körper. Mein Körper mag sich in verschiedenen Zuständen der Gesundheit oder Krankheit befinden, er mag ausgeruht oder müde sein, aber mein wirkliches Selbst ist mehr als dieser Zustand, den ich in meinem Körper erfahre. Ich schätze meinen Körper als das kostbare Gefährt, mit dem ich in diesem Leben Erfahrungen machen darf. Ich behandle ihn gut.
- Ich empfinde meine Gefühle, aber ich bin mehr als meine Gefühle. Meine Gefühle sind verschiedenartig, sie wechseln, und manchmal widersprechen sie sich. Sie mögen von Liebe zu Hass, von Ruhe zu Ärger, von Freude zu Leid übergehen, meine wahre Natur ändert sich nicht dadurch. Ich weiß, dass ich meine Gefühle beobachten kann, dass

meine Gefühle vorübergehen, folglich bin ich mehr als meine Gefühle.

- Ich habe einen Verstand, aber ich bin mehr als mein Verstand. Er ist ein wertvolles Werkzeug der Entdeckung der Welt und des Ausdrucks in der Welt. Der Inhalt meines Denkens ändert sich beständig, indem neue Ideen, neues Wissen und neue Erfahrungen auftauchen. Der Verstand ist ein Organ des Erkennens für die äußere und innere Welt, aber er ist nicht mein Selbst.
- Ich bin mir bewusst, dass mein Körper, meine Gefühle und meine Gedanken, mein Bauch, mein Herz und mein Kopf meine Möglichkeiten sind, die Welt zu erleben.
- Ich erkenne, dass darin ein unverletzliches und unsterbliches Bewusstsein wohnt, eine schöpferische, dynamische Energie. Von diesem Zentrum der wahren Identität kann ich lernen, alle körperlichen und geistig-seelischen Vorgänge zu beobachten, mich nicht mehr mit ihnen zu identifizieren, sie zu leiten und zu harmonisieren.

Die Übung kann beliebig erweitert werden, zum Beispiel so:
Ich habe Wünsche, aber ich bin nicht meine Wünsche. Wünsche ändern sich leicht, sie schwanken zwischen Ablehnung und Anziehung, sie widersprechen sich oft, deshalb können sie nicht mein wahres Selbst sein. Oder: Ich habe Ängste, aber ich bin nicht meine Ängste. Ängste können auftauchen und wieder verschwinden, sie können durch verschiedene Situationen ausgelöst werden.

Sie können die Übung auch auf verschiedene Rollen im eigenen Leben ausweiten, etwa so: Ich bin Lehrerin, aber es ist nicht mein wahres Selbst. Ich bin derzeit in der Rolle der Lehrerin, um Kindern bzw. anderen Menschen den Weg ins Leben zu erleichtern, aber diese Rolle kann verändert werden, deshalb kann sie nicht mein wahres Selbst sein.

Musik

Da der ganze Mensch alle oder möglichst viele Facetten seines Wesens lebt, eignet sich für ihn Musik aller Kulturen und aller Stilrichtungen. Jede Musik hat ihr eigenes Wirkspektrum und wirkt auf unser Leben bereichernd. Wichtig ist, dass wir Musik nicht als Hintergrundgeräusch benutzen oder als Konsumanregung, sondern dass wir sie wie eine Partnerin sehen, die uns bereichert, anregt und beruhigt. Deshalb möchte ich Sie ermuntern, immer wieder einmal ganz andere Musik zu hören als üblicherweise. Sie werden erstaunt sein, welche Erfahrungen Sie machen, wenn Sie einmal bewusst indische Ragas hören und spüren, wie diese auf Ihren Körper wirken. Wählen Sie auch innerhalb der Klassik einmal nicht Ihren Lieblingskomponisten, wenn Sie in ein Konzert gehen, sondern seien Sie offen für Musik, die Sie zunächst ablehnen. Finden Sie heraus, mit welchem Teil Ihres Wesens, mit welcher Facette Ihrer Gedanken oder Gefühle diese Musik in Resonanz tritt, was sie bei Ihnen auslöst oder welche Erinnerungen sie weckt. Hören Sie Musik auch einmal analytisch, nehmen Sie wahr, welches Instrument Sie am deutlichsten, welches Sie am schwächsten hören. Verfolgen Sie den Notenverlauf und die wiederkehrende Melodie. Sie werden auf diese Weise einen viel ganzheitlicheren Zugang zur Musik bekommen. Tanzen Sie ganz allein zu Hause einen schwungvollen Wiener Walzer oder »dirigieren« Sie eine Symphonie von Bruckner. Auch das bringt eine neue Musikerfahrung und macht darüber hinaus auch noch Spaß.

Meine Empfehlung

Keith Jarrett: The Köln Concert.

Der begnadete Pianist Keith Jarrett (geboren 1945) hat dieses vierteilige Klavierkonzert 1975 in Köln eingespielt. Es spricht in besonderer Weise Bauch, Herz und Kopf an und wechselt zwischen den Bereichen: Mal möchte man tanzen, dann wieder entlockt es einem Gefühle, und an einer anderen Stelle scheint die Musik kühlen Wind in den Kopf zu bringen.

Richard Wagner: Lohengrin, Parzival.

Die Musik Wagners (geboren 1813 in Leipzig, gestorben 1883) empfinde ich auf allen Ebenen wirksam: Sie bewegt den Körper, man spürt Energie und Kraft oder auch Anspannung und Lösung. Sie spricht die Gefühlsebene an, erinnert an eigene Erfahrungen und an die Erfahrungen der ganzen Menschheit. Sie wirkt anregend auf den Geist und ruft Gedanken an Mythen und Weisheitslehren hervor.

Stephan Micus: Athos.

Stephan Micus war von seinen Besuchen auf dem Berg Athos so fasziniert, dass er ein eigenes Projekt entwickelte, in das die Mönche mit ihrem Gesang eingebunden wurden. Micus bezeichnet den Berg Athos als »den« Platz der Stille, der äußeren und der inneren, an dem man sich selbst in einer besonderen Weise begegnen kann. Diese Erfahrung vermittelt auch die Musik, man erlebt eine besondere Form der Stille, die den ganzen Menschen ergreift.

Nachwort

Das Fazit dieses Buches könnte man in einem Satz zusammenfassen: Kopf, Herz, Bauch – gemeinsam sind wir stark. Wir sind stark, wenn wir als einzelner Mensch diese drei Bereiche leben und entfalten, in der Gemeinschaft sind wir stark, wenn Kopf-, Herz- und Bauchmenschen zusammenarbeiten und ihre jeweilige Stärke zum Wohl des Ganzen einbringen. Was wäre es für eine schöne Welt, wenn der Kopfmensch Entwicklungen vorantreiben würde, die er mit Herzmenschen auf ihre positive Wirkung für alle überprüft und deren Ertrag mit Hilfe des Geschäftssinns des Bauchmenschen für das Gemeinwohl eingesetzt werden könnte. Manchmal gelingt uns ja diese Verbindung. Gelegentlich kann man das Wirken der »Trimurti« sehen und vor allem spüren, denn die damit verbundene Zufriedenheit ist wirklich spürbar.

Ich wünsche Ihnen, dass Sie viele positive Erfahrungen machen, wenn Sie den Kopf einschalten, dort wo Sie bisher immer nur mit Emotionen reagiert haben, oder wenn Sie das Herz einschalten, wo vorher nur der Bauch und der Wille regiert haben. Denken Sie im Zweifelsfall immer daran: Das Herz und die Liebe, die es symbolisiert, ist die stärkste Kraft. Es kann Brücken schlagen über die größten Abgründe und Widersprüche, es kann Mitgefühl wecken, da, wo längst kein Verständnis mehr ist, und es kann heilen, wo alte Verletzungen bisher den Frieden verhindert haben.

Nachwort

Und noch etwas möchte ich Ihnen mit diesem Buch mit auf den Weg geben: Wir sind nie allein, es gibt immer jemand anderen, der das kann, was uns selbst gerade fehlt. Wir können zum einen seine Stärke nützen und zum anderen von ihm lernen und ihm dafür etwas von uns zeigen.

Literatur

Aïvanhov, Omraam M.: Geheimnis Mensch, Prosveta Verlag, 1997

Andersen Märchen, Droemer Knaur Verlag, 1938

Avalon, Arthur: Die Schlangenkraft, Otto Wilhelm Barth Verlag, 6. Auflage 1994

Campbell, Joseph: Mythen der Menschheit, Kösel Verlag, 1993

Dürckheim, Karlfried Graf: Hara – Die Erdmitte des Menschen, Otto Wilhelm Barth Verlag, 10. Auflage 1983

Emerson, Ralph Waldo: Natur, Diogenes Verlag, 1988

Feild, Reshad: Die Alchemie des Herzens, Aurum Verlag, 2004

Jacoby, Edmund: Mythen und Sagen des Nordens, Gerstenberg Verlag, 2007

Jung, Carl Gustav: Die Psychologie des Kundalini Yoga, Walter Verlag, 1998

Jung, Mathias: Das kalte Herz, Emu Verlag, 2006

Märchen der Brüder Grimm, Goldmann Verlag, 9. Auflage 1979

Ornstein, Robert: Multimind, Junfermann Verlag, 3. Auflage 1992

Röcker, Anna: Die Spiritualität des Körpers, Heyne Verlag, 2007

Röcker, Anna: Das Geheimnis der Selbstheilungskräfte, Ludwig Verlag, 2003

Röcker, Anna: Musik-Reisen als Heilungsweg, Goldmann Verlag, 2005

Rohr, Richard: Das Enneagramm, Claudius Verlag, 43. Auflage 2007

Saint-Exupéry: Antoine de: Der Kleine Prinz, Karl Rauch Verlag, 44. Auflage, 1991

Wehr, Gerhard: Anthroposophie, Diederichs Verlag, 2004